# 后谷歌时代

## 大数据的没落与区块链经济的崛起

〔美〕乔治·吉尔德(George Gilder)◎著

邹笃双◎译

Life After

Google

The Fall
of Big Data and
the Rise of
the Blockchain Economy

中国出版集团

现代出版社

版权登记号：01-2018-5492
图书在版编目（CIP）数据

后谷歌时代：大数据的没落与区块链经济的崛起 /（美）乔治・吉尔德著；邹笃双译．-- 北京：现代出版社，2018.9
ISBN 978-7-5143-7314-1

Ⅰ．①后… Ⅱ．①乔… ②邹… Ⅲ．①经济学－通俗读物 Ⅳ．① F0-49

中国版本图书馆 CIP 数据核字 (2018) 第 193069 号



**后谷歌时代：大数据的没落与区块链经济的崛起**

著　　者：〔美〕乔治・吉尔德
译　　者：邹笃双
责任编辑：王传丽　阎欣
装帧设计：吉冈雄太郎
出版发行：现代出版社
通信地址：北京市安定门外安华里 504 号
邮政编码：100011
电　　话：010-64267325　64245264（传真）
网　　址：www.1980xd.com
电子邮箱：xiandai@vip.sina.com
印　　刷：三河市宏盛印务有限公司
开　　本：880mm × 1230mm　1/32
字　　数：250 千字
印　　张：10.5
版　　次：2018 年 9 月第 1 版　　　印　　次：2018 年 9 月第 1 次印刷
书　　号：ISBN 978-7-5143-7314-1
定　　价：68.00 元

**献给**

迈特

和

路易莎 · 马尔什

Life After

Google

The Fall of Big Data and the Rise of the Blockchain Economy

# 目录

# 序言

## 回到未来

20 世纪 90 年代初，我在马萨诸塞州西部靠近胡萨托尼克河的一处旧仓库里经营着一家时事通信公司。未来款款而至。

与此同时，历史也伴随着道格拉斯·特朗布尔那娴熟精湛却略显乖戾的特效跋涉而来。世界正在迅速地数字化，而他却固执地坚守着各种模拟技术不放手。这就意味着他需要为电影中的所有形象都搭建起实实在在的模型，再将那些重层的图像呈现到高分辨率的胶片上。

特朗布尔和我的朋友尼克·凯利创办了一家名为“莱德菲林（Ride Film）”的公司，主营业务是基于罗伯特·泽米吉斯的系列电影《回到未来》建造一座驾乘体验式主题公园。我也参与了投资。

没过多久，一尊全尺寸、由塑料加混凝纸浆制成的雷克斯霸王龙便悬挂在我们那间落满灰尘的木质楼梯间里了，它也是吉尔德出版社（Gilder Publishing）的非正式吉祥物。对于这条霸王龙，我们并没有太花心思，但是它却成了到主题公园里来体验时光之旅的游客们的最爱。在尔后的 16 年里，风靡于奥兰多、好莱坞和大阪等多个地方的主题公园。

特朗布尔自己也一直希望能踏上时光之旅。1968 年斯坦利·库布里克执导的电影《2001：太空漫游》结尾处“星际之门”的特效就是特朗布尔的手笔，这让他名噪一时。此后他便淡出了好莱坞，开始了自我流放的生活。他在马萨诸塞州的一个小镇子里安下身，在那里他依旧保持着对自己模仿天分的抵抗和怀疑。电影《2001：太空漫游》大获成功之后，特朗布尔还为好几部具有里程碑意义的电影制作了特效，其中包括史蒂文·斯皮尔伯格的《第三类接触》（1977），以及雷德利·斯科特 1982 年执导的《银翼杀手》。

但这个世界早已经开始了数字化的进程，特朗布尔几乎已经被大家彻底地忘记了，他寄希望于作为一名发明家重新归来。此间，他发明了名为“秀扫”（Showscan）的浸入式系统，此系统使用 70 毫米胶卷，每秒可播放 60 帧。他还发明了一种三维体验电影，其效果就是我们现在所说的“虚拟现实”体验。但特朗布尔的发明，不需要戴上三维眼镜，也不需要戴上虚拟现实护目镜就实现了全沉浸式效果。

1985 年迈克尔·福克斯的原创电影备受市场热捧，总收入高达 50 亿美元，但是与特朗布尔所经营的驾乘体验项目相比，那简直是不值一提的小玩意。环球影片公司的制片人史蒂文·斯皮尔伯格认为《回到未来》的剧情足够刺激，以此为基础制作一部动感电影，没准能够超越迪士尼公司基于乔治·卢卡斯的《星球大战》系列而制作的动感电影。卢卡斯对这个想法不屑一顾，他认为环球影片公司制作的场景根本不可能和《星球大战》匹敌。

“要不要打个赌？”斯皮尔伯格答道。项目在他的主持下开始了。

未来和历史相互交融。肆虐的霸王龙、未来感十足的德罗宁牌（DeLorean）汽车、头发苍白目露魔性光芒的布朗博士、古风浓郁的钟顶建筑“希尔峡谷”在加利福尼亚州建成了。也许你还记得那种无与伦比的“冲击”。这一切穿越时光来到我们这栋 3 层的楼房里。伴随着那只霸王龙以及德罗宁牌汽车外壳一起到来的是临时搭建起来的剧场，以及长达 1 年的电影拍摄。

特朗布尔耗费了 4 亿美元对好莱坞博斯工作室的电影进行了压缩，以便制作 4 分钟的三维动感电影。在接下来的 15 年里，这部电影获得了数倍于此的收入，进而让环球影片公司在奥兰多的主题公园能够抵挡“迪士尼世界”的碾轧而不至于彻底崩溃。在几间租来的办公室里，这部电影最初的观众就是我和我的 3 个孩子。那时，我最小的孩子南妮娜只有 6 岁，我不让她观看这部电影，害怕她不能将现实和那些让人痛彻心扉的电影形象区分开来。

事实却是，我们谁也无法做到彻底地区分。坐在德罗宁牌汽车里，系上安全带，头顶上是一块 iMax 银幕。意识逐渐消散，人们很快就忘记了自己所乘坐的汽车其实只能在三四英寸的范围内晃动。但这已经足以在我们备感压抑的大脑里形成一种腾云驾雾的动感。剧场里灯光熄灭的那一刻，我们已经被带走了。去追赶那种穿越时空的“冲击”。一瞬间我们就被带入“希尔峡谷”之中，撞破德士古公司的红色招牌，拐个弯直直地冲上那蜿蜒的街道，冲向那座钟顶建筑所在的市政大厅，穿过市政大厅之后便是冰河时代。

透过冰天雪地的远景，眼前是逼真的三维苔原远景。从一处喷涌的火山上跌落下来，没过多久，我们便置身于白垩纪时代。在那里，我们不停地躲避着霸王龙獠牙的攻击。怎奈无处可逃，我们乘坐的汽车磕磕碰碰地钻进了恐龙的巨齿，滑进了它的食道。幸运的是，我们又被它吐了出来，踏上了继续追寻那无与伦比的“冲击”的旅程。正如布朗博士所说的那样，当车速达到88英里每小时的谐振点，观众都会跌坐在汽车的座椅上。“唰唰唰”，一刹那我们又回到了现实中。哦，不要！——我们会不会冲破全景屏幕的玻璃隔窗呢？太棒了！伴随着数不尽的玻璃碎片坠地，终于回到了地面，回到了最初出发的地方。大家迈出德罗宁牌汽车来到昏暗的大平台上，却发现四下里连一片玻璃碎屑都没有。

这趟旅程只有短短的4分钟，但是虚拟现实技术的强化效果让时间膨胀变长。我们的眼睛快要蹦出眼眶了，心跳加速，呼吸紧张，感觉自己好像至少在汽车里坐了两个小时。其实我们经历的只是一场时间的旅行。

和地球一样，宇宙也不是平的。那些贫瘠的命定论理论认为世间的一切都是泾渭分明的物质存在，一切都只受到物理和化学原则的支配，根本没有给人类的意识和创造力留下任何空间。正如三维动感电影超越了二维电影，其他维度的经验也一样是真实的变体和艺术性存在。查尔斯·桑德斯·皮尔斯曾经是哈佛大学的数学家兼哲学家。他早在1个多世纪之前就已经指出，对于一切符号和物体，不论是柔软易耗的棉毛织物，还是语言和艺术，都需要解释性思维的调解。[1]

人类的思想开启了潜在的“虚拟实境”（metaverses）和想象现实的无限的维度——各种反设事实，各种类比，各种诠释性情绪，以及各种思想和创造力的飞跃，小说家尼尔·斯蒂芬森创造了“虚拟实境”这个词。[2] 杰伦·拉尼尔是“虚拟现实”（virtual reality）的先锋。他们竭尽全力探索人类的思想，视之为无上的珍宝。倘若在扁平的宇宙之外没有更多的维度，那么我们的生命和视野必将衰退，并终将凋零。

在阅读了克莱夫·斯特普尔斯·刘易斯的《转换》（*Transposition*）[3] 一文之后，我想到了“扁平宇宙（flat universe）”这种类比，并产生了这样的疑问：假设你生活在一个二维的绘画图景之中，对二维图景中的一切都了然于胸。如果有人告诉你二维世界只是三维世界最为模糊的再现，只是无限世界的苍白回响，你该如何回应呢？舒舒服服地生活在二维的世界之中，你用二维的平面理论解释自己所经历的一切——颜料的色调、远近物品的平行关系、角度和边缘。一切数学关系都得到了转换。“三维？”你可能会说，“我不需要这种假设。”

20 世纪 90 年代初期，也就是我致力于“回到未来：驾乘体验”项目的同时，我也一直在预测电视的终结以及互联网电脑时代的兴起。[4] 在《后电视时代》一书 1994 年的修订版中，我解释道：“未来 10 年最常见的个人电脑将会是一部拥有网络地址的数字移动电话……借此和成千上万不同的数据库相连接。”[5] 我在很多的演讲中都这样宣称，“它将和你的手表一样便携，也会像你的钱包一样与众不同；它能识别语音，能够指引方向；它能收发邮件，能够收集新闻，也能支付账单。”此处会有意义深远的停顿，“它不一定是‘视窗（Windows）’，却可以控制你的门——房门、车门，也可能是你的认知之门”。[6]

鲁伯特·默多克是第一批认识到该书价值的人之一。他将我从太平洋彼岸召唤到澳大利亚的海曼岛，目的是要用21世纪的媒体知识重塑新闻集团和20世纪福克斯高管们的视野和眼界。好莱坞的超级经纪人阿里·伊曼纽尔认真思考了书中的内容，并公开地宣称该书将是他面向未来电子时代的向导。我也是后来才从史蒂夫·乔布斯的一个朋友那里得知，乔布斯读完这本书之后还把它推荐给了同事们。

《后电视时代》中所预测的内容大多已经成为人们生活的现实，但是我们仍然还有回到未来的必要。互联网依然没有兑现那些最为重要的承诺。1990年，我曾经预测生活在网络计算机的世界里，人们根本不用看到不想看到的广告。遗憾的是，在谷歌的引导之下，互联网上不仅满是不受欢迎的广告，还充斥着各种机器自动转发的恶意软件。它不仅没有把权力交到每个人的手中，反而将其变成了一团龙卷风，把所有的金钱和权力刮到了顶部。

我们所处的谷歌世界——它的界面、图片、视频、标识——都是二维的。它是扁平世界理论和物质主义的拥趸：认为化学和数学的命定论理论足以解释一切；认为作为随机进化过程衍生品的人类思想，完全受控于人脑这个客观存在。它相信制造芯片大脑的可能性，相信机器可以像人脑一样“学习”，而意识只是人性中无关紧要的一部分，是物质的自然浮现。它认为想象力只是完整逻辑世界的幻象而已；认为人类已经无所不知，余生只是过上领取旱涝保收的养老金的退休时光。诸如拉里·佩奇、谢尔盖·布林和埃隆·马斯克这样的人，只是银河系中高墙深宅中的存在，这些人生活在他们自己的私人星球上，存在于那个赢者通吃的宇宙中。

但是你的德罗宁牌汽车拒绝承认这一切。在一个全新的多维世界中，每个人都可以是赢家。来吧，让我们一起踏上这段短暂而刺激的旅程。

## 第一章

# 勿窃此书

当前经济发展到了基本上为每个人都生产了足够多产品的阶段……

故而，我们正在步入的这个新时代所面临的不再是生产多少产品，而是关于分配，关于人们如何分享生产所得的问题。

——威廉·布莱恩·阿瑟，圣菲研究所，2017[1]

阅读本书之前，请提交您的用户名和密码。我们关注您的身份、网络安全和阅读偏好。我们希望更好地为您服务。请输入方框中的验证码，注意区分大小写（以此区别于其他36%的网址，并证明不是机器伪造的登录行为）。

对不起，您的用户名和密码组合与记录不匹配。请问是否需要帮助？如果您希望更改用户名、密码或安全问题，请登录购买本软件时提供的电子邮件，并单击邮件中的链接。

对不起，该地址无效。请问是否需要更改电子邮件地址？

iTunes希望升级您的软件以便修复危险的漏洞。请提交您的苹果系统身份（Apple ID）和密码，否则该软件补丁将无法安装。对不起，您提供的身份和密码组合与记录不符。是否需要再试一次？

要重复这个过程，请先解锁您的苹果 Mac 电脑驱动器。请输入密码，以便解密您的苹果 Mac 电脑驱动器。如果丢失密码，您需要重置苹果 Mac 电脑驱动器并重新启动。您将丢失所有没有备份的内容，包括这本书。请再试一次。

但是首先，谷歌要求您重新提交谷歌密码。不，不是这个密码，本密码两周前已更换。是的，本系统知悉您有好几个谷歌密码，分别链接不同的用户名。我们还知道，与您谷歌邮箱地址绑定的 Apple 密码是用户名。为了确保您的隐私和安全，本系统任由您来决定在某个特殊场合与某个特定设备关联的用户名和密码。对不起，此密码与记录不符。是否需要更换？请确认您是否就是本书的主人？

退出之前，请填写一份关于客户服务体验的调查表。为方便以后确认您住址可能出现的变更，请提供电话号码、电子照片和指纹。谢谢合作。请填写手机号码。合作愉快。

您可能还想看一看我们根据算法筛选出的同样选择这本书的人还选择了哪些其他书籍。正如风险投资家马克·安德里森所言，这些书籍解释了“软件正如何吞噬世界”，以及谷歌搜索和其他软件如何构建起了“人工智能”（AI）。这无异于“人类历史上最伟大的事件”。谷歌人工智能提供了神秘的“深度机器学习”算法。这让时任董事长埃里克·施密特大为震惊，因为该算法能比他以及其他人更准确地识别视频中的猫。这些书中所讲述的“深刻思想”将电脑从对人类智能的依赖中解放出来，并将很快变得“比你更了解你自己”。

若想下载这些精心挑选的书籍，你需要提交信用卡卡号和安全码，以及与信用卡账户相关联的地址。如果发生任何变化，你可以回答有关你的出生地、爱犬的名字、母亲的姓氏、在哪里上了学前班、社保号的后 4 位数字、最喜欢的歌手的名字，或者第一位教师的姓名，诸如此类的安全问题。希望你的答案能保持一致，如此便可以继续了。你还可以修改密码。请认真选取一个超过 8 个字符的密码。请不要使用其他账户的密码，并确保包含数字、区分大小写的字母和数字符号。谷歌将发送一个临时代码到你的电子邮件地址以便激活你的新密码。对不起，你的电子邮件地址无效。是否需要再试一次？也许这本书不适合你。

许多知名人士都认为，该行业正迅速接近“奇点”时刻。那些存在于“云”中的超级计算机正变得比人更聪明。并且它们能够从你的大脑和身体中获得非常完整的多维数据流，以至于未来的生活中，你希望这些机器能帮你作出大部分决策。先进的人工智能以及生物密码领域的突破使得许多研究者相信，像人类这样的生物仅仅是算法的产物。该算法嵌入 DNA 和神经网络逻辑之中，可以通过机器学习进行解释和控制。

云计算和大数据公司，诸如谷歌凭借名为“深度思维（Deep Mind）”的人工智能，可以在大到人生关键抉择，例如选择配偶和选择医疗保险，小到管理个人比特币钱包密钥以及苹果 Mac 电脑驱动器密码等诸多方面超越人类。这种能够自我学习的软件也能胜任你的大部分工作。在即将到来的数字世界里，人可能并非不可或缺。

别生气。很有可能，你可以趁着收入不菲就退休。拉里·佩奇、埃隆·马斯克、谢尔盖·布林和蒂姆·库克等众多硅谷顶尖的雇主们都认为，大多数人之所以无法就业，究其原因是他们在智力上远比人工智能算法逊色。你知道谷歌人工智能直落5局战胜了世界围棋冠军吗？你甚至都不知道“围棋（Go）”是什么意思吧？围棋是一种风行于亚洲的战略性游戏，长期以来，人工智能研究人员都将其视为一种智力挑战，它在难度、自由度和复杂性方面远远超越了国际象棋。在如此严苛的运用中，你不具备与计算机竞争的心理承受能力。

不过也不用担心。遥遥领先的硅谷巨头们已经建议联邦政府保证每一个过时智人的年金收入。没错，每年都有“白给的钱”！此外，像你这样老练的网络高手，很可能是杰出精英中的一员。据拉里·佩奇、奥布里·德·格雷一样的天才们所言，你们也正加速成为社会的失业人口中的一员。

你可能信心满满，认为自己就是大数据的造物主，似乎拥有些许神性。这样说你觉得怎么样？

谷歌搜索几乎达到了无所不知的境地。历史上的人类部落将这种能力归因于神，那么你可能就成人间之神。在谷歌园区里，有一位颇受大家喜爱的演讲者，他的名字叫作尤瓦尔·诺亚·赫拉利。他的新书的书名便是《未来简史：从智人到智神》。[2]

在过去，关于人间之神，关于无所不知和精英至上的言论可能主要局限于深夜的吸血鬼或精神病院一类的故事之中。21世纪第二个10年即将结束的这些年里，硅谷的大部分利润来源于谷歌、苹果和脸书之类的公司。它似乎正在经历一场精神崩溃。这在某种程度上表现为对全能和超越的妄想，而在另一层面上则表现为对消费者所使用设备“安全”指令的过度敏感。在看似任意的模式中，程序总是要求输入新的密码、用户名、个人识别码、登录信息、加密密钥和注册要求。每个网页都需要你特别关注，就好像它是你的“掌上明珠”似的。程序总是和机器冲突，你越发频繁地发现自己处于败局之中。每当你的屏幕上突然出现一个识别不清的对话框，询问“你的密码”的时候，就好像你只有一个密码似的。

与此同时，互联网安全显然已经崩溃。谷歌派出了一支“特警队”来对付那些被认为是理所当然的安全故障。正如格雷洛克风险投资公司的安全大师阿西姆·钱德纳向《财富》杂志透露的那样，归根结底，那都是你的错。人类天生就容易受到恶意软件信息的攻击。故而，《财富》杂志宣称，“抵御黑客的攻击注定是一场永不停息的战斗”。[3]

在反乌托邦科幻电视剧《太空堡垒卡拉狄加》中，保护文明不受半机械电子人入侵的关键规则是“绝不连接计算机”。在我们的星系之中，在网络的概念被怀疑之前，还有多少次破坏和错误的修复承诺被打破？许多行业，诸如金融业和保险业，基本上已经脱轨了。医疗保健行业更是这个数字沼泽的最底层。公司对防火墙和256位安全代码背后的安全保证已经被另一条戒律所取代：网上没有什么了不起的东西。

除了视频游戏大师组建的业界特警队以及黑客组织之外，硅谷几乎已经放弃了对安全的追求。是时候雇用另一位副总裁以负责多元化和计算碳足迹了。

正当计算机精英们沉迷于自己所研发机器的性能不能自拔，并对人类客户表现出的种种相对克制的傲慢不满之时，安全系统其实已经崩溃。与此同时，这种无所不能的错觉并没能阻止其首次公开发行（IPO）就表现平平，没能让谷歌领导的冠军企业走出反垄断的困境，也没能帮助那些饥饿的“独角兽”企业（人们对价值逾 10 亿美元的私营企业的称呼）摆脱无利可图的虚假繁荣。导致 IPO 不景气的原因是硅谷业已失去了企业家的优势。

硅谷巨头们当中的谷歌派认为当今的技术——硅微芯片、人工智能、机器学习、云计算、算法生物学和机器人——是人类最终的成就。算法的末世致使人类劳动和人类思想统统成为过时的存在。

这一切在时间维度上都是地方主义和短视的表现，夸大了他们所处时代的成就，夸大了自己公司的贡献、夸大了自身哲学和幻想的特殊性与重要性。假设在某种程度上，他们的“围棋”机器和气候理论就是历史的终结，他们就可以“赢家永远通吃”。诡异的是，那些对硅谷持批评态度的人也有着同样的错觉。反乌托邦主义者与乌托邦主义者一道，设想了一个能力无限、极具远见的硅谷。其领导者就是垄断了信息和情报领域的谷歌公司。

就像当年达尔文的《物种起源》一样，人工智能被认为正在重新定义人类的意义。达尔文认为人类是动物中的一员，是一种经历了危险进化的猿而已。但谷歌派认为，人类在智力上并不比自己公司的算法机器更高明。

与尤瓦尔·诺亚·赫拉利、尼克·博斯特罗姆、拉里·佩奇、谢尔盖·布林、蒂姆·厄本和埃隆·马斯克等人的看法相反，《后谷歌时代：大数据的没落与区块链经济的崛起》一书认为，改变世界的人工智能巨头实际上只是工业版图的末端而已。当前秩序下在安全、隐私、知识产权、商业战略和技术等方面的危机才是根本问题。这些问题都不能在当下的计算机和网络体系结构中找到解决方案。

安全不是通过增加新的密码层，增加更多着装随意的“特警队”队员，增加入侵检测方案，提供反病毒补丁，增强恶意软件预防和软件修复就能实现。安全是所有其他服务的基础，对所有的金融交易都至关重要。它是所有信息技术中最基本和不可或缺的组成部分。

在商业运行中，执行协议的能力并非可选项目，它在所有经济学习和经济增长中发生。如果你的产品是“免费的”，那它就不是产品，即使你可以从所谓广告商那里榨取钱财以便资助它，你也不是在做正确的事情。

如果你不为你的软件服务收费——如果它们是“开源的”——你便可以避免对其中出现的“漏洞（bug）”负责。如此一来，虽然可以巧妙地避开国家专利局对小型软件进步或“业务流程”的荒谬规定，但也不要假装你真的拥有客户。

安全是任何系统中最关键的部分。它使机器具有初始的“状态”或支撑位置，并由此获得经济上的牵引力。如果安全性不是信息技术体系结构的组成部分，那么就必须替换该体系的结构。

当一切都是“免费的”时，原始的分布式互联网架构就足够了，因为互联网不是任何协定的载体。当它所做的只是显示网页，发送电子邮件，运行讨论论坛和新闻群组，以及超链接的学术网站，网络并不绝对需要拥有一个安全的基础。但当互联网成为货币交易平台的时候，新的安全机制就变得不可或缺了。亿贝（eBay）率先收购了贝宝（PayPal）。本质上讲，贝宝并不提供互联网服务，而是提高在线交易效率的外部力量。外部合作关系要求客户信息通过网页传输完成交易。网络上充斥着信用卡号码、安全码、消费日期和密码。

21 世纪之初，随着亚马逊、苹果及其他在线商场的崛起，互联网上充斥着各种交易，这个产业退回到了“云端”之上。硅谷的领军企业抛弃了分布式互联网架构，取而代之的是诸如贝宝、亚马逊、苹果的 iTunes、脸书和谷歌云之类的集中式和分段式订阅系统。优步、爱彼迎和其他尚在成长期的“独角兽”紧随其后。

要是这些所谓“有围墙的花园”真的能与互联网的其他部分隔离开来的话，那倒也没有什么问题。苹果公司的史蒂夫·乔布斯最初试图通过禁止第三方软件应用程序来实现这种分离。亚马逊成功地隔离了自己的域名，并与信用卡公司等外部第三方建立了联系。但这些集中的堡垒违反了公司影响力提升的科斯定理（Coase Theorem）。诺贝尔经济学奖得主罗纳德·哈里·科斯在一篇著名的论文中指出，如果一个企业在发掘并与外部各方签订合同时的成本，超过了实际价格、内部市场以及规模经济缺失所带来的低效率的话，那么该企业则更应该追求交易的内部化。[4] 在有围墙的花园中集中数据会增加安全的成本。该行业寻求集中的安全，但集中并不能保证安全。

在所谓“强盗大亨”的时代，公司的商店并不是资本主义的巨大进步。如今，它通过云计算、通过广告提供的资金，外加分享虚假免费商品，也依然没有取得更好的效果。现在的全球经济到了构建新信息架构的时候了。

幸运的是，这个新架构的建造方兴未艾。

第二章

# 谷歌的世界体系

目前，以市值衡量谷歌的控股公司字母表（Alphabet）是全球第二大公司，苹果公司排名第一，紧随其后的是亚马逊和微软，以及排名第七的脸书。这5家公司合在一起形成了日益令人担忧的全球寡头垄断。

美国日益强大的信息公司逐渐占据全球的主导地位，这着实有些出人意料。10年前，世界上市值最高的公司还是诸如埃克森美孚、沃尔玛、中国石油公司和中国工商银行。当时没有一家互联网公司进入前5名。时至今日，前5名中有4家都是美国的信息技术巨擘。

既然如此，为什么这本书不叫《颠覆苹果车》呢？又或者叫作《脸书与四骑士》呢？

因为在这五强之中，谷歌是当下这个崭新且成功的“世界体系”中的主角。无论是在美国所有最具声望的大学，还是在全美国最有影响力的媒体中心，都能找到它的拥趸，它正在全世界的知识分子中迅速地传播，从山景城到特拉维夫再到北京。

“世界体系”一词是我借用了尼尔·斯蒂芬森小说中关于艾萨克·牛顿和戈特弗里德·威廉·莱布尼茨的巴洛克式循环小说（Baroque Cycle novel）中的表达。它反映了一种文明，代表了渗透在一个社会的技术和制度之中的一整套思想。[1]

在他所描述的18世纪的世界体系中，牛顿提出了两个主题。一个蕴含在他的微积分和物理学中，力求物理世界的可预测性和可测量性。另一个却不那么有名，牛顿在建立一个值得信赖的金本位制方面发挥了关键作用，这使得经济估值与贸易项目的实物尺度变得同样可靠。

自1948年克劳德·香农和20世纪50年代彼得·德鲁克以来，人们普遍认为信息经济是一个新概念。但其实牛顿的物理学和他的黄金标准都已经是信息系统了。更具体地说，牛顿系统就是我们今天所说的信息理论。

为牛顿写传记的人，通常低估了他在建立坚实可靠的货币信息理论方面的成就。其中的一位传记作家这样写道：

> 监视一个国家铸造硬币的过程，抓捕一些造假者，增加本已相当可观的个人财富，成为一个政治人物，甚至向自己的科学家同僚（作为皇家学会的主席）发号施令。这些行为让你所著的《自然哲学的数学原理》一书，看起来是那么地粗鄙无礼且野心勃勃。[2]

但事实却是，若能建立起更完美的货币制度，世界就会循径而来。你便可以遍历全球，买卖所需商品，传递交易的价值，帮助英国这么个小岛统治一个比罗马帝国更强大、更富有的帝国。

炼金术试图用铅和汞等贱金属来制造黄金。许多人嘲笑牛顿对炼金术的痴迷。“大家都知道牛顿是伟大的科学家，却很少有人记得他花了半辈子的时间在研究炼金术，在寻找点金石。那才是他真正想要找寻的法宝。”[3]现代那些批评牛顿的人没有意识到，炼金术是牛顿捍卫金本位英镑的关键知识。

所有的财富都是知识的产物。物质守恒，进步理应包括如何学习知识，如何使用知识。[4]牛顿的知识，体现在他的世界体系中。最关键的区别在于，他出生之前是长达千年的经济萧条，他逝去之后世界经济却出现了持续 300 多年的奇迹般增长。他在炼金术上的失败给他和这个世界留下了宝贵的知识：任何一个敌国或私人银行，不管手里攥着什么样的点金石，都无法比英国赚到更多的钱。自 1696 年牛顿就职于英国皇家铸币厂之后的 200 年里，基于黄金化学成分的不可逆性，英镑一直作为一种稳定可靠的货币如日中天。[5]

由于英镑以稳定的价格锚定在黄金之上，交易者便有了保证，即他们的商品和服务所换取的货币将总是与预定的价值相符。他们就可以承担长期承诺——债券、贷款、投资、抵押贷款、保险政策、合同、海洋航行、基础设施项目、新技术——而不必担心由于伪钞或法定货币通胀侵蚀他们未来支付的价值。几个世纪以来，所有的金本位国家都有能力发行利率接近 3% 的债券。[6]牛顿的理论认为货币本质上和黄金一样不可逆转，和时间一样不可逆转。

在牛顿的金本位制之下，经济活动的视野得到了极大的扩展。数以万计英里的铁路线遍布英伦三岛和大英帝国，以金融和商业为基础日益扩大的信任圈从未随着太阳的落下而坠落。自由贸易最重要的结果也许就是奴隶制的终结。可靠的金钱和自由高效的劳动力市场使得拥有人力变得无利可图。这是商业对体力的超越。

在谷歌时代，牛顿的世界体系——一个宇宙、一种金钱、一个上帝——已经黯然失色了。他那建立在单一基础之上的不可逆转的物理学和他那不可分割的黄金货币，都已经被无限的平行宇宙和众多易于被法定货币操控的多种纸币所取代。金钱，正如宇宙一样，变得相对和可逆。300 年牛顿式的繁荣已经结束，新的多元宇宙似乎无法再现资本主义黄金时代的奇迹。现在人们普遍认为，公民属于他们赖以生存的国家。伴随着金钱交易变得不再那么值得信赖，奴隶制以及奴役式政府的形式有卷土重来之势。

幸运的是，世界新系统的轮廓已经显现。可以说，它诞生于 1930 年 9 月初。当时，以黄金为基础的德国马克开始抑制自 20 世纪 20 年代中期以来肆虐德国的恶性通货膨胀。

它的诞生地哥尼斯堡不为世人熟知，这是波罗的海沿岸一座拥有 7 座桥，具有重要历史意义的哥特式城市。伟大的数学家莱昂哈德·欧拉在 18 世纪初就证明了，在这里如果不两次跨越其中的一座桥，就无法跨越所有的 7 座桥。欧拉还发现了另一件事情：无论数学以何种形式出现，包括计算机软件的所有典型表现，都比表面看起来更有欺骗性。

这一年的 9 月，数学家们齐聚哥尼斯堡参加“德国自然科学家和医生协会”的一次会议。此次会议由他们这个领域的巨擘之一大卫·希尔伯特主持。希尔伯特即将从哥廷根大学退休，他是著名的思想领袖，是在人类思想的顶峰建立数学哲学的人，而且他本人就出生在哥尼斯堡。

1900年希尔伯特给出了这样一个颇具挑战的定义：基于确定性力学原理，可以把所有的科学都归结为数学逻辑。正如他向社会解释的那样："在理论和实践之间，在思想和观察之间进行协调的工具是数学；它建造连接的桥梁，使它变得愈加强大。因此，当下的整个文化，都是基于对自然的理性认识和驾驭之上，都建立在数学的基础上。"

数学的基础是什么？在回应拉丁语格言"不知和无知"（意为"人类不知道，也不会知道"）时希尔伯特宣称："对我们（数学家）来说，没有不知和无知。在我看来，自然科学中也没有无知存在。我们的口号应该是：我们必须知道，我们终将知道。"这句话作为一个宣言，后来铭刻在他的墓碑上。[7]

在正式的会议之前，有一个为期3天关于"精确科学认识论"的小型会议，由当时正在崛起的数学之星、理论学家鲁道夫·卡尔纳普主持。所有参会的人都是希尔伯特认识论阵营中的战士。其中包括数学哲学家阿伦特·海廷，以及希尔伯特的助手，多才多艺的天才数学家约翰·冯·诺依曼，所有的人都是希尔伯特认识论阵营中的战士。所有的人都如希尔伯特一样，希望大会前的这场小型会议能成为主要会议胜利庆典的热身。

会议结束后，每个人都打道回府。但是一个与希尔伯特的决定论观点完全不相容的世界新系统早已开启了序幕。他那场在数学和自然现象之间桥梁上的盛大游行结束了。数学家和哲学家可能还会就此津津乐道几十年，却不知他们早已经失去了原有的位置。他们的继任者甚至到今天还在谈论这一盛事，但是信息理论和技术的胜利终结了宇宙决定论，终结了那些企图为整个宇宙建立完整数学体系的想法。

当时，希尔伯特计划的领军人物是冯·诺依曼。作为20世纪欧拉和高斯式的人物，冯·诺依曼为此事业撰写了7篇重要的论文。1932年，他将“希尔伯特空间”扩展为一种具有连贯量子力学的量子理论。沿着这样的职业生涯，冯·诺依曼似乎会成为希尔伯特的门徒和继任者。

会议结束前，卡尔纳普、冯·诺依曼、海廷和其他参会的杰出人士举行了圆桌会议。人群最边上坐着库尔特·哥德尔。这位24岁的男子，身材矮小，长着一双大眼睛，神情惶恐而羞怯。得益于两年前在维也纳大学完成的博士论文里证明了功能演算的一致性，他似乎是希尔伯特阵营里又一名忠诚的士兵。

然而，20世纪哥德尔以必胜的心态体现出了冷酷的死神形象。他证明了希尔伯特、卡尔纳普和冯·诺依曼最珍视的数学目标根本无法实现。哥德尔在他的论文中不仅展示了对数学，还展示了对所有的逻辑系统——即便是阿尔弗莱德·诺斯·怀特黑德和伯特兰·罗素的《数学原理》中所揭示的权威系统，甚至是卡尔纳普和冯·诺依曼的理论集合——都注定是不完整和不稳定的。这些理论之中必然存在似是而非和悖论。仅是正式系统的一致性并不能保证所证明系统的正确性，每一个逻辑系统都肯定要依赖那些不能在该系统内得到有效证明的观点方能存在。

哥德尔的观点将偶像们打落在地，他的证明方法犹如天外惊鸿。他设计了一套算法，其中所有的符号和指令都是数字。在驳斥牛顿数学背后的宿命论哲学和希尔伯特的帝国逻辑的同时，他也为一种新的数学——信息数学——开辟了道路。[8] 这次会议中诞生了颇具创造力并带来连连惊喜的数学模式，由此萌发了一个现在由谷歌领导的计算机和通信新产业。

哥德尔的证明看上去像一个功能软件程序。在此程序中，每一个公理、每一条指令和每一个变量都用数学语言表示，十分适于计算。在证明了逻辑的局限性后，他阐述了将为人类主人服务的计算机所具备的线性结构。

除了冯·诺依曼之外，听众中没有任何其他人为哥德尔的证明所具备的重大意义所打动。大家还以为冯·诺依曼听到有人对他所热爱的数学进行如此尖锐的抨击定会感到愤怒，但他的反应符合世界顶尖数学家的风范，他鼓励哥德尔继续发言，并随后进行了跟进。

哥德尔的证明让许多人感到沮丧，但冯·诺依曼却认为这是一种解脱。逻辑的局限性——希尔伯特寻求一个封闭的普遍定理的徒劳——将会解放人类的创造者，他们便是电脑的程序员。正如哲学家威廉·布里格斯所说的那样："哥德尔证明了公理化永远不会停止，归纳——直觉必须始终存在，并非所有的事情都能仅凭理性得到证明。"[9]这种认识也让冯·诺依曼自己得到了解放。人类不仅能发现算法，还能编制算法。这种新观点最终导致冯·诺依曼和休伯特·约基在原则上提出了一种新的生物学信息理论。[10]该理论认为，人类最终可能对自己的部分DNA进行重新编辑。

哥德尔的证明更直接的后果是促使艾伦·图灵在1936年发明了图灵机器——通用计算架构。他用这个架构证明了计算机程序就像其他逻辑方案一样，不仅是不完整的，甚至连结论都无法证明，任何特定的程序都可能导致它永远地流失。这便是所谓图灵"停机问题"。计算机需要图灵所说的"神谕"来给出指示和判断其输出。[11]

图灵表明，就像物理学的不确定性来自利用电子和光子测量自身一样，计算机的局限性源于递归的自我参照。正如量子理论陷入了自我参照的不确定性循环中，是因为它使用由原子和电子组成的仪器测量原子和电子本身。故而计算机逻辑也不能逃脱自我参照的循环，因为它自己的逻辑结构会自动地告诉它自己的算法。[12]

哥德尔的洞见直接导致了克劳德·香农的信息理论。这个理论构成了今天所有计算机和网络的基础。把比特位（bit）作为数字计算的基本单元，香农将信息定义为令人惊讶的比特位——而不是机器预先决定的比特位。信息变成了图灵神谕信息的内容——是出乎意料的比特位，而不是机器本身的封闭逻辑。

香农的正则方程将路德维希·玻尔兹曼的模拟熵转化为数字项。1877年玻尔兹曼建立了方程拓宽并深化了熵作为“错误信息”的含义。70年之后，即两次世界大战之后，香农又一次拓宽和深化了这个概念。虽然方程式一样，但玻尔兹曼的熵是热力学失序，而香农的熵则是信息的无序。

香农利用熵指数作为衡量信息的标准，展示了如何计算任何通道或管道的带宽或通信能力，以及如何测量冗余度，从而将误差降低到任意的水平。正因为如此，计算机最终才可以驾驶飞机和汽车，以此为工具，使得依靠庞大的计算机系统和网络（如因特网）开发可靠的软件成为可能。

作为熵的信息也把逻辑与不可逆的时间流逝联系在一起。热力学熵的单向通道为此提供了保证。

基于哥德尔和图灵的成就，格雷戈里·蔡汀提出了算法信息理论这个概念。其突破在于通过生成消息所需的计算机程序的长度，判断该信息的“复杂性”。譬如，蔡汀证明物理定律本身不能解释化学或生物学，因为物理定律所包含的信息比化学或生物现象所包含的信息要少得多。宇宙是一个由信息层构成的层次结构，是一个由上到下控制的宇宙“堆栈”。

蔡汀认为，计算机科学的问题恰好反映了牛顿以降的现代数学的成就，其确定性和严谨性赋予了它描述可预测和可重复现象（如机器和系统）的最高权力。但正如他所说的那样：“生活是可塑的，充满了创意。我们如何能用静态的、永恒的、完美的数学来构建它呢？我们只好使用后现代数学，即在哥德尔（1931）和图灵（1936）之后的数学，一种开放而非封闭的数学，充满了创造力的数学……”[13]这就是信息理论的数学，蔡汀是这种数学迄今依然健在的代表。

创造力和决定论是剖开所有信息的分割线。令人吃惊的信息熵和热力学信息熵之间可预测性的下降、熵与熵之间的故事、捕捉到某个特定的事实与揭示枯燥普遍性规律的统计数据、保存在密码散列之间的信息与数学混合对其的消解、蝴蝶效应与一般规律、奇点与大数据——简而言之，这一切都显示了意识和机器之间存在着不可逾越的鸿沟。

信息理论，这个由香农于 1948 年提出的新理论，其实早在 1930 年 9 月哥尼斯堡的那个房间里已经首次被提到。它不仅意味着一门新的科学的诞生，还由此造就了一个基于世界新系统的新经济。

这个新的世界体系是由我们所知的谷歌公司完成的。尽管谷歌在市值竞争中仍屈居第二位，但它却是我们这个时代最重要、最典型的公司。然而，我相信谷歌系统终将会没落，它一定会在我们所生活的这个时代里一扫而空（我现在 78 岁了）。它会败落，是因为它的每一个主要前提都将会失败。

从伟大的牛顿开始，我们如何能把“世界系统”归因于几个年轻的孩子？他们只是几个在大学实验室里创办了一家电脑公司，发明了网络爬虫和搜索引擎，并主导了网络广告的人而已。

世界的系统必然是结合了科学和商业、宗教和哲学、经济学和认识论的体系，它不能仅仅描述或研究变化，它还必须体现和推动变革。谷歌凭借其强大的智力、商业天赋和战略创造力，成为牛顿、哥德尔和香农的有力竞争者。它是历史上第一家开发和实施世界体系的公司，可以同众多的前辈，如国际商用机器公司和英特尔，与托马斯·沃森的大型机和半导体存储器，与鲍勃·诺伊斯的处理器以及戈登·摩尔的学习曲线等在技术动力和成就上相提并论。但是摩尔定律（Moore's Law）和蓝色巨人并不能提供一个连贯的世界体系。

在拉里·佩奇和谢尔盖·布林的领导下，谷歌开发了一套综合的哲学体系，以不断取得成功的方式来塑造我们的生活和命运。谷歌提出了一种认知边缘理论和一种心智理论，使世界上占主导地位的科技的前景充满活力。这包括货币的新概念以及表示价格的新符号；一种新的道德观念，一种关于进步意义和过程的新观念。

名曰“大数据”的谷歌知识理论，和牛顿的理论一样激进，也和牛顿的理论一样令人生畏。牛顿提出了一些相对简单的定律，通过这些定律，任何新的数据都可以被解释，知识的储存也可以得到扩充和调整。原则上，当下的大学和高中以及成千上万的公司，都有一些价格低廉的工具。在此帮助之下，任何人都可以做一些物理和微积分的研究，或者任何一项其他的研究和工艺。此时此刻，成千上万的工程师正在通过一次解释一个数据的方式，增加人类知识的储备。

大数据则采取了相反的方法。其理论认为如果满足两个条件，人类大脑先前那种缓慢、笨拙、按部就班地搜索知识的状态便可以被取代了。世界上所有的数据都可以在逐个单一的“地方”进行编译，并且可以由此编写出分析每个数据的算法。

坚持这一知识理论是源于对人工智能的追求。如此看来，从根本上讲大脑也是一种算法，通过迭代处理数据的方式达成某种结论。与大脑的概念相矛盾的是对实际大脑的研究。而实际的大脑更像是感官处理器而非逻辑机器，然而，人工智能研究的方向基本上没有改变。与方法行动者一样，人工智能行业也承认，它的职责是“似乎”认为大脑是一台逻辑机器。因此，大多数对人类智力的训练仍然是在计算机越来越快的处理中进行的。最终，人工智能虔诚地认为人类的思维将被极其快速的逻辑机器所处理的无限数据所超越。这种超越不仅仅发生在这个或那个特殊的过程中，而是发生在所有的方式中。

关于知识和心智的谷歌理论不仅仅是抽象的练习，还决定了谷歌的商业模式。其模式已经从“去搜索”发展到了“去满足”。大量的证据证实，当有了足够的数据和处理器，谷歌就能比人类更好地满足消费者的渴望。这也是谷歌的致富之路。

以往的世界系统在当时的关键技术中得到了体现和运用，当下的谷歌系统是在一种被称为“云计算”的技术愿景中得到体现和运用的。谷歌理论认为，如果可以通过对大量数据的迭代处理来获得普遍知识，那么数据必须存储在处理器上某个可以访问的区域。在这种情况下，可及性由光速来定义。光速极限——每 1/10 亿秒运行 9 英寸——要求处理器和内存集中在某个中心位置，并提供可访问和处理数据所需的能量。

“云”是人们给这个时代伟大的新型重工业所赋予的一个机巧的名字：庞大的数据中心组成巨大的系统，构建起数据存储和处理器。数百万英里的光纤线路连接在一起，消耗着电力，释放着辐射热。这种消耗超过了历史上大多数工业企业的消耗。

在工业革命之中，机器十分依赖动力以及与动力紧密相连的动力源——建立工厂之初最重要的考量是水。水往往是比原材料或人力供应更加重要的因素。

谷歌的进步理念源于它的技术愿景。牛顿和同伴们受到的是犹太基督教世界观的启发，以人类的创造力和自由意志为核心，进而提出了一种进步的理论。谷歌必须提出异议。如果通往知识的道路是对所有数据进行无限快速的处理，如果我们用来追求事物真相的思考工具——引擎——只是一个逻辑机器，那么算法和数据的结合就能产生出唯一的结果。这种观点不仅是决定论的，而且最终也必将是独裁式的。如果追求真理有某种道德要求，而真理只能通过对世界上所有数据的集中处理才能找到，那么世界上所有的数据，按照所暗示的道德秩序，必须与某个牧羊人合二为一。关于个人隐私，谷歌可能只会夸夸其谈，但是私人数据却是其所代表的世界系统的死敌。

最后，谷歌提出，也必须提出某种经济标准。包括货币和价值理论，包括交易和交易所传递的信息的理论。这种理论与牛顿给世界一个可靠的金本位制带来的结果截然相反。

与云计算的温和形象一样，谷歌的货币和价格理论一开始似乎完全是良性的，甚至在某种意义上还表现得非常虔诚。谷歌规定，至少在其直接控制的领域内，根本不存在价格。除了少数微小却至关重要的领域，谷歌向其“客户”提供的一切都免费。网络搜索免费，电子邮件免费。估计要花费 300 亿美元来建造的数据中心及其所蕴含的巨大资源，也基本上免费。

但是免费绝非偶然。如果你的商业计划是访问整个世界的数据，那么免费就势在必行。至少对你的产品来说是这样的。但对你的广告商来说，这却是另外一回事了。投放广告的人所付出的代价是通过处理大量的数据而获得的洞察力，而这一切都是通过“免费”得以实现。

于是，“免费”的连锁反应开始了：免费地图以惊人的覆盖范围和分辨率使谷歌成为移动和本地服务大师；免费 YouTube 视频以惊人的质量和多样性正在成为互联网影音的首选载体；免费电子邮件，优雅简洁和略带神秘的垃圾邮件过滤器，方便的附件和数以百兆的存储空间，还能免费链接查看日历和联系人列表；免费的安卓应用，免费的游戏，免费的搜索带来了速度，提高了效率。免费，免费，免费。免费的假期幻灯片，免费的道德提升（“不作恶”），免费的世界文学经典，免费的答案。你的一切心血来潮，都来自谷歌的大脑。

免费有什么问题呢？问题是它就是一个谎言。归根结底，在这个地球上没有什么真正的免费。你正在为此付出无法估量的代价。如果你想看一段你可能想看的短视频，你需要先看一段足够长的广告，然后才能点击将其关闭。你不是用可交换的具体金钱来支付，而是用信息和被分散的注意力这种滑溜溜的硬币来支付。

如果你的软件服务不收取任何费用——如果它们是“开源的”——你便可以避免对其中出现的“漏洞”负责。如此一来，虽然可以巧妙地避开专利局对小型软件进步或“业务流程”，如一键购物的保护持续 17 年这样的荒谬规定，但也没必要假装你真的拥有客户。

很明显在谷歌的所有基本原则中，零价格是最为温和的原则，但它将被证明不仅是其最有害的原则，而且是毁掉谷歌的致命缺陷。10 年之后谷歌很有可能依然是一家重要的公司，搜索依然是一个很有价值的服务，谷歌也还将继续提供这项服务。在这个过程中，即便是零价格，它依然会繁盛一时。但谷歌那套阴险的世界体系将会被一扫而空。

## 第三章

# 谷歌的起源和信仰

在拉里·佩奇和谢尔盖·布林的领导下，谷歌开发了一套综合哲学。这套哲学融合了知识理论（绰号“大数据”）、视觉技术（集中式云计算）、平民崇拜（根植于“开源”软件）、金钱概念和价值（基于免费产品和自动化广告投送）。它认为道德的理论是“礼物”而非利润，认为作为进化结果的进步具有必然性，认为需要不断减少“碳足迹”。这一套哲学正在塑造着我们当下的生活和财富。

这种哲学支配着我们在美国乃至全球的经济生活。随着谷歌机器“深度学习”的发展，以及2014年将发明家兼预言家雷蒙德·库兹韦尔延揽至其麾下，谷歌正在开展一场将人类与机器认知融合在一起的运动。库兹韦尔将其称为“奇点”。“奇点”到来的标志就是计算机战胜人类智能。可以说谷歌网络、云和服务器场（server farms）已经完成了其中的大部分工作。

谷歌绝不仅仅是一家电脑或软件开发公司。从20世纪90年代末开始，当它的创始人还是斯坦福大学的学生时，它就是斯坦福计算机科学系最钟爱的孩子。在和街对面的沙山路上的金融公司联姻之时，它的雄心已经远远地超出了单纯的商业范畴。

1996 年，当它在斯坦福大学盖茨计算机科学大楼的实验室里诞生之初就得到了校长约翰·轩尼诗的资助。尚在萌芽阶段，谷歌就能随意使用该大学 T−3 线路的全部带宽，后来是每秒高达 45 兆比特带宽的权利。从那个时候起，它就和约翰·多尔、维诺德·科斯拉、迈克·莫里茨以及唐·瓦伦丁等风投巨头建立了联系。计算机理论家特里·威诺格拉德和赫克托·加西亚·莫利纳直接指导了两位创始人博士阶段的学习。

继承了克劳德·香农疯狂的敬业精神，谷歌的创始人沿着斯坦福计算机科学先贤祠的走廊疾驰而过。他们与诸如软件概念之王唐纳德·克努斯、并行计算开拓先锋比尔·达利，甚至人工智能之父约翰·麦卡锡等学术巨人交往甚密。

1998 年，布林和佩奇开始教授 CS349 课程“数据挖掘、搜索和万维网”。美国太阳微系统公司的创始人安迪·贝彻尔谢姆、亚马逊创始人杰夫·贝佐斯和思科网络巨头戴夫·切里顿都对谷歌项目进行了大量投资。谷歌为获得佩奇在斯坦福大学的专利，也向其转让了 180 万股公司股票（2005 年，斯坦福大学以 3.36 亿美元兑现了这些股票）。

1999 年，谷歌离开了斯坦福大学，来到苏珊·沃西基在门洛公园的车库。2007 年，布林与安妮结婚。这象征着硅谷、沙山路和帕洛阿尔托最具繁衍气息的拥抱（他们于 2015 年离婚）。到 2017 年，谷歌自己的计算机科学家在这一领域发表的高引用论文数量，超过了斯坦福大学教职人员的同期成就。[1]

谷歌的创始人们总是以预言的方式构思着他们的项目。作为一名杰出的计算机科学家，佩奇是这一领域两位博士的后代。没有人会否认，甚至连他的母亲也不会否认，他基于谷歌搜索而撰写的关于“网页排名（PageRank）”论文比任何一篇博士论文都要棒。[2]他的父亲卡尔是密歇根州立大学和东兰辛市家庭餐桌旁的一位狂热的人工智能传道者。

“googol”一词的意思是“10 的 100 次方”——一个大到不可思议的数字。布林将其视为公司影响力和雄心的象征。作为一位著名的数学家、计算机科学家，同时也是斯坦福大学的“大数据”大师，布林提供了一种数学魔法，将网页排名的搜索算法转化为一种可扩展的“爬虫”（crawler），使其能够覆盖整个互联网以及其他领域。

通过搜索——佩奇称其为“计算机科学和形而上学的交集”——谷歌正在深入研究哲学和神经科学领域的深刻问题。[3]搜索就意味着一个世界系统：它必须从一个“镜像世界”开始。正如耶鲁大学计算机科学家和哲学家大卫·格勒恩特所说的那样，那就是一个真实可用的宇宙模型。[4]为了用计算机搜索某物，你必须把它的语料库转换成数字形式：被香农定义为不可约的二进制信息单位的比特位和字节。借助镜像和万维网，佩奇和布林动手将世界转变成一组组可读的数字文件，变成一个可访问信息的“语料库”，变成一个庞大的数据库。

随着岁月的流逝，谷歌几乎数字化了世界上所有可以获取的图书（2005），数字化了世界语言这个大织锦挂毯上的所有语言及其翻译（2010），数字化了这个星球的地形（谷歌地图和谷歌地球，

2007），甚至细致到了各个街道的面貌和结构（街景）以及其交通状况（位智，2016）。它甚至在其数字面部识别软件中（2006 年，现在已大规模升级，是谷歌照片的一部分），将整个世界的面部表情都数字化了。2006 年，随着 YouTube 的来袭，谷歌指挥了一场爆炸性的、不断扩大的数字表演，其内容囊括了世界上大部分图像、音乐和访谈。

通过一个名为盖亚（Gaia）的密码系统——盖亚是地球女神的名字——这个数字镜像世界及其不可计数的交互，组成了一个动态的微型宇宙，形成一个堪称谷歌总部（googleplex）的宇宙。正如佩奇所说，“我们并不总是生产人们想要的东西；这真的很难。要做到这一点，你必须很聪明——你必须了解世界上的一切。在计算机科学领域，我们称之为人工智能。”[5]

将地球表面了无定形的混乱的表面、声音、图像、账目、歌曲、演讲、道路、建筑物、文件、信息和叙事都统一到一个行星式的数字工具中，这是一个举世无双、价值连城的伟大壮举。没有其他哪家别的公司能赶上互联网的指数级增长，互联网的流量和内容每年都翻一番。将网络的网址（url）以大规模并行的自动计算线程进行编织和包装，谷歌的网络爬虫技术的确是一个奇迹。通过使互联网上的大量信息易于为公众所获取，并将其延伸到陆地表面的每一个角落，谷歌由此开启了一种全新而且关键的技术。

过往的系统中，某个普通的公司可能已经向谷歌出售了对其信息的访问权，或者为获取该信息所需的软件收取了许可使用费。通过开发高效、流畅的交易处理系统、优化其计算机处理，以及随着规模的扩大和成本的降低，这么多年以来谷歌可能已经获得了巨额的利润。哪怕每年你只为其 42,000 赫兹（每秒 1000 次搜索）的搜索引擎花费一美分，谷歌就能产生约 130 亿美元的收入。事实是大部分都会比这个价格更低廉。价格下降，会促进购买的增加，利润的积累符合所有资本主义的增长模式。

然而，谷歌并不是一家传统的公司。它决定将所有的内容和信息免费提供：用经济术语来说，使其成为一个公有物，人人可得。这符合互联网先驱斯图尔特·布兰德的精神。他的口号是“信息想要得到自由”。

布林和佩奇是美国学院派的宠儿，他们的成功是用金钱而非声望来衡量：优雅而闲适地做一些研究，最重要的是职务任期（美国对上议院席位的要求）。学院派的成员们渴望得到这样的保证：无论何时走出神圣的殿堂，他们总被认为是“房间里最聪明的人”。谷歌的文化沉迷于对学业成绩、考试成绩、学位和其他证书的关注。

谷歌的哲学透露出对资产阶级社会搜刮钱财的蔑视。正如前工程总监艾伦·尤斯塔斯所说，“这里的人在我眼中都是传教士，而不是雇佣军。”谷歌不需要为提供商品和服务而流汗，也不需要为了现金和信贷而卖命。它免费提供信息、艺术、知识、文化和启蒙。

然而众所周知，这种表面上牺牲的战略并没有阻止谷歌成为世界上最有价值的公司之一。在本文写作之时，仍排在第一位的是苹果公司，它先于谷歌 20 年成立，凭借人人梦寐以求的苹果手机在全球市场上独占鳌头。2006 年，谷歌收购了开源操作系统安卓（Android），这让包括谷歌自己在内的全球公司有能力与苹果手机一争高下。

苹果是一家老派的公司，它对其所提供的一切都收取不菲的费用。苹果的首席执行官蒂姆·库克在回忆录中尖酸地说道："如果服务免费，你就不再是客户，而是产品。"苹果商店每平方英尺的价格是其他零售商的10倍。如果市场转而反对它的产品，如果三星、小米、HTP、乐金（LG）、联想、Techno、Zopo或任何其他在谷歌的刺激下成长起来的亚洲产品以极低的价格出现，苹果很可能会在财富的榜单上迅速地下滑。

谷歌的成功几乎不可思议。它的新控股公司字母表价值将近8000亿美元，仅比苹果少1000亿美元而已。谷歌是如何通过"免费"获得财富的？他们运用了商业史上最巧妙的技术方案之一来实现这样的辉煌。

佩奇和布林的关键见解是，麦迪逊大道为代表的现有广告系统与以电视为主导的旧信息经济联系在一起，谷歌将把这种经济推翻在地。电脑颠覆电视是我的《后电视时代》一书的主题。如果谷歌能够成功地"组织世界信息"并为之所用，那么现有的广告制度将会被取代。

他们二人最初的想法是开发一款由非营利性大学维护的搜索引擎，使之远离商业的侵蚀。在1998年的论文中他们解释了对广告的看法，并介绍了他们的搜索引擎：

> 目前的商业搜索引擎的主要商业模式是广告……我们预计商业搜索引擎将天生偏向广告商，而非消费者的需求……
>
> 总体而言，从消费者的角度来看，搜索引擎越好，消费者找到他们想要的东西所需要的广告就越少。这当然削弱了广告支持下的现有搜索引擎的商业模式……我们认为，广告的问题导致了足够多

的混合动机。因此，至关重要的是要有一款具有竞争力，透明且权威的搜索引擎。

史蒂文·利维关于谷歌的权威著作描述了谷歌在 1999 年发展其广告战略时的情况：“当时网络广告的主要形式是侵扰性的，让人烦恼不堪，时而还带有侮辱性。最常见的是横幅广告。这种广告使用的颜色和形状分散了人的注意力，滑稽的字幕一闪一闪划过屏幕。还有一些广告会直接侵犯你的屏幕。”[6]

谷歌的天才之处在于，它发明了一种搜索广告模式。这种模式避免了当时做法存在的所有缺陷，并为其全球体系建立了一种新的经济模式。谷歌认识到大多数的广告往往都具有价值缩水的特征，对观众来说，绝大部分广告都微不足道，甚至是一颗颗地雷。因此，数字世界采取了相应的应对措施，开发出了包括广告拦截器、广告过滤器、静音键、自动暂停和跳过功能、广告幻灯及其他设备，以帮助观众摆脱那些为免费内容付费的“秘密勒索”。

谷歌让世界认识到，这种模式不仅不可持续，而且没有必要。布林和佩奇发现，搜索模式所提供的信息正是广告受众欢迎或者是所需要的信息。从搜索结果中，它可以发现观众想要看到的广告。如此就彻底改变了广告行业。

根据利维的说法，谷歌得出的结论是“广告不应该是出版商和广告商之间的双向交易，而应该是包括用户在内的三方交易”。在实践中谷歌遵循的规则是“关注用户，余者必来”，这是对用户的单向吸引。

谷歌认识到，除非用户真正需要某些广告，否则也不会为广告付费，强行推介最终会威胁到广告中介机构。就后电视时代的生活而言，谷歌计划下的互联网承诺“没有人必须阅读或看到任何自己不关心的广告”。你来找寻广告，而非与广告抗争。为了实现这一目标，谷歌将其广告设计为“赞助式链接”，即依据点击率来衡量费用。他们用同样的方法来计算广告的有效性和质量，迫使广告商通过剔除那些没有产生足够点击量的广告来改进广告的效果。

利维讲述了发布谷歌分析（Google Analytics）的故事。这是一个“世界晴雨表”，用来分析每一个广告的点击率、相关购买和质量。分析使用了一种“仪表盘”，某种类似于谷歌彭博终端的系统来监控查询、收益、广告商的数量以及竞价关键字的数量，进而了解每个广告商的投资和回报。

最初，谷歌计划为这项服务收取每月 500 美元的费用，并对关键字广告（AdWords）的客户提供折扣。但正如谷歌所发现的那样，对此进行结算和收集是一件非常困难的事情。客户们提出了安全和法律责任的问题，这使得卖方与客户的关系变得不友好起来。索性把东西送给别人，这样做既简单又新潮。如果有个易于使用的即时数据统计来源，提供关于网站和广告表现方面的数据的话，将会更容易招徕顾客为之付费。谷歌分析显示了谷歌广告的优越性，并鼓励人们购买，并为此提供免费的服务。谷歌分析很快就带来了每年至少 100 亿美元的额外广告收入。

谷歌新推出的免费经济模式甚至已经渗透到了公司的午餐间。该公司有了一个惊人的发现：在不需要向员工们收费的情况下，自助餐厅的使用效率比以前高多了。最开始谷歌建立了一个终端系统，以便从员工那里收取食物费用。这个系统本身要花钱，而且还导致了大排长龙，让大批价值不菲的谷歌工程师们为了付款而无谓地等待，浪费了时间。端起食物不用付钱就走，虽然不符合资本主义的原则，却更便宜、更简单，也更新潮。如今，这家公司每天提供超过10万份餐食，全部免费。以此类推，几乎所有谷歌产品的组合都是如此。

2009年，斯坦福大学的哲学家弗雷德·特纳发表了一篇题为《谷歌里的火人：新媒体生产的文化基础设施》的论文。在论文中，他揭示了谷歌全球体系背后的宗教运动。

一年一度在内华达州沙漠里一个名叫黑岩城的地方举办的聚会上，火人（burning man）们的高潮在类似赠礼节（美洲印第安人冬季的一个节日）的时刻来临。3万多名狂热的宅男，其中有些人半裸着上身，载歌载舞。技术教士们点燃一尊40英尺高，雄雌不辨的木质雕像，连同一座沙子堆砌而成的神庙，燃起熊熊大火。神庙里放满了写满预示性话语的箴言。

和谷歌一样，“火人”也可以被称为“公地崇拜”：一种公社主义的宗教运动，以不期望回报的免费赠予，作为传教士而非雇佣军理想经济的道德中心。它传达了谷歌尤其看重的“不作恶”原则。这与硅谷眼中有着阴险历史的其他公司形成鲜明对比。

和谷歌的网站一样，“火人”的网站也提出了公共原则的10条戒律。创始人拉里·哈维于2004年撰写的“火人十诫”：

* 激进的包容：无参与的先决条件。
* 赠予礼物：给予不期望回报。
* 去商业化：拒绝具有剥削性质的商业赞助和广告交流。

* 彻底的自力更生：依靠内在的资源。

* 激进的自我表达：视艺术为馈赠。

* 共同努力：努力创造、促进和保护社会网络、公共空间、艺术作品，支持人的交流。

* 公民责任：重视公民社会，遵守法律。

* 不留痕迹：在工业污染和人性沦落之中崇尚生态美德。

* 参与：秉持一种根本的参与性伦理；在个人和社会中，只有通过敞开心扉的个人参与才能实现变革。

* 即时性：没有任何想法可以代替直接的经验……融入社会的同时与超越人类力量的自然世界接触。

乍一看似乎与靠敛财为生的大公司格格不入。毕竟，领导这家公司的是世界上两位最富有的人。

但是布林和佩奇认为“火人十诫”和谷歌之间没有任何矛盾。他们经常参加这项活动，埃里克·施密特也是如此。得知埃里克·施密特是这项聚会的虔诚信徒，这使得对他的聘用变得更加水到渠成。谷歌总部位于山景城的 43 号大楼，其中的很多装饰都使用了沙漠仪式上的照片。谷歌的第一个标识上就有一个在木桩上燃烧的男人的形象。[7]

在某种程度上，谷歌的创始人们宣扬着某种宗教冲动。而这种沙漠中的聚会便是他们最好的注解。批评家们可能会对强调“艺术是一种馈赠”而吹毛求疵（对于 YouTube 的贡献者，博客作者以及书籍作者来说，这是否合理呢）。庆祝公共的努力表明谷歌相信开源软件的优越性，认可无偿生产。开源为谷歌提供了一个易于扩展的平台，也为潜在竞争对手的项目蒙上了阴影。与此同时，谷歌在涉及自身的知识产权和实践时却十分注重保密。也许“火人”的祭拜仪式仅仅揭示了硅谷无神论者的圣洁而已。

谷歌的公司页面呼应了“火人十诫”。它以“我们所知道的10条真理”的形式呈现了“我们的哲学”，这其实是谷歌世界体系的指南。正如“火人”一样，这10条原则，从表面上看似乎无可非议，但每一条都蕴含着一句颠覆性的潜台词。

* 关注用户，其他一切都会随之而来（谷歌给用户的“礼物”是免费赠送的个人信息，最终形成了令人瞠目的大数据）。

* 凡事都做到最好（要想主宰信息市场，你必须是人工智能襄助下“搜索与排序”领域的世界冠军；就你的领域而言，你必须做到几乎无所不知）。

* 快比慢好（速度比细致和无误更重要）。

* 网络世界里民主运行无虞（但谷歌自身却奉行着严格的精英统治，严格按照智商和文凭论英雄）。

* 无须坐在办公桌前获得答案（为了避免手机上的广告，大家最好购买AdMob）。

* 不做坏事也能赚钱（字里行间意味着“绝大多数的财富都建立在重大犯罪的基础之上”。如果迅捷而且免费掩盖了大量的罪恶，谷歌自豪地通过运行其数据中心，通过太阳能和风车抵消了自身净零碳的足迹）。

* 外面总有更多的信息（大数据的规模回报不会递减）。

* 对信息的需求跨越了国界（我们是世界公民，谷歌翻译为我

们提供了世界性优势）。

* 不穿西装也可以很严肃（借牛仔布进行伪装；否认硅谷的最高财富和特权；没必要装腔作势穿西装）。

* 了不起还不够（了不起是我们的常态）。

正如斯科特·克莱兰和艾拉·布罗斯基在《搜索与毁灭：为什么你不能信任谷歌公司》一书对谷歌活灵活现且充满激情的指责那样，在这一系列高尚的忧虑之中，有一个巨大无比的漏洞。[8] 这其中没有一条提到安全的必要性。正如他们所说的那样，谷歌在一个单独的页面上讨论了安全问题。它那活泼的公关语气让人无法安心："我们认识到，只有将安全当作一个整体来处理的时候，安全问题才能得到妥善的处理。这应该包括所有人：所有使用谷歌服务的人，制作应用程序的软件开发人员，以及让我们保持警惕的外部安全狂热分子。大家的共同努力才能使互联网变得更安全更可靠。"[9]

换句话说，"全体村民一起出动"。安全是网络问题的核心。在这种情况下，谷歌是问题的来源，而不是答案本身。

## 第四章

# 免费世界的终结

“这些广告太棒了！”

——拉里·佩奇，贴在谷歌宣传板上的话，2002 年

谷歌的世界是一个富饶而又幸运的王国。当许多形式的广告都已经处于缓慢却明显的死亡螺旋之际，它仍然需要通过广告来进行纾解。

正如杰里·鲍耶在《福布斯》上撰文所写的那样：“如果广告消亡（这样说是出于对媒体的支持），那么我们所说的媒体也会随之消亡。从报纸开始，到广播，再到电视，各种形式的博客和流媒体基本上都是操持着相同的商业模式：一群人聚集在一起，以为自己在做这件事情，其实真正所做的事情与此并不相干。”[1] 这其实就是一个诱饵，没有人喜欢被如此对待。与此相比谷歌取得了巨大的进步，但仍有不低于 95% 的收入来自与其搜索引擎相关的广告。

对于聚集观众和吸引眼球，没有什么能比提供免费服务更有效。谢尔盖·布林在谷歌发展的早期就提出了一个至关重要的问题："如果价格为零，策略会如何变化？"[2]答案是："我们赢得了整个市场。"2014年，谷歌邀请杰里米·里夫金参加其系列讲座，并对这一切进行总结。他宣称要建立一个"零边际成本社会"。在新制度下，从搜索到软件，从新闻到能源，每个增量价格和服务都会与"免费"对接。这个世界上的每一个设备和实体都被囊括在同一个物联网之中。在此之中，新的经济指数和网络效应会导致人们更加追求闲适而丰富的生活。[3]里夫金向他的听众保证，这个世界其实就是一个谷歌世界。

不仅"免费"是个谎言，正如我们所看到的那样，零价格意味着回到物物交换系统。这是人类在石器时代便留下的不可通约的交流泥坑。你付的不是钱而是你的注意力。

最重要的是，你要按时付款。时间是金钱所衡量和代表的事物的本质——在"零边际成本"经济中，当其他一切都变得丰富时，时间仍然最为稀缺。在免费的不确定性之中，隐藏着金钱所代表的这个世界上的真正稀缺。

根据道格·爱德华兹的说法，拉里·佩奇创办谷歌的雄心壮志是"谷歌的第59名员工"，其目的是要"阻止世界浪费他的时间"。[4]除了偶尔会接到某个地方某个多管闲事的监管者的传票，他现在应该可以说已经很成功了。但对于我们其余的人来说，所有免费的东西都导致了交易中的花招和陷阱：不费吹灰之力订阅、自动更新、虚假奖品、奖金、头奖，每一步都会弹出新的危险。

这个"免费世界"，从你的钱包里探出头来。挥霍你辛苦挣来的钱，攫取你的时间——其实就是你的生命。

广告的模式正在凋亡，这个过程缓慢但确定无疑。2014年尼达姆公司的劳拉·马丁在一项研究中显示，过去的70年里，人们每天花在媒体上的时间从开始的5小时增加到了现在的10小时。免费色情包罗万象，成为免费物品成瘾属性的象征。每天为每个人投放的广告数目稳定地保持在350个左右，而每小时的广告阅读量却下降了一半。在数字设备的世界里，人们正在学会如何取消、静音或避免看到自己不想看到的广告。一旦下一代创新者研发出新的支付和安全模式，这种趋势将会加速到来。

在我研究谷歌专注于“免费”商品对经济的影响的同时，乔纳森·塔普林在其所著的《快速行动 打破常规：脸书、谷歌和亚马逊如何扭曲文化和破坏民主》一书中透露：目前排名前6位，用户数量超过10亿的网络平台，谷歌拥有其中的5个。排名前14位的商业性功能网站，谷歌独占13家。然而，它从终极用户手中获得的利润却不足总利润的5%。[5]

除了没有人希望看到的广告供应商这个角色，谷歌的主要角色是中介。尽管谷歌的业务原则清单以“客户至上”开头，但谷歌几乎没有什么终端客户。除了那些养尊处优的广告购买者之外，谷歌的客户群与亚马逊相比微不足道。与谷歌不同的是，亚马逊从不羞于谈赚钱。

一位名叫丹尼尔·科林·詹姆斯的博主在我的“遥观宇宙沙龙（Telecosm Lounge）”留言板上的一篇文章引起了我的注意。在名为《黑客正午：黑客开始他们的狂欢》的博客文章里詹姆斯写道：“黑客们从这里开始了午后的活动。”[6]他的爆料始于苹果公司2015年年末决定在苹果手机中引入广告拦截器。这是对谷歌在线"聚合和广告"战略的重大打击，也被广泛看作是为打破谷歌通往近乎永久垄断铺平道路。由于谷歌手机广告75%的收入来自苹果手机，苹果公司的这一举措必将触动谷歌手机战略的核心。除了免费开源的"分享经济"安卓平台，谷歌直到一年后才对此做出回应，回应的方式是假装模仿苹果公司的做法。

谷歌在业界领先的广告分析工具清晰地表明，用户们很喜欢屏蔽广告这个想法。顾客优先，所以在Chrome浏览器中谷歌也推出了自己的广告拦截工具，这款工具只拦截那些受到"更好广告联盟（Coalition for Better Ads）"谴责的广告。换句话说，由于谷歌的广告是出了名的谨慎和温和，那么被它屏蔽的肯定是那些来自竞争对手的赤裸裸、花里胡哨或者低俗不堪的广告。詹姆斯推测这种行为对于搜索引擎来说可能有违反法律的嫌疑。

正如詹姆斯所认识到的那样，对于在线广告行业而言，拦截广告无异于自杀。他宣称，2015—2016年，全球16%的智能手机用户使用该技术，广告屏蔽率上升了102%。在占谷歌收入47%的美国市场，25%的台式机和笔记本电脑用户使用了自动删除的商业广告技术。引领这一运动的是广告商梦寐以求的年青一代。正如詹姆斯津津乐道的那样，只有0.06%的智能手机广告被点击。由于还有超过50%的点击是错误点击，根据调查，主动回复率只有0.03%。[7]对于垃圾邮件发送者来说，这个结果是可以接受的，但是它不能成为谷歌计划的一部分。

与此同时，谷歌小心翼翼地屈从于反广告情绪。它为YouTube用户提供了一种无广告的涅槃式体验，称之为"YouTube Red"。

作为一名忠诚的YouTube用户，我可以证明这的确是一场狂欢——每月只需支付9.95美元，就能享受“后电视时代”的真正奢华。我对此得寸进尺，衷心希望谷歌能够对其内容供应商做出充分的补偿。但事实并非如此。作为全球最大的流媒体影音网站，YouTube拥有52%的公司股份，却只支付了所有音乐流版权税的13%。谷歌面临着数十家流媒体视频供应商的激烈竞争。在这个领域，它只是另一个玩家而已，体验着真实价格的明枪暗箭。

詹姆斯指出的第二个重点是，虽然纯信息搜索仍然被谷歌主导，但商业搜索——有意搜索要购买的产品——正在戏剧性地转向亚马逊。截至2017年，亚马逊拥有52%的产品搜索市场，其收益正在加速增长，而谷歌却下降到了26%。想买东西的用户开始直接在亚马逊上搜索。这家西雅图的巨头可以把实实在在的商品直接卖给人们——只要点击一下，无须其他操作——大家获得的不再是一个广告而已。也不再会是其后的一大堆密码、用户名、验证码、最终用户许可协议和信用卡通告。虽然亚马逊上的评论可能是假的，但比起谷歌的付费广告和中介似乎更值得信赖。既然如此，为什么不用亚马逊呢？

这一成功源于亚马逊在云服务领域的成功。尽管谷歌在全球领先的云部署上占据主导地位，但亚马逊在营销云服务方面还是以某种方式击败了谷歌。截至2017年，亚马逊在营销云服务方面的市场占比为57%，而谷歌仅为16%。亚马逊所具备的从真正的客户那里筹集资金的优势一定让谷歌困惑不已。像往常一样，谷歌开始进行反击。YouTube上一系列的演讲和技术演示，展示了谷歌云产品的优越性。体现在全球结构化查询语言（SQL）能力，诸如简单的用户界面、即时反应能力、分布式计算（MapReduce）、大数据分析（Hadoop）和名为“扳手（Spanner）”的大型数据库方案。还展示了谷歌庞大的光纤部署和数据中心，它的理想，以及其辉煌的技术创新能力。但不知何故，当人们不得不选择云服务的时候，他们转向的不是谷歌，而是亚马逊网络服务。谁会想到结果会这样呢?

与此同时，谷歌在其新任首席执行官桑达尔·皮查伊的领导下，偏离了曾高调宣传的“移动优先”原则,转而投向了“人工智能优先”。“移动优先”原则指导下谷歌收购了安卓和移动广告（AdMob）。在业界，谷歌是大家公认的智力领袖，其人工智能的表现广受称赞。它签下了世界上大部分的人工智能领域的名人，延揽了这个领域里“深度学习”的众多先锋。从杰弗里·辛顿、吴恩达，到杰夫·迪安和身陷困境的安东尼·莱万多斯基以及深度思维的戴密斯·哈萨比斯。

如果谷歌是一所大学，那么它在人工智能领域完全是一骑绝尘，遥遥领先。令人失望的却是精明的亚马逊公司通过其 2014 年的“艾莉克莎（Alexa）”和“回音（Echo）”项目成功地占领了人工智能服务的大部分市场，进而推出了硬件设备，将人工智能以优雅设计的设备形式带入了千家万户。这些设备可以回答问题然后订购产品，同时还能避开广告。

亚马逊的优势，再一次归因于它不惧怕顾客。谷歌已经把它的人工智能工具应用到看不见的后端，在那里它瞄准广告并分析用户对它们的反应。整整两年过去了，谷歌才有所反应，开始模仿亚马逊进军家用设备市场。另一个更深层次的问题是谷歌的“移动至上”

战略和亚马逊的“艾莉克莎”项目都把这个行业导向语音接入的人工智能方向。语音访问在很大程度上消解了谷歌的广告搜索优势。在搜索流中插入语音广告与在对文本搜索请求的数千个响应中插入高雅的文本是截然不同的。这是一种逆潮流的策略，让人回想起广播的死亡螺旋。一方面需要越来越多的广告来支撑日益减少的内容供应，另一方面主要的赢家却是拉什·林堡之类极富魅力的非谷歌式的访谈者。

现在谷歌助手（Google Assistant）作为最好的语音识别者赢得市场的赞誉。乐金已经为其麾下所有的 90 个家用电器种类都安装了谷歌助手。谷歌和乐金是物联网领域的先驱，他们设想人们有向自家的洗衣机、烤箱、冰箱、煤气灶、供暖和空调系统、洗碗机和照明面板等，倾诉内心真实想法的愿望。谷歌将不再囿于网上购物的数据领域。当亚马逊的全食超市塞满了你的冰箱的时候，这一切谷歌了然于胸。它希望利用这些数据丰富其广告系统，并避免谷歌助手流中的语音广告问题。但是，如果人们不想在他们的搜索结果、YouTube 视频和新闻流中看到广告，那么他们也不会想在他们的洗碗机中看到广告。

然而，免费的最重要的作用并不是避免对真正的客户承担责任，而是对安全挑战的逃避。谁会去偷免费的东西呢？如果你的大部分产品都免费，你就可以不用去管是否有黑客或者盗窃行为了。你不怎么需要建立并维持一个基态。实际上，在免费商品的洪流中，黑客的主要角色是在对谷歌本身和它阴险的广告中插入骗局。谷歌当然可以在其网站上发布傲慢的公告，要求客户们自己承担安全责任。“看到就要说出来（If you see something，say something）”，谷歌的表态呼应了美国运输安全管理局的“感觉良好”策略，其主要目的是将责任转移给“顾客”。

但是，谷歌对安全性关注的不足，将会导致其自身的毁灭。对于网络上的其他玩家来说，缺乏安全性是当前商业模式的最大威胁。这个问题终将得到解决。数千家你从未听说过的公司正在为此投下数以十亿计的美元。众志成城之下，一个新的网络必将诞生，其最强大的体系结构需求将是把交易安全性视作该系统的基本属性，而不仅仅是事后的考量。安全对于这个新系统来说是如此重要，以至于它的名字都是由此衍生而来。那便是密算体系（cryptocosm）。

# 第五章

# 密算体系十律

谷歌的安全缺陷、它的“聚合与广告”模型、它对价格信号的规避、它对客户数据的侵入以及它对机器思维的设想，都使得它不太可能在我称之为“密算体系”的分布式对等技术的彻底性变革中存续下去。

今天，在我们周围有成千上万的工程师和企业家正在努力设计一个超越谷歌疆域极限和幻想的世界新体系。

在谷歌时代，互联网的首要规则是“交流优先”，这意味着一切都可以自由地被复制、移动和改变。虽然我们大多数人都欢迎“免费”，对此我们的理解是“不需付费”。其实大家真正想要的是得到任何自己想要的东西，而不是由权威选择好了提供给我们。但是在实践中，“免费”意味着不安全、无定形、不系统，变故从顶部开始。

多年以来，这种“交流优先”的原则对我们很有帮助。互联网是一个巨大的异步复制器，通过复制进行通信。规范信息经济中版权的是那些诸如谷歌的复制大王。

在这个系统中，安全性是网络的一个功能。对它的运用从顶部开始，却并不是设备及其所有者的属性，故而一切都上升到顶部。谷歌总部通过将用户视为做出随机选择的群体而提高运行速度和使用效率。这就是其搜索引擎背后的数学模型本质。你只是谷歌的一个随机函数。

但没有谁是随机的。你是一个不能再被回溯分解成卵子和精子的独特基因实体，你被生物加密了。这些不对称的自然代码是统治模式和持久安全的隐喻。首先被定义的不是目标，而是基态。在构建函数或结构之前，先构建基础。这是终极的非随机现实。这个基态就是你。

密算体系的第一条规则是“保护先行”。这体现出其与谷歌的通信规则完全不同。“保护不是一个过程或机制，而是建筑结构本身。它的钥匙和门、墙壁和通道、屋顶和窗户在设备层之上就定义了属性和隐私的具体内容，他们决定谁可以去哪里做什么。对安全的追求不能从对顶层的改装、修补或改进开始。

对你来说，安全不是指网络层面上某种平均水平的监视，而是你的身份、设备和财产的安全。你占据并控制着某个特定的时间和空间，不能被混合成平均值。就像你是生物分类的一部分，通过时间在 DNA 编码中镌刻，并由外部力量进行修正一样，你的属性和转换构成了一个稳定不变的分类。正如你被镌刻在时间上一样，密码分类账中的每一个条目都有一个独一无二的时间戳。

密算体系的第二条规则源自第一条：“集中化并不安全”。安全位置是分散的，因为人类的思想和DNA密码都是分散的。达尔文的错误以及今天谷歌的错误，在于认为身份是一种混合体，而不是一种代码——机器可以是一个奇点，但人类却只是随机的结果。

集中化告诉了蟊贼们什么地方的哪些数字资产最有价值。这帮他们解决了大难题，除非整个系统中的权力和信息以个体对个体的方式分布，否则小偷们很容易通过顶部的内置混合器进行操纵和窃取。

第三条规则："安全至上"。[1]除非体系结构达到了预期的目标，否则安全与保护之间便没有任何关联。安全性是功能系统的重要资产。要求系统在构建过程中的每一步都安全，就会导致电脑的"杂牌化"，最终结果便是过于复杂而无法使用的机器。

第四条规则："没有什么是免费的"。这是人类尊严和价值的基础。资本主义要求公司为客户服务，金钱是公司接受员工工作的证明。抛弃金钱的公司同时也在贬损客户。

第五条规则："时间是成本的最终衡量标准"。当一切都变得丰富的时候，时间便是最稀缺的资产：光的速度和生命的跨度。时间的匮乏压倒了金钱的丰裕。

第六个规则："稳定的金钱赋予人尊严和控制权"。没有稳定的货币，经济必定会受到时间和权力的任意摆布。

第七条法则："不对称法则"。这是对生物不对称的模仿。公钥编码的信息只能由私钥（ID）解密，却不能用公钥计算私钥。不对称的代码难以被解码，却很容易证实，这便赋予了大众以力量。相比之下，对称加密则为最昂贵计算机的所有者提供了力量。

第八个规则："私钥规则"。这代表了安全保护。它们不能实现顶部混合与改变。这就像是人的 DNA 不能从其更上一层进行改变和混合是一个道理。

第九个规则:“私钥由私人持有，而不是被政府或谷歌持有”。私钥强化了产权和身份。在质询—响应的交互中，挑战者使用公钥并加密消息。私人应答者通过解密、修改和返回确认身份。这就是一个数字签名的过程。通过使用公钥解密新消息，如此，信息的最终接收方能确信发送方就是信息的发出者。文件已通过数字的方式签名了。

私钥的所有者分配了权力。私钥的所有者通过证明公共地址的身份和公共分类账内容的所有权来应对挑战。因此，私人钥匙的所有者可以通过提供证明个人工作和记录以回应政府的索赔和指控。通过使用私钥签名，所有者总是可以证明数字分类账上公钥所定义财产项的所有权。

第十条规则:“每个私钥和公钥的背后都有人在做解释”。关注个人会带来有意义的安全感。

当这 10 条规则定义了新系统时，你对世界的体验会发生怎样的变化呢?

谷歌是分层的，后谷歌时代将与此不同。谷歌是自上而下的，后谷歌时代将自下而上。谷歌规则的不安全性集中堆积在系统的下层。一个千疮百孔的堆叠使金钱和权力被吸到了顶部。在后谷歌时代，个人安全是一种基态，得以在数字分类账中登记和确认。这将阻止由于等级权力而带来的虹吸效应。

现在谷歌控制着你的信息并免费使用它。未来，你将掌握自己的信息并自由决定如何计费。试着用一用布兰登·艾克的“勇敢浏览器（Brave Browser）”吧。艾克以前是摩斯拉（Mozilla）的员工，也是直译式脚本语言（JavaScript）的作者。这个浏览器让你拥有支配自己数据的权利，并收取费用。

谷歌设想了一个通过人工智能进行机器统治的时代，而未来你将统治你的机器，机器将为你提供聪明才智，心甘情愿地成为你的奴隶。你将成为自己生活和工具的“神谕”。

谷歌“免费的世界”试图摆脱稀缺性法则和价格网络的束缚，而未来你将生活在一个充满了真实成本和真正需求且信息高效的世界。你工作的证据将胜过自上而下的速度要求和权力的等级划分。“免费”的基本要求将让位给经过校准的自由市场和小额的自愿交换。

谷歌世界通过多样性的筛子让你紧张，让你在一致性的混杂中挣扎。而未来的新世界将立足于个体独特性选择这个基本现实。谷歌世界正在抑制企业家通过首次公开发行（IPO）进入公共市场。这一数字在20年内下降了90%，而新世界将为企业提供一系列新的途径。从初币发行（Initial Coin Offering）、安全令牌发行（token issue）到众筹，新的金融工具已经为新一代企业家赋予了力量。在谷歌及其竞争对手的并购办公室外边，可怜的“独角兽”企业——价值10亿美元或更多的私营初创企业——排起的长队将被分散开来。最终替代它们的将是成群的瞪羚企业。[2]

谷歌试图用无处不在的广告吸引你的眼球，未来你将只会在你想要的时候看到你想要的广告。你的时间和注意力都将得到应有的报酬。“勇敢浏览器”是这场运动的领导者。

金钱不是魔杖，而是标尺，金钱不是财富，而是衡量财富的准绳。尽管在谷歌时代，每天有多达 5 万亿美元的货币兑换——相当于世界商品和服务贸易总额的 75 倍——你将获得衡量价值而非操纵价值的非中介货币。谷歌世界是由中间商和受信任的第三方组成，但未来你将直接与全球各地的人打交道，费用少还没有什么延迟。

新兴的经济是一种超越了国界的新经济形式，采取个体对个体的直接交易，从而避免了企业的欺诈行为，优步和爱彼迎就是其中的代表。谷歌的世界将你限制在某个地点、时间和生活中，未来的新世界将为你开启新的生活和体验，你将会有新维度和新选择。在那里，你是唯一的评判标准和主宰。

人类的尊严将再次在互联网上占据一席之地，人类将成为密算体系的主人。这样的承诺听起来是不是太美好而显得不够真实？

如果这些原则在今天仍然显得神秘莫测，要解释它们的来源和最终的成功，我们必须像加州理工学院的卡弗 · 米德告诉我们的那样："倾听技术，并理解它所倾诉的内容"。

# 第六章

# 谷歌的数据中心革命

驱车行驶在 84 号州际公路上，穿过青葱翠绿的哥伦比亚大峡谷，到达古雅的俄勒冈州达尔斯镇。这一路的行程仿佛驶入了迷人的美国历史。透过北美黄杉丛，便可以看到闪闪发光的瀑布划过古老陡峭的玄武岩山脊。路标将你带到美洲土著博物馆，那里到处都是羽毛和皮革装饰的部落遗迹。农庄和渔场，山坡上的葡萄园，雄鹰和鱼鹰迎风飞翔。

远处的地平线上，距离此地仅半小时的车程，矗立着积雪覆盖、熠熠生辉的胡德山。这里有 11 座冰川，是 6 条河流的源头，是四季滑雪的胜地。“我真想在这里住下。”我转身看了一眼通往波特兰的公路对自己说。硅谷和旧金山之间的收费公路伸向远方。两相对比，哥伦比亚的山谷闪耀着森林般梦想的光芒。

高速公路的尽头，一座废弃的铝厂，矗立在贫瘠的山坡上。哥特式的门架和洞穴般的熔炉空空荡荡地伫立在那里，见证着工业力量的衰落和辛酸过往。[1]

达尔斯这个名字来源于18世纪的航运俚语，指的是哥伦比亚河岸附近的激流和险滩。那个时候当地的工业主要是用独木舟向外运送海狸皮。现在海狸安然自得，铝厂也基本废弃了，但达尔斯却正在蓬勃地发展。2005年谷歌在大坝以西6英里的河边买下了30英亩的土地，建起了该公司的第一家自主运营的数据服务中心。达尔斯一跃成为世界新体系的先锋。

在9年的时间里，园区的面积增加了两倍多。2014年，谷歌（以“莫雷纳工业”的名义）从深陷困局中的西北铝业公司手中买下了74英亩的土地。谷歌在这个小镇的总投资接近20亿美元（囊括在其全球投资的290亿美元之中）。谈判过程中，谷歌以“隐形”和“律师”作为伪装，事成之后又进行慷慨的慈善捐款，这一系列做法让这座数据中心整体免除了财产税。

数据中心严格保密。大门将那些没有正式通行证和没能通过机场式毫米波全身扫描仪的人拒之门外。为了处理海量的数据，谷歌的达尔斯城堡拥有3个1000万立方英尺的玻璃幕墙仓库，安装了7.5万台电脑服务器。每台服务器由光纤线路相连，排列安置在高耸的架子上。[2]这些服务器，尽可能紧密地挤在一起，以减少数据传输的延迟。看起来就像一个巨大的未来图书馆，书架上水平放置着闪闪发光的书籍。

四季常青的秘境、巍峨的大山和永不停止的滑雪胜景在其中发挥了一定的作用，但让这里成为数据中心主要源于其他两个原因。一是因为连接华盛顿角港的光纤枢纽，距达尔斯西北200英里，就在雷尼尔山的另一侧。那里是“跨太平洋1号”（Pacific Crossing 1）

大型电缆的沿海着陆基地。这个被其建造商盖瑞·温尼克命名为“跨太平洋1号”的工程是“跨越全球（Global Crossing）”项目的组成部分。该网络神经节点建造于2001年，用于处理640千兆位每秒（数十亿比特每秒）的光纤主网。10年后，其运行速度将得到12倍的提升，达到8.4万亿比特（每秒数万亿比特）。它跨越6000英里的太平洋，连接亚洲和美国。

一根透明的光纤蜿蜒着穿过小镇的主要建筑，通过诺亚网（NoaNet）连接更加庞大的互联网。诺亚网曾被认为是第二代互联网（Internet2）的最前沿标准节点。在乌尔斯·霍尔泽勒领导下，经过不屈不挠的努力，2017年谷歌的“云”在更先进的第三代互联网（Internet3）机制之下，新增了10个数据中心。

二是因为达尔斯大坝和它的18亿瓦发电站。1957年，美国陆军工程兵团在华盛顿州的克利基特和俄勒冈州的瓦斯科之间建造了这座半英里长的大坝，将达尔斯的激流变成了低补贴的廉价电力。电力曾经是炼铝的关键，现在则是计算的战略先导。实际上，谷歌并不是唯一一个依赖哥伦比亚河的硅谷巨头。哥伦比亚河提供的电力成本约为旧金山湾区电力成本的1/5。

大数据和巨大的“云”计算能力的凝聚是人类计算史上前所未有的壮举。这些机器因为在计算和转换的速度与密度，以及数据存储的大小等方面的优势，胜过其他机器，并从而获得对环境的控制。[3]零售、金融、保险和房地产等行业涌现出的新主导中心，其背后就是这类服务器在起作用。谷歌在这当中最具统治力（以盈利能力衡量，它可能也是东方金融的对手）。

描述集成电路增长能力的摩尔定律得名于传奇工程师戈登·贝

尔，他也是数字设备公司于20世纪80年代在小型电脑虚拟地址扩展器（VAX）方面取得突破的关键人物。现在，他是微软的重要研究人员。[4]根据贝尔定律（Bell's Law），每10年就会出现一个新的计算机体系结构。与此同时，处理能力的价格降为10年前的1%。

你肯定还清楚地记得，个人电脑是横亘在20世纪两次经济危机鸿沟之上的王者。高贵的大型机计算机在20世纪70年代维持了IBM在信息技术领域的主导地位；小型计算机在20世纪80年代维持了数字设备公司和通用数据公司在客户端—服务器系统领域的统治地位。然而它们都被颠覆并逐渐消亡了。[5]

谷歌的云定义了当前的贝尔定律。20世纪90年代末，拉里·佩奇和谢尔盖·布林还都是在斯坦福大学盖茨中心进行非营利性工作的探索者。他们试图自己搜索那个15万亿字节（150-gigabyte）的互联网索引。那时，当我想用未来的神秘感震撼观众的时候，我就会用兆级（terascale，$10^{12}$）来描述一个包含15万亿字节的内容，那是一个大到难以想象的网络。

谷歌的全球仓库就起源于这个曾充满未来感的太字节（terabyte）范式，只是现在它的操作环境动辄千亿兆（peta-scale）、千万亿（petaops）、每秒千万亿次浮点运算（petaflops）。"Peta"的意思是千万亿次幂（也就是$10^{15}$）。巧合的是，它也让人联想到了"petere"这个表示"搜索"的拉丁语动词。如今，谷歌统治着一个由成千上万个千万亿字节（petabyte）组成的数据库。这个数据库每天都会因大量TB级的谷歌邮件、脸书页面、推特消息和视频而急速膨胀。这是每日都在无情增大的三角洲，每天的增量都比10年前的整个网络还要大。谷歌每天处理数十亿次的YouTube视频和超过

35 亿次的搜索，每年的搜索总次数超过 1.5 万亿次。该公司的内部带宽每年都在翻倍。截至 2014 年的 6 年里，其带宽增长了 50 倍，到 2018 年将再增加 10 倍。谷歌的运营主管霍尔泽勒表示，这个数字两年后还将再增加 10 倍。[6]

从达尔斯开始再到被全球复制，这个符合贝尔定律的机器是谷歌霸权的核心。这是在哥伦比亚河岸边发起的变革，显示着谷歌至高无上的地位。

早在 1993 年的某个午夜，时任太阳微系统公司（Sun Microsystems）的首席技术官（CTO）的埃里克·施密特在办公室里写了一封电子邮件。信中这样描述未来："当网络变得和处理器一样快的时候，连到网络上的电脑就会变得空空如也。"太阳微系统公司用一个简洁的短语宣传了这个概念——"网络即电脑"。但公司主管硬件的老板们没能领会施密特这句妙语的真意。这种转变的盈利方向是什么？"不是那些能制造出最快速处理器或最佳操作系统的公司"。当时，太阳微系统公司开发的 SPARC 工作站系列（Sparcstations）、简化指令集计算机（RISC）、Java 虚拟机、Solaris 操作系统（所有这些都在与正在崛起的业界巨头竞争）都要比微软和仍在崛起的 IBM 更胜一筹。不，施密特在他的午夜邮件中写道，利润将流向"拥有最好的网络、最好的搜索和最好的排序算法的公司"。[7]

我称之为施密特定律（Schmidt's Law）。施密特不是在一封午夜发出的电子邮件中胡写乱画的人，不久之后他就离开了这家公司。在担任诺勒有限公司（Novell）首席执行官一职后，他试图在犹他州建立最好的网络和搜索引擎。后来他加入了谷歌，很快就晋升为首席执行官。在那里，他发现自己被曾经预言的未来所吞没。当 EXCITE（搜索引擎）、INKTOMI（Yahoo 的搜索引擎）、ALTAVISTA（DEC）（搜索引擎）等竞争对手都在利用 SPARC 工作站系列和 IBM 大型机构建自己的网络的时候，谷歌则已经开始利用微处理器之星英特尔和硬盘之王希捷（Seagate）制造的廉价商品组件设计和制造自己的服务器了。

在 2005 年的一篇技术文章中，谷歌的运营总监霍尔泽勒解释了这其中的原因。他指出，高端处理器的价格“与它们的性能呈非线性上升”关系。也就是说，英特尔的高端微处理器在增量产出上的成本越来越高。这些芯片可能击中了被称为蒙迪之墙（Mundie’s Wall）的东西。时任微软技术主管的克瑞格·蒙迪提出：

> 我们现在碰到了一堵砖墙。计算速度提升的关键是提高中央处理器（CPU）的时钟频率（以赫兹或每秒周期为单位的计算周期速度）。但是时钟越快能耗越大。要做到在不消耗过多电力的情况下增加时钟的频率，只能通过降低电压的方式。但是这种做法已经难以为继，因为世界早已经进入电子伏特时代。在这个时代里，不确定性占据了上风。若不能降低电压，就不能提高时钟频率，也就无法获得更高的功率。

加快时钟频率、减少散热，比扩展存储芯片中晶体管存储位更加困难。内存比微处理器操作增长得更快，速度更快的微处理器往往会在内存访问中出现卡顿。在拉里·佩奇的推动下，霍尔泽勒的解决方案有希望解决这一难题：用光纤将无数廉价的处理器并行地组装在一起，使之以光速运行。巧妙的新软件使众多处理器同时工作。这至少是通向可扩展系统的理论道路之一。在这个系统中，“物有所值”的理论依然可信。

今天看来，霍尔泽勒的架构正确体现了施密特的洞察力，也赋予谷歌全球的影响力。从阿斯本到达沃斯，再到戛纳的精英圈子里，到处都能看到施密特的身影，他的脸上总是挂着计算机科学家特有的微笑。

此次变局的关键一步是位于达尔斯的工厂，是施密特所称的“有史以来最好的计算机科学”的产物。施密特当时对分析师表示，谷歌通过建立自己的基础设施，而不是依赖商业数据中心，获得了“巨大的竞争优势”。

每一个时代，胜出的公司都是那些为了节约稀缺资源而不惜耗费富裕资源的公司——价格急剧下跌证明了这一切。谷歌业已挥霍了大量的数据存储和主干带宽。相反，它对于最宝贵的资源，即用户对延迟的耐心——用户等待网页或搜索结果的时间——却十分吝啬。

硬盘存储容量的持续激增使得摩尔定律看起来像是一场蟑螂赛跑。1981 年，千兆字节的硬盘售价为 50 万美元，运行速度 6 兆赫的英特尔 286 处理器的价格为 360 美元。到了 2018 年，千兆字节的硬盘的成本不到 2 美分，而一个 3000 兆赫处理器的成本大约是 3000 美元。在美元汇率不变的情况下，加工的价格下降了大约 500 倍，而硬盘的价格已经下降了 25 万倍。按照这个粗略的衡量标准，硬盘驱动器的成本效益增长速度是处理器的 500 倍。

谷歌公司那些有成本意识的人绝不会把他们的仓库塞满硬盘。

但磁盘存储的神奇进展掩盖了一个问题：单个磁盘的大小和密度越大，扫描它们获取信息的时间就越长。读取磁盘的小手臂赶不上处理器的速度。

谷歌的解决方案是部署大量的快速随机访问内存芯片。按字节计算，随机存储器（RAM）的费用是磁盘存储的 100 倍。工程师们通常对一些技术技巧有无与伦比的痴迷，他们使用各种各样的技巧来骗瞒处理器，甚至把磁盘驱动器当成内存。但谷歌明白，最宝贵的资源不是金钱，而是时间。事实却是，使用搜索的用户依然非常的不耐烦。研究表明，1/20 秒之内出现想要的结果才能使用户满意。随机存取存储器的访问速度比磁盘快 1 万倍。根据访问时间来衡量，它比磁盘存储便宜 100 倍。故而长期以来，谷歌在随机存取存储器的使用上一直处于世界领先地位。

仅能快速地回应用户还不够，谷歌还需要做到随时随地都能够回应用户。这就需要具备访问主干网络，即访问环绕地球的长途光纤线路的能力。谷歌通过每秒 100 千兆位的以太网（Ethernet）线路与其所拥有的数十万个处理器连接，目前正在朝着 400 千兆位努力。由此可见，将大型数据中心建造在主要光纤节点附近是值得的。

为了节约稀缺资源而不惜耗费充裕资源，谷歌人（the G-men）已经成为新千年里成就最高的企业家。这就是谷歌时代。一团炽热的薄雾盘旋在巨大、并行、高效的千兆级计算机上空，犹如死亡之谷正午时散发出的光芒一样。

空调将是千兆级时代的首要成本和棘手难题。1999 年上任伊始，霍尔泽勒就注意到了高昂的电费支出。以每千瓦时 15 美分的价格计算，电力是公司成本计算的主要因素。他表示：“要是电力公司提供个人电脑的话，肯定能获得可观的销售利润。”在达尔斯，公司屋顶上巨大的圆盘形突起不是驱动器，而是空调的冷却塔。涂有谷歌标志性颜色的管道蜿蜒地穿过下面的仓库，起着水冷空气的功能。

水电是一种有限的地方性资源，而一旦某个地方建成了核电站，将会在未来的几百年里提供源源不断的能源。

不过，到目前为止，谷歌在计算机科学领域的成就已经到达了登峰造极的地步：建成了一个可扩展的大规模并行架构，用以容纳不同的软件，并能同时对千万亿字节的大数据进行细致的研究。一旦千兆级的搜索器就位，谷歌接下来要解决的问题将是：它还能做些什么？谷歌的回答是：几乎无所不能。因此，该公司不断扩展网页服务组合：提供广告（Ad Sense，Ad Words）、地图（Google Maps）、视频（YouTube）、日程安排（Google Calendar）、文档（Google Docs）、事务（Google Checkout）、翻译（Google Translate）、电子邮件（Gmail）和生产力软件（Writely）等。谷歌的那些强劲的对手也试图对此进行效仿。

我们电脑的 CPU——那些被数十亿个智能手机放大的个人电脑——比以往任何时候都更强大，同时用得上的机会也更少。以前运用 CPU 完成的任务现在越来越多地交给私有云来实现。光纤网络可将数据传输到很远的地方而不会发生衰变，这使得将运算转移到最便宜的地方成为可能。新的计算架构在地球表面上得以扩展。正如我所描写的那样，网络的“跨部门的带宽”拓展了谷歌数据中心的范围，使其达到每秒千万亿字节的速度——这是整个谷歌互联网搜索、分类、挖掘和盈利所需带宽的几倍。但是这依然不够。

位于环路中心地位的谷歌中心将很快使互联网本身相形见绌。2015 年 10 月计算机协会的杂志这样介绍谷歌网络技术首席工程师阿明·瓦代特："谷歌的一切都是规模化的。当然包括它惊人的市值，无与伦比的人才库，足够的知识产权，大批经验丰富的律师，还有一个比你的想象大得多，而且发展比互联网更快的私人广域网（WAN）。"

从更宏大的视角来看，硅谷主要的网络硬件企业家安迪·贝彻尔谢姆既向谷歌也向谷歌的竞争对手销售硬件设备。他现在正在为自己的新兴网络公司亚力士（ARISTA）建造 400 千兆以太网。他认为，如果这些 CPU 不能运行得更好的话，也许可以从重新设计计算机的其余部分着手降低电力消耗。这是他的目标。一些业内资深人士认为，在云计算时代，贝彻尔谢姆并没什么重要性。但是不要忘了，早在 1998 年他就为布林和佩奇提供了第一笔外部资金。在此之前，他还是太阳微系统公司的创始人，是微软的主要早期投资者，是花岗岩系统（Granite Systems）的创始人，是最终被思科收购的千兆以太网交换机的发明者。他发明的弗洛克斯系统（Frox）早已被人遗忘了，但是在帮助并启动数字视频领域许多重大的发明方面，贝彻尔谢姆功不可没。现在，路由器和交换机公司亚士力崛起于以数据为中心的时代，而贝彻尔谢姆就是这家公司的技术负责人。与思科、谷歌、微软、太阳和亚士力齐名，他是硅谷历史上最杰出的投资者和企业家之一。

贝彻尔谢姆的英语带着浓浓的德国口音。他认为，从搜索转向更为雄心勃勃的服务，最有助于谷歌发挥自身的优势。"要动态地发布视频、地图和其他所有内容，并针对特定客户的需求进行优化，从而为广告商带来最大的好处——这需要大量的硬件、存储和内存。每个终端用户可以免费使用数百台电脑。这个层次以下的公司根本没有经济实力建造这些东西。”

我问：“游戏结束了吗？”贝彻尔谢姆回答说：“除非没有人改变游戏规则。”

他靠在椅背上说道：“过去的几年让那些想要加速科技进步的人感到失望。关键是现在的世界却在以更快的速度向前发展。”[8]

下一波创新将浓缩当今电子和光学进化融合并行的解决方案：三维（3D）甚至是全息存储单元、激光而非铜针光子流镌刻芯片、数以千计的各色光线沿着单一的方向在全光纤网络中传播。技术的进步，使得越来越多的设备进入网络之中，千兆级计算机将会从恐龙般的庞然大物缩小成远程传送器大小——在你的耳朵里或者在你的信号路径中，它将成为当下掌上电脑的继承者，向各种各样的传感器、搜索器和服务器敞开大门。

这些创新将使得参与虚拟空间成为可能，这些虚拟空间似乎恰好发挥了谷歌云的力量，将全球数以万计的传感器连接在一起（IPhone8 手机有 16 个不同的传感器系统，射频设备、陀螺仪、加速度计、气压计和成像仪，应有尽有）。浩瀚犹如行星的传感器集群涉及从交通状况到个人的生物机制，这将帮助谷歌获得关于这个世界物理的恒定状态和知识。

虚拟现实的发明者杰伦·拉尼尔称谷歌宽敞高效的数据中心为“塞壬服务器（Siren Servers）”，喻指希腊神话中以无法抗拒的歌声引诱水手们踏上岩石，最终殒命的鸟女。在拉尼尔的比喻里，那些水手不是哥伦比亚河上的皮划艇运动员，而是那些拥有这些服务器的工业大师。塞壬服务器赋予谷歌暂时的支配地位。在拉尼尔刻薄的眼中，这将被某种新范式的暗礁之间的船只残骸所取代。

先将这一切放在脑海中，让我们回忆一下贝尔定律。当我们为每字节的存储支付 1 美分的 1/10 亿，为每千兆位每秒的带宽支付 1 便士的时候，会诞生什么样的机器劳力呢？毕竟，贝尔所说的这一个 10 年已经所剩不多了。塞壬服务器会否促进新的经济增长和技术进步？会否带来新的投资和资本积累，进而促进经济的持续增长呢？抑或，达尔斯只是一块纪念碑，纪念即将到期的商业战略？集约的时代该结束了吗？

## 第七章

# 达利的平行范式

这到底是不是后谷歌时代呢?

比尔·达利开着特斯拉S型自动驾驶汽车正准备带我去帕洛阿尔托火车站。[1]

在圣克拉拉市的英伟达（Nvidia）车库里，我们似乎登上了一辆充满了未来感，外表光滑的灰色硼钢钛合金制成的导弹。我看了看它1200磅重的锂离子电池的有效载荷。充满电之后，它大概可以替代内燃机油箱里的60磅汽油，足够送我去车站了。这看起来似乎不多，但在谷歌时代的数学统计之中，它足可以拯救世界。

在编制计算数据中心的能源预算时，谷歌和硅谷的其他公司一样，都像肯尼亚的马拉松运动员一样严格。当汽车开始在太阳能补充动力的驱动下行驶的时候，你最好重新核对一下具体的数值才好。它们可能会大幅度地超出预算。

这是一辆特斯拉汽车，其得以实现自动驾驶源自英伟达行业领先的 Drive PX 系统。为了能在凹背座椅上坐好，我索性把在库比蒂诺附近召开的年度国际高性能微处理器研讨会（Hot Chips）上拿到的传单扔到一边。

大约 30 年前，为了分析本 · 罗森和埃丝特 · 戴森的半导体，我便开始参加 Hot Chips 大会。那个时候芯片已经开始蒸蒸日上了。后来我便常常去参加这个大会，以便了解这个行业的最新进展。当时，硅是整个信息技术大厦的基础，是其得以发展的物理层。尽管谷歌和某些人曾断言"软件吞噬一切"，但我依然相信芯片的热潮还将延续下去。

尼克 · 特雷登尼克曾为史蒂夫 · 乔布斯的苹果电脑，以及摩托罗拉设计了 6.8 万台微处理器高性能芯片。他认为，业界总是希望利用"领先优势楔子"。3 个重叠的设计目标在这个充满意义的新月形芯片设计中融合在一起：零延迟（快速）、零功率（低温低能耗）和零成本（每枚晶体管仅 1/10 亿美分）。[2] 从 20 世纪 80 年代到 2017 年，在达利的带领下，芯片已经从热快端向冷低端转变。

在特斯拉的前排座椅上，有一个两英尺高的屏幕，屏幕上显示着淡绿色的谷歌地图。达利说，自动驾驶汽车"不管道路在哪里，只是按着导航在地图上标记出的位置就可以了。如果前方道路空旷，它就自动选择中间的车道行进，就像是在乘坐火车一样。汽车只需使用其所具有的动作感知能力感知周围的移动物体，比如行人和其他车辆就可以了"。

虽然是谷歌的地图，但处理系统却是英伟达的图形处理器（GPU）。芯片通过计算激光、雷达、超声波和摄像机信号以便汽车做出响应，如此就可以使导弹从埃隆 · 马斯克的领域进入外层空间，并进入谷歌地图之外不断变化的高熵世界。

达利大声地命令道："导航到加州大道火车站。"他说："过去几年里，语音识别进展巨大，准确率比以前增长了30%。两年前做不到的事情，现在基于图睿芯片（Tegra）的机器学习能力，它的表现越来越好了。得益于此的是亚马逊的Alexa、苹果的Siri、微软的Cortana、谷歌的Go等所有用户。"

达利在与我闲聊的时候，双手依然放在方向盘上。"这只是二级自动。"他解释道，他指的是汽车工程师协会的分类，从第一级（纯粹的司机助理）到第五级（完全自动驾驶）。马斯克承诺在两年内把特斯拉提升到第五级。这就是我们大家知道的埃隆（Elon）。但是现在，当特斯拉汽车在路上行驶的时候，达利的眼睛一直盯着路面。随着几次增速时的轰鸣声，汽车驶向了101匝道。现在，特斯拉的自动驾驶模式可以帮他暂时解放，转向我并展示他最近拍摄的罕见的日食相片。

达利告诉我，机器学习能力主要是由英伟达的图形处理芯片完成。人工智能的进步源于算法的改进，但计算机速度爆炸性提高的真正来源是通过摩尔定律和并行处理相结合来实现。作为并行处理的先驱，英伟达的显卡处理器是达利长期职业生涯的高峰。他研发并行处理始于30年前的弗吉尼亚理工大学，彼时，他在那里研究了多处理器协同工作的优点。

1991年8月，在斯坦福大学召开的一次Hot Chips大会上，达利和诺尔曼·朱佩首次推出了具有颠覆意义的大型并行J型机（J-machine）。朱佩现在供职于谷歌公司，当时他还是数字设备公司的一员。当时，他们宣称J型机能将现有的处理器通道加速到每个时钟周期 5 个指令。[3]

1991 年的那两篇论文使得计算机科学出现了两极化：要么能使现有的冯·诺依曼处理器运行得更快，并做到零延迟，能从高速的远程存储器中获取指令和数据；要么能通过机器来实现存储和处理功能。在达利力推的 J 型机这种大规模的并行扩展中，内存总是更加靠近处理器。

26 年后，达利和朱佩仍然在孜孜以求。2017 年 8 月，在库比提诺 Hot Chips 大会上，所有大公司都在兜售自己的芯片，强调所谓"深度学习"（deep learning）。"深度学习"在硅谷是个时髦词汇，指一种多层模式识别、关联和校正的大规模加速的方法，该方法与反馈导致累积的性能增益有关。他们所说的"学习"源自人工智能早期尝试。猜测，测量错误，调整答案，反馈，这些都是谷歌数据中心所遵循的规范性步骤，以此使得谷歌翻译、谷歌声音摹写（Soundwriter）、谷歌地图、谷歌助手、谷歌自动驾驶汽车"威莫"（Waymo）、谷歌搜索、谷歌实时等应用能够随时派上用场。[4]

2012 年，谷歌还在为狗和猫的区别而苦苦挣扎。YouTube 上猫的视频大受欢迎，但它无法有效地教会机器识别猫。机器能够做到计数；数据中心描述说狗也会跳舞，但要识别这一点需要 1.6 万个核心微处理器并耗费 600 千瓦的电。[5] 然而它依然可能是狗而不是猫，依然有 5% 的误差率——这对于谷歌的人脸识别项目或汽车视觉系统来说并不是什么好的现象。人脸识别和汽车视觉系统需要完美并实时地识别远处的对象。

克劳德·香农指出，95% 甚至 99.999% 的成功率具有欺骗性，因为你无法判断到底哪些实例是错误的。[6] 次贷危机中绝大多数的房屋贷款都是合理的，但是因为谁也不知道到底哪些是不合理的，最终却导致了证券市场的大崩溃。你绝对不希望自动驾驶汽车也出现这种问题。

2012 年，彼得·蒂尔与埃里克·施密特在阿斯彭同时亮相，并宣称该公司动用了约 500 亿美元现金，用以解决其数据中心庞大却仍不能识别出猫和 3 岁的孩子这个难题。对于硅谷奉行的“不可避免”的创新哲学，蒂尔是主要的批评者之一。与此相对，佩奇是机器学习的拥趸，他相信芯片很快就会超越人类。可能你很想区分这二者的不同。如果万能随机图灵机器的进化就能够生成人类的大脑的话，那么请想象一下，在谷歌杰出的学者们将整个数据中心都集中到数千兆赫的硅晶片上，再运用千兆赫为单位的数据训练机器的时候，会成就什么样的奇迹呢？然而，2012 年的结果似乎并没有给人留下深刻的印象。[7]

2012 年，在上演猫狗危机的同时，谷歌大脑（Google Brain）研究团队的负责人杰夫·迪安提高了赌注。他告诉谷歌数据中心的核心人物乌尔斯·霍尔泽勒：“我们还得需要另一个谷歌。”迪安的意思是说，谷歌不得不将数据中心的容量增加一倍，以满足安卓智能手机对谷歌语音识别服务的新需求。

2017 年下半年，比尔·达利给出了一个解决之道。在最喜欢的帕洛阿尔托咖啡馆吃早餐的时候，迪安的同事，同在斯坦福大学任职的吴恩达向他抱怨给猫类命名的事情，1.6 万个昂贵的微处理器内核似乎都不够用。达利建议他试一试英伟达的图形处理器，说不定会有所帮助。图形处理器专门研究矩阵乘法和浮点数学运算，这些运算可以教会机器识别不同的模式。图形图像是一组容易映射到数学矩阵上的值，在多达 12 层的矩阵中运行图像，机器学习可以被视作迭代图形处理的另一种形式。

吴恩达对达利说，如果这一点得到证明的话，谷歌肯定会购买他研发的芯片。

康奈尔大学的心理学教授弗兰克·罗森布拉特是第一个构建起图形处理器雏形的人。他是谷歌数据中心神经网络的先驱。1958 年他在《纽约客》上描述了他研发的“感知器”：“如果三角形是感知器的眼睛（视觉感光器）的话，其他与三角形相关联的单元识别了这个图形，并把这个信息以随机线条的方式传递给反映单元（现在被称为神经元），图像在神经元上得以认定……所有导向连接的反馈都得到了增强，即它们的重量得到了增强。如果一个大小和形状不同的三角形被放在感知器上，它的图像就会沿着第一个三角形的轨迹传递。但是，如果给出一个正方形，那么就会调用一组新的随机线……感知器可以扫描的图像越多，归纳就会越敏捷……如此，就可以区分狗和猫了。”[8]

4 年后，当时年仅 16 岁的雷蒙德·库兹韦尔拜访了罗森布拉特。库兹韦尔在麻省理工学院的导师马文·明斯基揭露了罗森布拉特所建立起来的单层感知器的局限性。罗森布拉特告诉库兹韦尔，可以通过将感知器层层叠加的方法克服这些限制。他说：“改善很显著。”8 年后，罗森布拉特在船难中逝世，他建设多层机器的设想最终也没能实现。

谷歌现在正在努力补上这个缺口。达利指派英伟达的软件大师弗兰克·坎尼扎罗与吴恩达合作升级英伟达的专有软件 CUDA（统一计算设备架构），目的是将其使用到 CUDA 深度神经网络库（cuDNN）之中。斯坦福—谷歌—英伟达联合团队的猫狗识别问题解决方案只需使用 12 颗图形处理器，能耗只有 4 千瓦。而整个项目只花费了 3.3 万美元。

达利为这一成就感到骄傲。之前英伟达机器的性价比大约是谷歌的 150 倍。这还是在没有考虑到图形处理器在能源效率方面巨大优势的情况下的数据。很快英伟达的处理器在谷歌的数据中心得到普遍的使用，为机器学习核心的矩阵乘法的积累提供了前所未有的性能。

现在，谷歌部署的神经网络已经多达 10—12 层，能生成 30 个浮点的数学计算能力，这真可谓是矩阵乘法的丰碑。罗森布拉特预测，“感知器扫描的图像越多，它的归纳就越熟练”。谷歌机器根据大约 10 亿个参数对数千万幅图像进行了分类。这让谷歌大脑习惯性地认为自己“比人类的表现更出色”。天啊，10 亿个参数，我真是自愧不如！在为这些机器编程的硅谷，人们认为质疑“超人”力量的说法是不理智的。

除了谷歌的一项关键变化之外，其他没什么值得担心。2017 年的 Hot Chips 大会上，该公司以“自己动手”的态度表示，今后将用自己的专用硅芯片取代英伟达的设备。杰夫·迪安赞扬了朱佩对“张量（tensor）”和“矩阵乘数（matrix multiplier）”的改进，认为这能避开对图形和浮点数的关注，而将注意力转移到机器学习功能上来。那是一种矩阵乘法器 ASIC（特定于应用的集成电路）。如果没有这样的张量处理单元，谷歌这样公司的数据中心数目将不得不翻倍。

达利指出，通过将整个系统安装在单条 ASIC 硅片上，就一定有可能获得巨大的暂时性收益。他还告诉我，在执行并行操作的过程中，图形处理器的成本效益是通用中央处理器的 10 倍，而 ASICS 的成本效益是普通图形处理器的 10—100 倍。一旦拥有了 ASICS，市场就只剩下你所选择的特殊目的了。数据中心也就不再是万能的图灵机，而是成为具有特殊用途的工厂，比如谷歌在达尔斯铝厂所获得的巨大成功。

谷歌可以为其数据中心的特定插槽定制专属的 ASICS，但现实却是英伟达控制了整个庞大的并行处理领域。在 Hot Chips 大会上“受挫”后的 2017 年第三季度，英伟达宣布其云计算销售收入增长 109%，达到了 8.3 亿美元，从而使公司的市值接近 1300 亿美元。

如今，英伟达是全球产业链中提供并行处理器的巨头，并为后谷歌时代提供新的平台。在谷歌既投身硬件制造业又关注软件领域，并聘请硬件业界巨头戴夫・帕特森和诺尔曼・朱佩等来设计世界领先芯片架构的情况之下，前面提到的一切会不会终结呢？

为了得到答案，我去拜访了达利。这位 57 岁的工程师一头棕发，头戴黑色的帽子，背着黑色背包，脚穿登山鞋。他一副硅谷登山者的风格，带着我在芯片和软件的高空中冒险。他和我分享观点，解答我的疑问。2017 年 8 月底的某个星期五，下午 5 点钟。谷歌地图和埃隆・马斯克的“现实扭曲场”载着我们行驶在 101 号公路上。

这和布朗博士设计的德罗宁汽车里的未来之旅并不相同，但它却足以在计算机的历史上创造适度的时间旅行。

自从 20 世纪 70 年代末撰写大学论文以来，达利一直在反对循序渐进式的冯・诺依曼计算体系结构。尔后在加州理工学院追随主持“宇宙立方（Cosmic Cube）”的查克・塞茨获得博士学位（1983）。达利领衔设计了麻省理工学院的并行机器（J 型机器和 M 型机器），为克雷超级计算机（T-3D 和 3E）导入了大规模并行机制，并在斯坦福大学开创了并行制图学（即“想象计划”。这是一种融合了可编程“着色器”的串流并行设备，如今在英伟达和其他公司的图形处理器中随处可见）。

在所有这些项目中，达利都在与传统的计算机体系结构做斗争。传统的计算机体系结构被认为是循序渐进式的，是与名为“冯·诺依曼瓶颈”的内存问题有关的体系。你生活在现实世界里，对不对？现实世界提供了某些内在的平行问题。例如，你是否正在雪地里驾驶汽车？还是在大数据的海洋中，用电脑生成的图形和模式与“机器学习”中的虚拟宇宙相匹配？

冯·诺依曼自己发现了“冯·诺依曼瓶颈”问题。作为回应，他提出了一种叫作细胞自动机的大规模并行架构。这也是他在 57 岁去世前完成的最后一本书。在《计算机和大脑》一书中，他提出了一种名为神经网络的并行解决方案。这种解决方案基于人类数十亿神经元在神经系统中是如何协同工作的这种原始想法而展开。

冯·诺依曼总结说，人的大脑是一个非冯机器（non-von machine），比他在 1957 年预言的计算机的千赫慢了 9 个数量级。令人惊讶的是，冯·诺依曼预见到了数百万倍的“摩尔定律”加速，这是当下每个人都在经历的现象。但他估计，大脑的效率比电脑高 9 个数量级（10 亿倍）。这个增量比谷歌大脑研制人员声称的张量芯片（Tensor chip）更大。在 IBM 的“蓝色巨人”和“沃森”（Watson）的时代，这种比较仍然具有相关性。当一台超级计算机在国际象棋或围棋比赛中打败一个人的时候，这个人只使用了大约 14 瓦的能量，而计算机及其网络却正在利用哥伦比亚河上耗费近 10 亿瓦特电力的云。

在大数据时代，“冯·诺依曼瓶颈”具有哲学意义。冯·诺依曼机器中输入的知识越多，它的内存就越大越拥挤，平均数据地址越远，运行速度就越慢。思维机器公司的创始人丹尼·希利斯这样写道:“不管我们制造的处理器速度有多快,低效率的问题依然存在。计算的时长被处理器和内存之间数据移动的时间所控制。”计算过程中，每一步的跨越都受制于光速。在芯片上，光速大约为9英寸每纳秒——这对芯片来说是一个巨大的延迟，因为现在芯片上的电线可能长达60英里。

在达利看来，串行计算机已经走到了尽头，大多数电脑（智能手机、平板电脑、笔记本电脑，甚至是自动驾驶汽车）都不再是固定在墙壁上的。超级计算机和数据中心也受到电力限制的困扰。无论是巨大的风扇和空调，还是选址在河流或冰川附近，问题关键都在于对机器的冷却。正如霍尔泽勒所言，“根据经典定义，数据中心几乎不产生‘功’，因为大部分能量都转化为了热量。”

碰到能量墙和光速障碍，芯片的结构必然会分裂成单独模块或者异步结构或者更多的并行结构。我们可以把这些处理器命名为时空“软体动物”——这是爱因斯坦在相对论世界中对实体的称呼。设置集成电路单元的大小，与在宇宙中将光年作为测量方法具有同样的效果。类似于人类智能的分配，这也将加强计算能力的分配。

达利说，如此一来又回到了特雷登尼克的问题上。现在，超前楔形计算机的性能就不能用传统的每秒或每硅区的运算来衡量，而应该用每瓦的运算来衡量。基于图像的自然并行性，图形处理器不仅应该像视觉一样无处不在，而且更应该极端地并行处理。故而，当前很多“超酷的芯片”往往都由英伟达研制。

尽管如此，在每瓦特的操作中，胜者不是硅而是碳，是原始的神经网络。人类大脑运行时不超过 14 瓦，这甚至比在卡通漫画中照亮一个角色头上的灯泡的功率还要小。未来，计算机将向大脑的能量耗费看齐，追求人机工程学，其目标绝非“蓝色巨人”动辄兆瓦级的能量需求，也不是数据中心的巨型空调。电池驱动的智能手机行业所开发出来的节能技术是未来所有电脑都必须努力的方向，继而朝着真正的碳大脑能源经济学前进。

可编程机器和程序员之间存在关键的区别，机器是确定性的，而程序员是创造性的。

这意味着，人工智能非但不会取代人类的大脑，反而会日益发现人工智能只是在模仿人脑的运行。大脑与电脑内核相比，体现出明显的优势：大脑的运算绝非仅聚集在几个空调的节点上，而是分散于整个大脑中，并通过无数的感觉器官连接在一起。对计算机和电缆所构成的崭新全球神经节、光纤网络、光之网和空气网络的考验，在于它们将如何轻松地利用人类头脑在创造力和多样性中所展现出的意想不到的贡献。而这一切，计算机科学的标准根本无法衡量。

正如加州理工学院的硅谷奇才卡弗·米德在几十年的神经形态计算实验中所展示的那样，任何真正的人工智能都可能必须使用碳基材料而非硅基底物。碳有大约 20 万种化合物，它比硅具有更强的适应性和化学复杂性。近年来，新的碳材料如有机发光二极管和光电探测器逐渐占据了显示屏市场。最有希望的是石墨烯。这种厚度只有单个原子直径的透明碳片，可以在碳纳米管中卷曲，在石墨块中分层，也可以在 C-60“巴克球”中进行结构设计。

石墨烯具有许多优点。它的抗拉强度是钢的60倍，电导率是铜的200倍。没有带隙来减慢它的速度，它为电子提供了一个相对巨大的60微米的非平均路径。正如莱斯大学纳米技术大师詹姆斯·图尔在他的实验室里演示的那样，石墨烯、碳纳米管旋涡以及它们的化合物使得一系列纳米机械、车辆和发动机成为可能。它们提供了新的计算机体系结构，譬如量子计算机，用以模拟物理现实，从而最终产生一些真正的智能。

20世纪早期，冯·诺依曼和哥德尔的研究成果，以及克劳德·香农、格雷戈里·蔡汀、安东·科尔莫戈洛夫和约翰·罗宾森·皮尔斯等人在信息理论上的突破，都让当代的硅谷人相形见绌。在一系列强有力的论点中，算法信息理论的发明者蔡汀把哥德尔的成果翻译成了现代术语。当硅谷的人工智能理论大师们把他们的逻辑推导到极端的时候，他们开始无视20世纪数学和计算机科学领域中那些最关键的发现。所有的逻辑方案都是不完整的，并且依赖于其无法证明的命题。把任何逻辑或数学上的争论推到极端——无论是“重新规范化”的不定式，还是平行宇宙的多重性——科学家们都把它推向了哥德尔式不完备的悬崖。

蔡汀在《创造力的数学》一书中指出，为了推动这项技术的发展，有必要超越存在于现有计算机中的确定性数学逻辑。任何确定性都禁止定义信息的意外，从而也就无从反映真实的创造性。哥德尔是创造性数学领域的执牛耳者。

这种数学方法将首先遇到一个重大障碍，即世界上普遍存在的系统在硅谷和金融领域都取得了惊人的成功。

**第八章**

# 马尔可夫和弥达斯

马尔可夫链是 20 世纪最具开创性的思想之一。它由俄罗斯数学家和信息理论家安德烈·马尔可夫于 1913 年提出，成为一套从现实出发预测未来的统计工具。这项技术在所谓“隐马尔可夫模型”中得到了强有力的扩展，用以揭示一系列观察结果背后未被观察到的现实。被广泛运用于谷歌的猫狗图像识别，基于时间变化的天气模式构建，甚至对人类思想的解读等领域。[1]

马尔可夫蓄着浓密的黑胡须，他是无神论者，是一位国际象棋大师，也是一位政治活动家，被人称为“愤怒的安德烈”。他是一个脾气暴躁的天才，在沙皇统治的最后几年里，他与俄国的左翼站在了一起。尽管一生中，他作为数学家取得了一定的成就，但是只有当人们认识到他的工作对谷歌时代的世界体系重要而基础的作用的时候，世人才真正认识到他的影响力，然而这已经是 100 多年之后的事情了。

从物理学到经济学，长期以来科学与时间总是嫌隙不断。在马尔可夫之前，概率论和物理学一样，大多都避免考虑时间因素。正如艾米·朗维尔和菲利普·冯·希尔格斯在一篇权威论文中所写的那样，主流的概率概念未能区分序列过程和并行过程，也无法判断“一个骰子掷一千次，一千个骰子同时掷一次”的区分。[2] 马尔可夫链探究事物从一种状态或条件到另一种状态或条件概率转移的生发过程，探究事件之间的时间依赖关系，追溯一件事情引发另一件事情的因果联系。

马尔可夫追随 19 世纪智力巨人詹姆斯·克拉克·麦克斯韦和路德维希·玻尔兹曼的脚步，学习他们在物理学中开创的统计思维模式。他们发明了概率工具，用以描述诸如原子、分子、波和粒子的隐藏行为。这些物理现象在当时的科学仪器中都无法看到或测量到。他们的热力学统计定律为理论物理学提供了一个亟须的时间轴，而时间轴的概念便是来自熵。

应该注意到，在马尔可夫公开阐述和使用这些统计工具的几年前，阿尔伯特·爱因斯坦已经开始阐述和使用这些统计工具了。1905 年，爱因斯坦计算了布朗运动中分子的隐藏行为。他指出，分子在“随机漫步”之后会进入一串以 2000 兆赫左右的频率抖动的状态。这种提法和马尔可夫的概念一致。爱因斯坦展示了原子的运动，却没有看到或测量到它们。他用现在所谓气体可观测状态的马尔可夫序列，去证明当时对他来说仍然隐晦不明的分子布朗运动。

在俄国革命期间马尔可夫埋头于理论研究，到 1922 年去世的时候，他已经把前辈们的零散理论变成了一个完整的体系。马尔可夫技术渗透到信息理论科学的方方面面，它是谷歌时代从大数据、云计算到语音识别和机器学习等各种主要进展的坚实支撑。

早期的成功案例包括对普希金的诗歌《叶甫盖尼·奥涅金》的统计。研究表明，在不了解特定语言的情况下，可以通过数学掌握该语言的特性。在关注元音和辅音的模式时，马尔可夫的预测与克劳德·香农的信息度量相似。香农的理论把某个交流渠道中所有的信号传递器都当作马尔可夫过程来处理。[3]

20 世纪和 21 世纪，马尔可夫的发现得到了完善和扩展，受到诸如香农等人的广泛欢迎。安德鲁·维特比最著名的身份是高通公司的联合创始人。但或许他最大的成就是开发了一种递归算法，用于高效地计算复杂链，以便克服随着链的大小呈指数级增长的计算成本。

诺伯特·维纳是《控制论》（1948）一书的作者，也是麻省理工学院的学术明星。他利用马尔可夫数学方法通过观察运动物体的当前位置来预测它们未来的位置。[4] 第二次世界大战期间，他的这种方法极大地帮助了对火箭或飞机轨迹的计算。

美国国防分析研究所（IDA）的数学家伦纳德·鲍姆将马尔可夫链引入大数据中，证明了只要潜在的解释最大化，就能够说明一个足够长的观察链是如何迭代的。无论是在语言词汇领域还是在金融价格领域，这些最大化的概率定义了源的原始结构，并保证了后续预测的有效性。为鲍姆的工作提供便利的是著名但鲜为人知的马尔可夫理论奉献者、长期担任 IDA 负责人的李·纽维尔斯。1980 年他在普林斯顿大学召开的一次会议上，建议对连锁预测使用“隐马尔可夫模型”。

综合各个方面可以发现，马尔可夫链当下最广泛、最庞大、最具影响力的实践是谷歌的基础算法——网页排名（PageRank），它涵盖整个万维网上千万亿字节的数据范围。将网络视为马尔可夫链使谷歌的搜索引擎在评估特定网络页面的时候，能够容忍搜索的任何可能性。[5]

为了构建他那不可思议的搜索引擎，拉里·佩奇便是自相矛盾地从马尔可夫式的假设开始，即从“没人真的在搜索什么东西”开始。他的“随机冲浪者”的概念使马尔可夫成为谷歌时代的核心。

网页排名将互联网用户视为在互联网上随意走动的过客。作为用户，我们都知道事实并非如此。由于一个随机冲浪者往往会访问连接最紧密的网站，他的假想行程便定义了网站的重要性和权威性。由于网页排名是一个易于管理的简单模型，并不需要了解冲浪者或网站本身，于是就可以让马尔可夫模型快速、持续地计算出它们在浩如烟海的互联网中的排名情况。

除了网络页面，马尔可夫模型把世界视作单个“状态”的集合，如音素序列、词汇、天气状况、消费者的选择、交易、证券价格、传感器数据、DNA 碱基、运动的结果、健康指数、二氧化碳水平、炸弹轨迹、图灵机步骤、象棋、赌博结果、计算机性能、商品市场、交通报告等。一种状态通过“转移概率”与其他状态连接。假设我画了 3 个国王，那么再画第 4 个的可能性有多少呢？今天下雪了，那么明天下雨的概率是多少？亚马逊股票在上午 9 点的开盘价是 1421 美元，9 点过 1 分的价格会是多少？这一切都可以从过往的数据中计算出概率，并用新的观测结果进行更新。概率权重决定了随机漫游中马尔可夫世界的各种状态。

这种方法免除了分析人员搞不清楚人们的意图或计划，或弄不清楚事件之间逻辑联系的负担。你所需要的只是状态之间概率的记录，所有其他的都可以被认为是随机的存在。在对概率中心极限定理的贡献中，马尔可夫证明了所有随机事件或数据，无论独立与否，最终都符合正态分布。长期相互依存的链是数学世界中可追踪的一部分。这与我们熟知的统计学观点一致：判断集体行为无须考量个人决定或自由意志。

马尔可夫链的一个区别性特质就是它的无记忆性，历史可以用当前的状态来概括，而不能用链条上的任何过去的历史来概括。这个特性大大简化了计算过程。按照马尔可夫模型，浏览器从一个位置到另一个位置进行“随机漫步”，略过“反映状态”（不需要的站点），穿越“过渡状态”（犹他州、内华达州），停留在“吸收状态”（谷歌山景城总部），所有这些都不需要考虑意图或计划在其中扮演的角色。

从神经网络树上的音素到单词、短语、意义和现实模型，层次化的隐马尔可夫模型支持多种层次的抽象。雷蒙德·库兹韦尔是谷歌的副总裁之一，也是一名马尔可夫拥护者。他主张层次化的隐马尔可夫模型可以被视作识别话语或其他模式的指导思想：“虽然我们不能直接进入人的大脑，但从本质上讲，如果计算言说者的大脑皮层……我们可能会很好奇，假如真能观察到言说者的大脑皮层，会不会看到与软件计算的层次化隐马尔可夫模型相对应的连接和权重呢？”他在《人类智能的未来：揭示人类思维的奥秘》（*How to Creat a Mind*）一书中总结道：“在（大脑的）实际生物学和我们试图模拟的大脑之间，必须有高度精确的数学对等。否则，系统就不会像现在这样运转。”[6]

就像爱因斯坦计算看不见的分子布朗运动一样，库兹韦尔用直觉的隐马尔可夫思维过程，证明在很大程度上也是马尔可夫模式的思维过程。可能雷蒙德·库兹韦尔自己的大脑已经被训练成这样的系统吧。

与现代计算机的许多成就一样，马尔可夫算法的影响取决于其计算速度。通过加速数据处理并扩展数据，在别人做出反应之前，你可以使用马尔可夫模型来预测和利用更大范围的未来事件。数量庞大的塞壬服务器构成的云，极大地增加了可处理数据的量，从而增加了可预测的序列数量。

从亚马逊到脸书，所有的云巨头都在利用马尔可夫模型来判断客户的想法，并预测他们接下来会做什么。但令人印象最深刻的马尔可夫战士和塞壬服务器不在谷歌，也不在亚马逊或脸书。而在一家鲜为人知却取得了惊人成功的公司里，这家公司正在改变金融世界的现状。真正的马尔可夫大师在长岛的塞托克特，是一家名为文艺复兴科技的公司，它是谷歌时代金融和投资领域的巨头。

还记得国防分析研究所的伦纳德·鲍姆吗？该研究所著名的数学家詹姆斯·西蒙斯是文艺复兴科技公司的创始人。这个公司对大数据的挖掘符合鲍姆的马尔可夫观。作为弦理论中的切恩－西蒙斯公式的作者，国防分析研究所脑力激荡成果的执行者，以及最了不起的对冲基金背后的天才，西蒙斯在实践数学、巨量计算能力和企业家精神方面展示出了举世瞩目的成就。

从国防分析研究所中分离出来的文艺复兴科技项目开始于1978年，最初的名字是“金钱计量学（Monemetrics）公司”，主要致力于利用鲍姆在国防分析研究所的信息和马尔可夫模型进行货币交易，并取得了一定的成功。1993 年，西蒙斯将国际商用机器公司（IBM）语音识别小组的彼得·布朗和罗伯特·默瑟延揽到自己的麾下，并放手让他们创建了一个庞大的塞壬服务器，旨在运用马尔可夫理论和衍生算法赚钱。

IBM 行业领先的研究是整个大数据运动的根源。利用该公司大量的语音示例和世界级的计算机能力，IBM 比其他任何公司都能更好地识别人类语言。将马尔可夫工具应用于货币和投资，文艺复兴科技公司的团队发现，如果你能预测一句话中的下一个词，你就能预测股票，预测大宗商品或货币可能出现的下一个价格。有了超级计算机集群，再加上足够快的运算速度，你就可以打败任何能够进入和衡量的短期市场。2009 年，西蒙斯退休，并任命默瑟和布朗为公司的联合首席执行官。

默瑟在 IBM 的老板弗雷德·杰利内克是麻省理工学院信息理论家罗伯特·范诺的门徒，也是克劳德·香农的学生，他认为语音识别是一种信息理论问题——涉及声音信号和噪声信道。杰利内克自豪地宣称："每次我向语言学家发起攻击，语音识别的性能都会提高。"文艺复兴科技公司的方法同样是只关注基本面，忽视任何直接的流言蜚语，或者对特定公司有特殊了解的人的任何恶意中伤。

仰仗世界领先的数学家和物理学家的奥援，文艺复兴科技公司"避免雇佣任何具有华尔街式善意的人"，《华尔街物理学》杂志的詹姆斯·欧文·威瑟尔评论道。相反，它从分析师的报告、政府报告、报纸报道和新闻中获取了大量信息。此外，只要有可能，它还会想尽办法获取价格和交易信息。所有这些材料，都是人类努力和脑力劳动的结果，使得马尔可夫系统可以忽略人类的意图和目的。

1989 年撰写《缩影》（*Microcosm*）一书时我便对 IBM 团队的成就赞叹不已。直到 2016 年，我才设法受邀采访了默瑟本人。[7] 此访的目标是弄清楚到底是他发现了弥达斯（Midas）的秘密，还是仅仅吸取了这位不幸的国王的教训。弥达斯希望把他碰过的任何东西都变成金子，但他犯了个错误，给了他心爱的女儿一个拥抱。

开着车沿着长岛行驶，我在港首小镇找到了默瑟的家。沿着 25A 大道旁的一个岔道，驶入一条长长的土路，路的两边是沙滩，路的一边有一座绿色的凉亭。左曲右拐地穿过一个州立公园，避开徒步旅行者和骑自行车的人，避开阵阵尘土，再开一刻钟，就来到了默瑟家的门口。通过一根柱子上的麦克风我自报家门，被告知“从大门进来”。开着车沿着车道慢慢地朝着房子驶去。

一座 3 层楼的古典建筑，俯瞰着长岛海湾的石溪港。按照吩咐我把汽车停在这栋房子的旁边。用马尔可夫的话说，这是一种（不再需要转向的）“吸收状态”，意为业已抵达。以我对计算机、信息理论、马尔可夫理论和金钱的认识，我想我已经抵达了硅谷大陆上谷歌知识体系的秘密中心。

有人将我带到一个客厅里。客厅的墙壁上悬挂着默瑟的 3 个女儿的全身肖像画，她们的名字分别是希瑟·苏、丽贝卡和詹吉。作为数学家和知识分子的领袖，丽贝卡是默瑟在传统基金会和曼哈顿研究所等保守派智库的董事会里的代言人。

我正欣赏着这些肖像画，默瑟走进了房间。他是个俊朗严肃的人，满头的短发已经花白，穿着灰色的西装。他这个人不讲废话。寒暄的话不超过一分钟，我们就进入正题。在探讨了关于文艺复兴科技公司的交易和超级计算机的速度等问题之后，我们还就他的投资策略进行了探讨。

“速度，”默瑟对我说，“不一定是正向的。它可能是由那些明显对经济毫无益处的交易创造出来的。比如说，我可以用 1000 美元从某人那里买一辆车，然后再同样以 1000 美元的价格卖给他。对计量经济学家来说，这看起来就像买了两辆车，但实际上什么都没有改变……”

心里想着速度之于弥达斯之谜的贡献，我想到了杰伦·拉尼尔这个邋遢的圣人，这个发明了虚拟现实并命名了塞壬服务器的人。拉尼尔写道：“塞壬服务器体量巨大，往往建造在偏僻的地方。在那里建有自己的发电厂并与自然保持着特殊的联系。比如说一条偏僻的河流，可以冷却大量的废热。”[8] 这似乎不适用于文艺复兴科技公司数据中心所处的长岛地区。但我立刻想到了乌尔斯·霍尔泽勒在哥伦比亚河畔的达尔斯建造的谷歌设施。

“这种新型的超流体电脑有很多不同的外衣。”拉尼尔写道，“有些公司从事金融计划，产生高频交易，另一些公司可能经营保险业务。有些负责选举，有些经营大型网上商店。还有一些人经营社交网络或搜索服务，而另一些人则负责国家情报服务。差异只不过是表面的不同而已……”[9]

“每个塞壬服务器都是一个强大的计算资源，它的计算能力超过网络上的所有人，而且似乎在第一时间给了它的拥有者一条保证无限成功的路径。”这便是塞壬服务器女妖般欲罢不能的诱惑。“但这一切收获都只是幻象而已，”拉尼尔警告说，“在不久的将来必然会带来巨大的失败。”[10]

在我看来，谷歌最终会遭遇这样的命运。但很显然默瑟和他所在的文艺复兴科技公司的同事们已经规避了弥达斯的命运。荒原之上，人们守着一堆金子挨饿的情景并没有出现。

据报道，在默瑟和布朗带领的中枢控制论团队的指导下，近20年的时间里，文艺复兴科技公司旗下的大奖章基金（Medallion Fund）每年的平均收益率约为40%。默瑟和他的那些超级巨星学者们，在金融史上一骑绝尘。世人都知道默瑟在政治上支持共和党（西蒙斯和布朗是民主党的拥趸），但他和同事们仍然对这无与伦比的成就讳莫如深——这简直就是一条隐藏的马尔可夫金链。

与西海岸的谷歌不同，文艺复兴科技集团完全摆脱了2008年大萧条的危险，当年经济上的大衰退使众多对冲基金和大银行损失惨重。在这一年的金融危机中，据说该基金在获得了业界最高的收益之后（5%的管理资金和44%的利润），又上涨了80%。而其他对冲基金却平均下跌17%，标准普尔指数下跌40%。

第二年，大奖章基金的利润超过10亿美元，在所有对冲基金中排名第一。默瑟认为我的数据不严谨。对此我无法反驳，权且把它们当作粗略的估算，当作一名财经记者在面对一个极度神秘的行业时捏造出来的数据吧。这只是对一个公司马尔可夫式炫目维度的粗浅了解。

目前，依靠对与超级计算机相连接的文艺复兴科技工作平台的运用，默瑟的团队管理着超过650亿美元的资产，他们分析了大量有序数据的马尔可夫链，以便找到可以交易的“幽灵”。这样的成就建立在从越来越大的数据库中快速处理单纯统计数据的基础之上，这和谷歌的网页排名以及它的深度学习在语言翻译和游戏方面所取得成就如出一辙。与此相似的还有IBM早期在语音识别上的突破，以及IBM“沃森”在Jeopardy智力节目中和国际象棋中的搜索战略。

正如詹姆斯·西蒙斯在1999年的一次演讲中解释的那样：“在没有严重效率低下的情况下，有效市场理论是正确的。但我们研究的异常现象往往转瞬即逝而且极易被忽略……在进进出出的过程中，我们依赖（激烈的）活动来获利。”[11]他们的策略是基于对太字节级别（terabytes）数据的全天候处理，以寻找能够产生利润机会的相关性。“有些耗费了我们15年时间不间断分析的信号，最后证明毫无意义。否则别人肯定已经发现了吧。”默瑟承认，“但从统计学的角度来看，这样做并没有任何问题。”

我经常对这种做法表示不屑，称其为“局外人交易”丑闻，我也这样向默瑟表达了自己的看法。如果投资者不理解他们成功的原因，或者不能提供重要的原创性分析的话，他们就无法为资本主义所有生产性投资提供基础知识。

文艺复兴科技公司的方法似乎违反了图灵－哥德尔原则，即所有的逻辑系统都需要“神谕”、需要自身以外的资源和假设。一个逻辑方案或计算机程序如果仅仅通过大量数据去发现不同的模式的话，那么它最终将被其所在的环境所控制。因为它本身只是数据沧海中的一粟而已。想要预测未来，却可能陷入过往的熵之中——可观测的链及其所隐藏的衍生物，更无法预见推动一切进步的人类创造力。

正如加州理工学院的卡弗·米德所说的那样：“银河系就是整个银河系内唯一合适的模型。”数据库可以快速增长，但它不能代替耐心获取公司内部关于商业计划、发明和技术等特定和单一的信息。

默瑟回应道："在这个问题上，其实我们就是神谕。'在当时已知的有关当时已知市场现状的信息面前，过往市场反应的历史告诉了我们什么呢？'我们之所以具备神谕般崇高的地位，是因为我们比其他人投入了更多的脑力和计算能力。"

无论是做多还是做空，基金都是市场中性的。在不了解实际的情况下，无论市场是繁荣还是崩溃，马尔可夫式的工具都能成功。如此便有了这家公司 2007 年和 2008 年之间令人惊叹的表现。在不依赖拖垮其他基金的巨大杠杆的情况下，文艺复兴科技公司的基金通过处理更多的数据、建立更大的马尔可夫链、挖掘出更多的相关性和可能性、执行更多的交易而兴旺发达起来。

一旦帕洛阿尔托沙山路上的某位风险投资家对谷歌技术有了深入的了解，就可能会在 5—7 年的时间里获得上千倍的回报。像文艺复兴科技这样的公司一天可能会进行上千笔交易，完全可以从最微小的异常中收获财富。凭借在全球范围内的适度杠杆和持续 24 小时的交易，大奖章基金在不了解股票、货币或证券交易背后的技术和商业计划的情况下，可能比风险投资家们赚到更多的钱。谷歌的马尔可夫模型可以让它翻译完全不了解的语言，文艺复兴科技公司是这个模型在金融领域的对应。

就像我不相信资本主义社会的知识和学习需要集约一样，生活和杠杆也一样不需要集中。没有新知识产生，就不会产生真正的财富。正如彼得·德鲁克所说："做正确的事比正确地做事更重要。"效果比效率更重要。与产出相比，文艺复兴科技公司的市场效率提高幅度很小。其结果是，众多的美国资本正流向塞壬服务器领域，而避免进行“零到一”的创造性投资。“购买市场”的计算机化指数基金在IPO低迷时期蓬勃发展。没有创造出净财富，在零和博弈中，金钱只会被任意抽取并重新分配。

我指出，文艺复兴科技公司的“中立”方法得益于对内部交易规则和公平披露要求适得其反的徒劳，而这将阻碍那些使用人类大脑的竞争对手的发展。默瑟完全同意我的看法。美国证券交易委员会（SEC）继续执迷于费力地调查公司内部人士所获得的通常并无大害的信息，从而将大量交易变成了纯粹的算法。你总不能控告电脑吧。但你也不要指望用它进行创造性的投资。

我宁愿相信非马尔可夫模型会赢。为什么呢？牛顿的洞见认为“有色光是纯净光，白光是一种混合物”的见解在一个世纪以后启发了让－巴蒂斯特·约瑟夫·傅立叶，促使他运用牛顿的无限数学级数来描述棱镜效果。[12]“傅里叶变换”不仅可以用在光线的分析上，还可以用在任何基于时间的信号，如声波上。如果想分解并获取其组成部分，皆可据此而行。傅立叶用一种现在已经普及于无线电话、声学和光学的公式表明，任何复杂的波——从热浪、歌剧独奏、Wi-Fi信号到经济或货币周期——都可以像纯声或纯色一样，表示为一系列重叠的正弦波。

在金融领域，傅立叶模型从交易记录的时域开始，在一个接一个的马尔可夫链中移动到描述交易模式的纯频率成分频域。例如，从所有大奖章基金交易的时域进行转换，就可以发现一组隐含在其中，关于每次投资振幅和功率的纯信息频率集。

由于波动的强度随振幅的平方而增大，因此大规模和长期投资的重要性将以指数形式超过一系列小型交易。小波动比海啸的威力要小得多。默瑟指出："这就是为什么'闪电侠（flash boys）'终究赚不了多少钱。"他认为，文艺复兴科技公司的巨大成功远不止快速交易那么简单，其中包括收集和选择数据、发现并提炼算法。

频率数据也是熵的经济表现，我的模型增加了利润——利率之外出乎意料的回报维度，反映了平均和可预测的回报。从克劳德·香农的信息论可以看出，在我的模型中，熵更加惊人。微小和临时的异常既不足为奇，也是低熵的。

我认为需要修正杠杆。仅仅反映借款能力的利润通常不会对学习过程有任何帮助。他们愿意接受可计算的风险，而不是创造性学习的奇点。这样的利润是可以预测的，因此熵更小。

斯坦福大学的诺贝尔物理学家罗伯特·劳克林对泡沫相位变化的科学提出了批评。例如，当水沸腾时，对那混乱不堪的沸腾状态进行解析，这种对"混沌理论"的运用，只有傻瓜才会去做。

文艺复兴科技公司早期（当时被称为金钱计量学公司）就活跃于外汇市场。货币交易是世界市场泡沫的本质，其规模约为全球股市交易量的 100 倍，是全球 GDP 的 26 倍。浩如烟海的货币市场充满了劳克林式的泡沫，计算机可以分析这些泡沫，以发现短期的异常现象。即使在文艺复兴科技公司的适度杠杆水平上（据报道为 5 ：1），这些交易也可能产生巨大的利润。

默瑟援引沃尔特·白芝浩的《伦巴第街》（1873）为此辩护。他列举货币市场和银行在大英帝国崛起过程中为积累可用财富所起到的重要作用。然而，19 世纪的伦敦和今天的情景大不相同。

白芝浩所在的英国尚在牛顿的金本位世界体系下运作。如今，各国央行管理的货币在黄金上没有锚定。因此，所有逻辑体系都存在自我参照的循环性，而这些逻辑体系并非与自身之外的现实联系在一起。在美国，无岸可靠的马尔可夫货币可以被美联储随意操纵，以保护其政府赞助人及其所谓私人密友的利益。

拔了锚的金钱改变了资本主义的文化。华尔街银行喜欢波动的货币，而它们的下跌却能受到政府的保护。普通大众和硅谷却钟情于稳定的资金，以便用于长期投资，这也是法治所能保证的收益。世界各国政府，他们的钱无岸可靠，喜欢金融胜过实业，这缩短了经济活动的时间范围。对有些快速交易者而言，交易的节奏只不过是几秒钟而已，这却让经济承受着短期金融的过度吹嘘之苦。

默瑟的职业履历展示了企业创造力和“市场中性”财务策略之间的区别。在金融体系中，市场中性的交易是一种点金术，它主要由零和策略组成，难以谱写人类创造性进步的传奇。虽然它提高了市场的效率和流动性，其代价却是通过塞壬服务器，将不谨慎的人统统吸引到算法金融的贫瘠领域之中。

相比之下，在 IBM 工作期间，默瑟和他的同事在杰利内克的领导下，在计算机科学、信息理论和语音识别方面取得了令人瞩目的进步。他们的创造是苹果手机上的 Siri 系统、汽车里的免提通话以及机器翻译越来越成功的背后原因。在新一代互联网发展中，这些创造使语音接口对云计算技术的响应能力不断提高。

在这个过程中，默瑟和他的团队开创了大数据领域的先河，而大数据就是当前计算机范式的主导。与库兹韦尔和其他人工智能系统的先驱们的竞争——从国际象棋到翻译——IBM 团队面临着挑战和失败的可能性。因此，他们的进步显示了可证伪知识的波普式力量，这是资本主义制度下所有新财富的源泉。

如今，大数据已经成为谷歌时代的世界体系。但拉尼尔却发出了一个不祥的警告，“卓越的计算能力让你可以为自己选择风险最小的选项，却为其他人留下了风险最大的选项……”[13] 他认识到“网络金融一直假装它可以向整个经济释放风险，就像电脑可以用风扇散热一样，但是风险却变得和系统一样大。（2008 年和 2009 年）电脑被热得融化了（此处指当时发生了金融危机）”。[14]

离开港首小镇的时候，我对默瑟愿意挤出时间接受我的采访心存感激，也被他的成就深深打动。他的成就和谷歌的成就一样令人印象深刻。但这也让我认识到，这个世界体系已经过时。它建立在大数据的基础上，而大数据将面临收益递减的局面。它建立在交易频率之上，而这并不符合任何实际的经济活动。它以随机性数学为基础，模糊了价值创造和噪声产生之间的差异。它源于无记忆马尔可夫过程，而这个过程最终将使该模型遭受不可避免的赌徒式毁灭。

爱因斯坦发现的布朗分子大概没有计划也无意规划运动路径，但是言说者和上网冲浪的人却绝不会如此。在超凡的数据统计中，马尔可夫链是一个极好的工具，但它不应该被提升为一个世界体系。

当前世界目睹了谷歌时代系统随机性的泛滥。无论是漫步在华尔街、拉斯维加斯地区或者其他任何地方，到处都弥漫着被马尔可夫链包裹着的、赌徒式的毁灭气息。有的像是地质进化一样久远，有的表现为历史上“不可避免”的发明，还有的表现为万维网上的废物和财富。偶然事件和历史看起来没什么区别，信号在统计上与噪声相似，从白光到白噪声，一切看起来都那么地随机。

世界主流体系的运行假设是看上去随机的东西就是随机的。但香农知道，本质上数据点的创造性模式，反映的是在想象和意志的真实世界里，长期而有目的的准备和发明创造。这与随机模式无法区分。都是高熵，都出乎意料。对瞬相关的随机模式进行解析不能产生新的知识。你不能用一个记录时域波动的示波器去研究市场。你需要一台显微镜，到各个公司的细胞中去探索，才能找到真正反映了技术进步的纯粹色调。

爱因斯坦利用马尔可夫链这个概念来计算分子自发的千兆赫兹振动。而加速到千兆赫频率的马尔可夫链，使科学家们能够主宰由中央银行混乱的货币政策所控制的世界经济。现在，在世界的谷歌系统中，技术人员有了这样的设想：认为计算机的速度传递了计算机的智能，如果能足够快地移动电子，就能赋予口不能言的机器以意识和创造力。

他们认为，代表这个世界上最紧凑、最有效的思维系统的人脑，实际上是随机的机器。这种观点真是愚不可及。马尔可夫模型通过消除人类的智力和知识来发挥作用。分析话语却不用懂得这门语言（香农和鲍姆），评估网页的重要性却不需要了解页面本身的内容或者使用者的观点（佩奇和布林），测量计算机的性能却忽视 99% 的系统细节（艾伦·谢尔），投资于股票和债券却对发行股票和债券的公司毫无兴趣（文艺复兴科技公司），或者只知道作者却根本不知道作者写了什么内容，甚至连作者使用的语言都一窍不通（马尔可夫本人）。这些程序的特点就是彻头彻尾地缺乏智慧。当你不知道实际发生的情况时，你会使用大数据统计和马尔可夫概率模型。使用马尔可夫模型的这些人预测任意模式或计划过程竟然不需要对其中任何内容有丝毫的了解。为了他们的未来，这个行业必须超越当下的这种状态。

在接受我的采访时，默瑟对现行的部分准备金制度提出了不同的见解。他援引自由意志主义经济学家穆瑞·罗斯巴德的话，认为在一个理想的体系中，资产和负债的期限会自动匹配。

这是当前马尔可夫链统治下，场外交易者的观点。由于储蓄者的动机与储蓄价值来源存在差异，几乎在任何银行体系中，期限都无法匹配。储蓄者试图保存财富，同时也需要自己的财富以流动的形式存在，以便可以随时取回。但是就其永续和扩张而言，这些储蓄的财富依赖于在危险的学习过程中进行长期投资——对公司和项目的真正投资。而这样的投资在任何时候都可能带来失败和破产。

金融的作用是将储户对证券和流动性的追求，转变为企业家必然存在的长期流动性不足和对风险的接受。如果银行和其他机构不扮演这种角色，经济增长就会停滞不前。

所有的财富最终都是基于知识和发现的长期性投资的产物。在想要保证流动性的储户和不断用持久投资摧毁流动性的投资者之间，存在着不可避免的冲突。

当货币对政府来说是一根标尺而不是一根魔法棒的时候，便触及了资本主义储蓄和投资的核心系统。由于受到政府对其交易模式进行计算机调查的威胁，新成立的对冲基金行业正在颠覆这种关系。它现在遵循的规则是“任何你了解的东西都不要投资”。由于禁止学习，目前的算法几乎不进行任何投资，也就不会产生持久的财富。相反，通过加速外汇和短期证券的交易——280 万亿美元的全球债务为对冲基金提供了流动性，并助长了市场的动荡。

一旦推到速度的极限，马尔可夫只会导致用“黄金”作为财富，而不是把真正的黄金作为财富的衡量标准。黄金在资本主义崛起期间充当了外部价值的神谕，但它只是衡量财富的标尺，而不是点石成金的财富本身。

文艺复兴科技公司没有毫厘的黄金，却能在混乱的全球市场中叱咤风云，它为自己没有得到政府的补贴或特别支持而沾沾自喜。通过比竞争对手更快、更大范围的计算，文艺复兴科技公司是反复无常的政府造成的持续市场扭曲的终极仲裁人。

另外，谷歌通过免费赠送大部分商品的策略，避免了市场的非理性和价格发现。谷歌和文艺复兴科技公司都找到了逃避无情的真相，逃避知识扩张的真实市场和长期投资的方法。然而，这两种策略最终都将失败，因为这样的公司极易重复弥达斯式的错误。

弥达斯的错误在于将财富的货币计量单位黄金误认为是财富本身。财富不是一件东西，也不是一个随机的序列，它不可避免地根植于在长期的努力中获得的知识之上。

# 第九章

# 生命 3.0

历史悠久的阿斯洛马乡村风格的石头建筑，矗立在蒙特雷半岛的边缘，俯瞰着大海。那里松林掩映，吹沙成丘。这个地方曾经是基督教女青年会（YWCA）的营地，现在客房里仍然没有安装电视和座机电话。从这里出发，开车行驶 80 英里，就能到达硅谷。2017 年 1 月初，在麻省理工学院物理学家马克斯·泰格马克领导的基础问题研究所（Foundational Questions Institute）的赞助下，信息时代的许多顶尖研究人员和杰出人士秘密地聚集在这里。这次聚会还得到了埃隆·马斯克和 Skype 联合创始人贾恩·塔林数千万美元的赞助。

最耀眼的参会者是来自谷歌的各位大佬：拉里·佩奇、埃里克·施密特、雷蒙德·库兹韦尔、戴密斯·哈萨比斯、彼得·诺维格，以及谷歌前员工吴恩达。还有来自脸书的杨立昆，他是深度学习数学领域的创新者，也是谷歌公司杰弗里·辛顿的门徒。技术学家斯图尔特·拉塞尔、哲学家大卫·查默斯、灾难理论家尼克·博斯特罗姆、纳米技术预言家埃里克·德雷斯勒、宇宙学家劳伦斯·克劳斯、经济学家埃里克·布林约尔夫松、“奇点主义者”弗诺·文吉，以及其他几十位著名科学家组成了一个终身任职的团队。[1]

他们聚集在阿斯洛马，准备向世界发出警告，让世界意识到这些由硅谷，由他们自己导致的危险。计算机技术、先进的人工智能、机器学习，这些曾经被主流媒体连番报道，代表了硅谷主要活动和人类未来的概念，这些冠以张量流图（TensorFlow）、深度思维、机器学习、谷歌大脑、奇点的技术，获得了如此巨大的力量和动能，以至于现在被人们认为是对人类的巨大威胁。

尔文·约翰·古德和艾伦·图灵在布莱切利公园一起破解恩尼格玛密码机的时候，曾师从于艾伦·图灵学习围棋，1965 年，他已经发出了第一份（也是迄今为止最精辟的）警告：

> 让我们把超智能机器定义为一台能够远远超越任何人类所有智力活动的机器，无论这个人有多么聪明。由于设计这些机器本身就是一种智力活动，那么一个超智能的机器也就可以设计出比自身更好的机器。如此肯定会出现“智力爆炸”，人类的智慧将被远远地甩在后面。[2]

古德宣称：“除非能够保证它绝对服从和受控，否则第一台超级智能机器绝对是人类最不应该拥有的发明。”[3]但是从来到阿斯洛马的专家们那里反馈的信息看，让机器人受控依然是个亟须解决的问题。当一种新的超级智能出现的时候，很难看出人类智能如何有效地对其进行控制。正如马斯克所说："它可能比核武器更危险。"[4]斯蒂芬·霍金曾宣称："人工智能的全面发展可能预示着人类的终结。"[5]

泰格马克解释了为什么"突破（breakout）"几乎不可避免。此处的"突破"是指机器占据社会和经济的制高点。当智人出现时，尼安德特人（Neanderthals）的境况就每况愈下了，最终几乎所有的动物都被智人征服，幸运的成为宠物，倒霉的变成了午餐。

在库兹韦尔指数棋盘上，阿斯洛马会议意味着这个行业第二阶段的开始。[6]每个人都应该小心行事，新的机器人国王说不定就会在某个董事会上出现。泰格马克解释说："任何以与当前能量成正比的速度增长的能量过程，都一定会持续不断地集聚，最终出现指数级的增长。"[7]对谷歌总部的知识分子而言，数学从本质上讲就是一台末日机器。

另一种可能是，像这种揭示了当代"天才"的愚蠢的废话，可能会破坏世界上正在盛行的制度。

在人工智能的边缘地带有一群愤世嫉俗的人，他们可能会把这次秘密会议看作是硅谷吹捧各自产品的巧妙宣传。这次会议无疑是对泰格马克的大作《生命 3.0：人工智能时代人类的进化与重生》一书的精彩告别，也是对他所主持的"生命未来研究所"的精彩启动仪式。秘密会议，尤其是挤满了数百位著名而健谈的名人的秘密会议，往往比公开会议更能引起人们的关注。这次峰会也不例外。

有什么能比你的发明威胁到了你的意识，并将使人类沦为受保护的宠物这样的窘境更让人兴奋呢？由 8000 名科学家共同签署的《阿斯洛马人工智能原则声明》代表了 97% 的参会者的共识——霍金和一批诺贝尔奖得主也名列其中——呼应了谷歌公司的“不作恶”原则，以及“火人”的原则和声明。“超级人工智能只能在广泛共享的伦理理想下发展其服务，而且其发展应该是为了增加全人类的福祉而不是为了某个国家或组织的利益……应该避免致命性自主武器领域的军备竞赛。”人们还想知道另外3%的反对者说了些什么。

总的来说，这份声明只是对世界新硅谷体系的平淡总结。在这个体系中，人类不再拥有最高的智慧，也不再是重要的发明家。考虑到超级智能计算机有可能极大地取代人类对计算机安全的理解，可能达到发现比我们今天已知的物理定律更加基础的物理定律的程度。根据泰格马克的说法，未来新的物理定律也许只能来自人工智能。“甚至对于有些突破，人类很可能都不知道其何以发生。这可能就像是哈利·胡迪尼的突破性表演，简直就和纯粹的魔术如出一辙。”[8]

超级人工智能的拥护者认为，它可以推动人类智能以硅质数字设备的形式进入宇宙，摆脱了脆弱的碳基人类探索太空的局限。最终，突破将席卷银河系，智能机器将制造出更强大的火箭，拥有更神奇的头脑和仿生体。泰格马克对到时候会出现的情景进行了推测：“数十亿年几乎极少扰动冷漠宇宙的生命，在宇宙竞技场里以突然爆炸的球形冲击波进行扩张，其速度接近光速。这个速度持续不断，最终碰撞出生命的火花。”[9]在泰格马克关于新创生命的故事中，数字机器成为生活的主导形式。

面对来自硅谷的新发现，我决定咨询一下雷蒙德·库兹韦尔。他在过去5年里一直担任谷歌的工程总监，是阿斯洛马会议与会者中对此领域经验最丰富、最老练的研究者。尽管被认为是这场运动中最极端的人物之一，但我知道他是一名沉着冷静的技术大师。当我和他谈起泰格马克的时候，他显得有些窘迫，似乎觉得这位麻省理工学院的校友的思路并不像自己所想的那样。

库兹韦尔从 14 岁开始就一直在参与研究和塑造人工智能的形式，他是麻省理工学院马文·明斯基的天才门徒，可以说，他的职业涵盖了人工智能领域的整个历史。2017 年年末，库兹韦尔向我透露说他一直在咨询自己的导师，以便寻求有关快速发展技术方面的新见解。他的眼睛里闪着调皮的光，他说，令他感到惊讶的是，他发现明斯基最近变得更加口齿伶俐，反应也更加敏捷了——明斯基两年前去世了，这的确给他的咨询带来了遗憾。

库兹韦尔对明斯基所著的 10 本书进行“语义搜索”，以寻找特定的联想意义，而不只是盲目地搜索“关键词”。他发现这样做能让自己瞬时就从这位已逝的人工智能传奇大师那里获得想要的答案。库兹韦尔使用同样的程序来搜索他自己的著作，以便重新发现那些要么是流逝在时间里，要么是被语义程序的新概念所取代的见解和观点。如果你能在智能手机上查看谷歌邮箱的话，你就会在所收到的每封新邮件下面的 3 个建议性回复中，看到库兹韦尔在语义突破领域的新成果。

对于那些更加醉心于人工智能的阿斯洛马会议参会者来说，语义搜索就是一种“超人”能力，超越了对一连串单词的搜索。否则一旦某个单词没有被准确地记录下来，搜索就会无功而返。库兹韦尔的“语义搜索”把每个单词都变成了一个由同义词和关联组成的长序列，构成了一个意义的层次结构。这种“语义搜索”就像一台庞大的计算机，加快了人们对一堆冗长文本的阅读速度。

正如库兹韦尔所说的那样，语义搜索只是“人类智能的延伸”，而非其替代品。人类在人工智能的挟持之下，受到作为篡夺者的数字机器伏击的可能性只会更大，而不是更小。语义搜索延迟了机器学习末日的到来。

2017 年 10 月底，同样是在谷歌，深度思维项目推出了阿尔法围棋（AlphaGo）的最新版本。你可能还记得，它后来多次击败曾 5 次荣获世界围棋冠军的围棋棋手李世石。阿尔法围棋中的树搜索运用深度神经网络，评估位置并进行动作选择，深度神经网络通过沉浸于人类专家的动作记录之中，进行自我强化和训练。近期，库兹韦尔的博客报道了新一代的阿尔法围棋。这一代阿尔法围棋仅仅基于强化学习技术，而没有超越人类游戏规则的输入，同时也没有项目的奖励结构。

在一种“通用的对抗程序”中，阿尔法围棋与自己对抗，做自己的老师。谷歌的论文总结道：“从零开始，我们开发的新程序 AlphaGo Zero 取得了骄人的成绩，它以 100 ∶ 0 击败之前那款曾战胜了围棋世锦赛冠军的阿尔法围棋。”[10]

在我看来，“超人的表现”的说法似乎有些杞人忧天。在没有人的帮助下战胜人类，无论是 3D 打印机还是普通的打印机，早都已经做到了，否则我们不会发明创造它们。毋庸置疑的是，道路还长得很。只是恰好超级快的计算机非常适合下围棋而已，这台机器以每秒数百万次迭代的速度运行，很快就把人类玩过的所有围棋棋局都简化成了它自己经历中的一个极小的子集，可以说，它“发现”了数百万个解决方案，这是人类无法企及的，就像太空探测器可能“发现”人类无法企及的太空区域一样。但是，迭代的速度和智力完全是两回事。

围棋是一种纯策略的游戏，它没有国际象棋中需要区分角色的棋子，故而计算机可以比下国际象棋时更有效地利用更小的空间来解决问题。在阿斯洛马的会议上持有末世论调的那些人，忽略了计算速度和智能之间的区别，忽略了可编程机器和程序员之间的区别。

泰格马克证明了这一点，也说明了人工智能程序的成就——沃森是测试类节目的赢家，偶尔还是更优秀的医学诊断专家；蓝色巨人是国际象棋冠军；谷歌的深度思维从零开始，在数十种电子游戏中战胜了人类玩家；人脸识别机器人；自然语言翻译机器人；自动驾驶汽车项目；等等。这都预示着一种超级智能，一种有朝一日将超越人类思维，以至于我们无法理解其深度的超级智能。就像狗无法理解人类大脑的意义一样，这只是时间问题。尽管库兹韦尔回避了反乌托邦式的解释，但他大胆地给出了一个时间——2049 年。泰格马克喜欢引用爱德华·罗伯特·哈里森的话："只要有足够的时间，氢就能变成人。"如果有足够的时间，人们大概会变成图灵机器，而图灵机器基本上就是人们过去所说的"上帝"。他对这个超级人工智能将拥有的神性力量毫不避讳："无论物质以什么样的形式出现，先进的技术都能将其重塑成任何想要的物质或物体。这包括发电厂、电脑以及先进的生命形式。"

《生命 3.0：人工智能时代人类的进化与重生》和阿斯洛马会议是后人类时代（post-human age）原则宣言。结论便是，超级人工智能（super-intelligent AI）的发明者将是人类历史上的最后一群了不起的人。哈萨比斯、诺维格、勒昆和佩奇便是这群人中的佼佼者。向他们致敬吧，当你也加入他们的行列，想必他们也是满心的欢喜。3.0 版的生命是硅基的，而且是由机器生成。

从佩奇到库兹韦尔——泰格马克和这场运动中的每个人一样，也是一个老练的现代人。他认识到这个世界上存在着许多无法估量的东西。在书中，他甚至设想允许一些人退出这个相对而言更加仁慈的人工智能制度，允许他们建立人类专属区（human-only zones）。

针对那个以傲慢见长的精神领域，他写道："有一小部分人选择生活在这些专属区域里。他们自愿选择生活在一种比其他人更低、更有限的意识层面之中，并且对生活在其他区域中比他们更聪明的人的所作所为保持着有限的理解。即便如此，他们中的许多人依然对自己的生活非常满意。"

问题不在于人工智能本身，它只是一项令人印象深刻的技术，并将有望改善人类的生活。将"超级人工智能"从一种技术转变为一种宗教崇拜的原因是，人们认为人类的大脑本质上是一台计算机，是一台物质机器而已。这一假设源于认为进化只是一个随机的过程，它产生了次优的人类大脑，也就是相对粗糙的计算机"湿件（Wetware）"，而它终将被硅质所战胜。

这一假设导致了对外星生物存在可能性的关注。尽管库兹韦尔和泰格马克都足够聪明，足够精明，足以否定外星智慧的存在，但这场运动的大部分内容都让人陶醉于这样一种观点：我们并不孤独。通常的结论是，其他星球上的智慧生命是如此容易地被物质力量所决定，以至于都是"不可避免的"。"寻找外星智慧生命（SETI）"是对这种保证的表达，需要全球成千上万台电脑进行集体努力，才可通过电磁碎片搜寻到宇宙其他地方闪烁的心灵之光。可是 35 年时间过去了，却什么好消息也没有。俄罗斯的伟大物理学家兼投资人尤里·米尔纳为他所主持的“突破性倾听”项目中又追加了 1 亿美元的投入。

所有这些追求都反映了地球智能的崩溃。这个时代的知识分子们对意识的现实一无所知。意识决定了我们的身份，决定了我们的思想，也决定了我们如何认识事物。它与宗教直觉和心理认同相呼应，是心灵的本质而不是机器的本质。它更是一切创造力和自由意志的源泉。如果不理解意识，你就只可能建立起一套计算机理论，却无法构建起智能的概念。

所有的人工智能场景都假定了人工智能具有拟人化的意识、意志、情感、想象力、创造力和独立性等前提条件，但在展示他们所能想象到的每一种雄辩的观点时，泰格马克和其他人工智能领域的好手从来未曾展现出哪怕是接近证明电压、晶体管门、记忆电容和触发器等，能够以某种方式认识或学习任何事物，更不用说能够变得意志坚定，变得有意识从而独立于人类程序员的可能性。

在争论中，超级人工智能支持者的反应是，人类的大脑就是由本身不智能的电子和化学成分组成。这样说的话，我们就会遇到哥德尔–图灵式的自我参照困境。在探究他们并未真正认识的人脑时，人工智能科学家马上陷入了自我参照的哥德尔困境。用自己的思维和意识否认了意识在头脑中的重要性，他们也通过这种方式驳斥了自己。

正如艾伦·图灵总结的那样，他们需要一个“神谕”——一条来自系统之外的情报——而且他关于“神谕”的所有说法都表明该神谕“不可能是一台机器”。艾伦·图灵发现，计算机重复了源自递归自引用的物理不确定性。就像物理学的奠基者们使用电子和光子制成的仪器来测量电子和光子一样，人工智能的奠基者们也企图使用计算机来解释计算机。

意识和自由意志无须决定论的自我参照。人工智能专家想要否认这一点，但在接受意识的重要性之前，他们根本无法解释大脑。库兹韦尔似乎认为可以先把意识放在一边。他所著的《人类智能的未来：揭示人类思维的奥秘》一书是对人工智能最系统的阐述。和他的代表作《奇点临近》（*The Singularity Is Near*）一样，也充满了独到的见解。但在意识问题上，这两本书都陷入了循环，都简单地断言当一台机器彻底智能化的时候，就可以认为这台机器拥有了意识。哥德尔笑了。

符号机器什么都不知道。软件符号代表的现象是已经被人意识到了的内容，是被人认识到了的内容被外部图灵神谕，也就是程序员认识到了的内容。这“不可能是一台机器”，因为它提供了计算机的逻辑机器所依赖的所有假设、公理和过程。

人工智能的盲点在于意识不是从思想中萌发而出，意识是思想的源头。就像戈特弗里德·威廉·莱布尼茨所设想的那样，将一台电脑放大到整栋建筑物那么大，以 17 世纪的方式进行观察，去探究机器的内部（决定论者的方案），你看到的只是齿轮和齿轮的相互咬合而已，它根本不具备任何的认知能力。神谕般的程序员必须身在其外。为何软件程序员没能认识自己所从事行业的本质呢？这的确是个谜。吉尔伯特·基思·切斯特顿将其解释为专家的短视：

关于专家……一般认为，受过训练的人值得信赖。但是这个观点却完全无法回答为什么每天都在研究或者实践某项知识的人，竟然没有发现还有那么多重要的方面需要掌握。事实却恰好与此相反。他们反而越发觉得其重要性在不断降低。[11]

在信息时代，对唯物主义的迷信正经历着令人费解的增长。克劳德·香农在他那个名为“熵之居（Entropy House）”的家中写道，信息通过出人意料的比特来衡量——这是一种惊异（surprisal），是无序的热力学熵的无序呼应。故而，信息就是惊异。从定义上说，决定论主义者制造的机器是没有什么惊喜的。答案总是隐含在问题当中。没有熵，自然没有意外。

那个时代许多伟大的思想家都看不到这一点，他们认为信息是有序的，或者说，正如他们有时所说的那样，是负熵。这恰恰显示了他们的无知。在热力学和信息论中，熵都是无序而非有序的。顺序定义了所期望的位（bits），进而也定义了冗余。熵衡量的是意想不到的信息，衡量的是信息的自由度。

通过一个规则的意外变形来衡量信息，信息既不是完全确定的，也不是完全随机的。香农认为信息是随机的，他借用了“stochastic”这个源自希腊语的单词，来表示“瞄准”的意思。它将概率与技能结合起来，将随机性与结构性结合起来。信息在由低熵载体携带的高熵信息中最大化，例如光纤线路中调制代码所携带的光。

冯·诺依曼之后，香农为建立当下的谷歌所体现的世界体系做出了最重要的贡献。我想说的是，他为当下的体系指明了出路。但与这个时代一样，香农自己也陷入了物质主义的迷信之中。“我认为人是一种非常复杂的机器，”他写道，“当然和计算机的不同，是组织结构上的不同。人类有大约 100 亿个神经细胞……而计算机易于复制，如果用电子设备对每一个细胞模型进行建模，就能让它们像人类的大脑一样运作。如果拿国际象棋大师鲍比·菲舍尔的脑袋作为原型建模，那么它就会像菲舍尔一样。”

在这段话里，香农表达了唯物主义的信仰。大脑由 100 亿个电脉冲和据此产生的无数种化学反应控制的神经元组成。对于崇尚唯物主义的人来说，这种观点绝对正确。毕竟在扁平宇宙理论中，除了化学和物理元素之外，不存在别的东西。

对于一个更加仔细的观察者来说，香农或库兹韦尔想必知道我的意思，宇宙中还存在其他的东西，如模式、设计、形式、配置所构成的信息。但如果你质疑自下而上的假设，质疑物理学和化学足以解释一切充分性的话，他可能会说：“更多的维度——我不需要那个假设。”这一信念超越了意识、选择自由和惊奇，最终也违背了信息理论本身。信息取决于自由选择的范围，以及只被有意识的存在体感受到的惊奇。

这种唯物主义的迷信使整个谷歌一代都无法理解思想和创造。意识取决于信仰，那是一种无须全部知识就能行动的能力，是一种能够感到惊讶和让人感到惊讶的能力。机器本身缺乏意识。机器是决定论顺序的组成部分，它预先决定并且自成体系，缺乏喜出望外或使人惊讶的能力。

正如库尔特·哥德尔和艾伦·图灵所证明的那样，一个无意识的东西只是一个逻辑系统，也必然是不完整的，需要一个“神谕”。只有人才能够凭直觉认识到这种不完整性，并在意识中表现出来。

“我”只存在于超越逻辑机器的信仰领域。

真正的科学表明宇宙是一个奇点，因此是一种创造。创造是人类意识与更高意识相互应和时熵的产物。在人类的历史中，我们发现将创造者称为上帝是一件非常方便的事情，这种更高的意识赋予了人类创造者创造惊人事物的空间。

这是宇宙思维的镜像室，是深思熟虑的智慧。意识先于创作，语言先于肉体。

“当下数字文化的核心错误，”杰伦·拉尼尔写道，“是将个人网络分割得如此精细，以至于使人终将陷入混乱之中。于是便开始关心网络的抽象问题，即使网络本身没有什么意义。而不是关心陷入网络之中的人。但是，真正有意义的是人。”[12]

人工智能无法与连接了符号和对象的人类智能竞争，因为人工智能离不开为其提供符号系统和语言的人类思维——是人类规划了这一切。无论人工智能在训练中所吸收的信息是文字还是像素，这一切都是人为组织的结果。人为人工智能提供并制定了大数据，并在其中找到数值相关性。是人建立了目标、奖励方案和目标序列，使人工智能能够迭代、优化并最后总结出一个解决方案。人工智能由输入组成，通过复杂的算法集进行输出，它根本无法思考。

思维是有意识的、主动的、有想象力、有创造力的。一台以千兆赫的速度运行的计算机，即便是在玩国际象棋或围棋这样的决定论游戏时，也只不过是一台机器而已，认为它是超人的想法只有在算盘或计算器是超人的时候才有意义。人工智能是计算机算法的输出，这些算法由精心安排的电子元素（电流、电压、电感和电容）组成。这些元素通过布尔逻辑方案、树形结构和“神经网络”获得各自的含义。它们从人类语言和其他符号系统，包括计算机语言和程序设计的数学推理中获得效用。

美国最伟大的哲学家查尔斯·桑德斯·皮尔斯在发展他的符号和象征、对象和解释理论时阐述了这个潜在的现实。尽管这些是皮尔斯在 150 年前提出的观点，但他的见解仍然与最新的软件包或机器学习声明有关。如图灵在描述他的“神谕”时所表达的一样，皮尔斯认为没有“解释者”，象征和物体便了无意义。是“解释者”把象征拓展到想象的范围。皮尔斯的“符号关系”将对象、符号和解释者捆绑在一起，形成了一个互不可约的三元组。对于任何一个连贯的信息理论来说，象征都不可避免地通过解释者，也就是人的思想，与它的对象联系在一起。从定义上看，一个未被解释的象征是没有意义的，任何处理这种虚妄的哲学都必然会屈服于某些隐藏的假设和解释性的判断。[13]

在一个基于底层独立信息的产业中，物质主义排斥解释者的基本错误对新技术的发展来说不啻致命一击。你无法用一个由波动的粒子组成的世界模型来理解计算机科学的复杂性，正如波动的粒子模型不能照亮大脑一样。计算机中每一个夸克和电子的知识都几乎不能告诉你计算机在做什么。要知道这一点，你必须处理那些传递人工解释基态的源代码。

2017 年的阿斯洛马会议让人想起了 1975 年 2 月在同一地点举行的一次会议。在那次大会上，科学家们警告了技术的未来——基因工程。他们担心，分子生物学家能够从两个不同的有机体中分离出 DNA，从而产生出新的重组 DNA 分子和嵌合体的实验，会威胁到全体人类的生命。与会者预言，“10 年之内，科学家将能够创造出新的物种，并在一年内完成相当于 100 亿年的进化。”

40 多年过去了，1975 年阿斯洛马会议的希望和恐惧远未实现。近半个世纪的挫折，其根源可以追溯到 1930 年在哥尼斯堡召开的会议。冯·诺依曼与库尔特·哥德尔的会面，展示了决定论者的数学无法产生出创造性的意识，并从此开启了人类的计算机时代。冯·诺依曼挺身而出，成为我们现在所处时代的先行者。

回顾 1975 年的那次会议，杰出的化学生物学家迈克尔·丹顿总结道：“基因工程的实际成就相当平凡……只不过是一些微不足道的修修补补而已，并非什么真正的工程。和调整汽车发动机类似，并不是要重新设计它。只是对所有生物系统中已经存在的变异潜力的开发……”[14] 尽管转基因植物的研究取得了成果，但这远不是对生物的创造，更不是进行根本的重建。1975 年的阿斯洛马会议所取得的最大成就莫过于引发了人们对“转基因生物”挥之不去的偏执，这种偏执阻碍了全球农业的发展。

这种偏执狂带来的危险，值得每一届参与阿斯洛马会议的深度学习者们引以为戒。

维塔利克·布特林，一个 23 岁的大学辍学生，有着与哥德尔和图灵一样苍白的皮肤、宽大的耳朵、少年天才般的外表，他是深度学习者和谷歌大脑中受邀参加人工智能阿斯洛马会议的与会者之一。高科技宇宙的大师们对他的理解，如同 20 世纪 30 年代哥尼斯堡的数学家们，对 24 岁的哥德尔的理解。所幸的是，阿斯洛马会议的听众们，提前注意到了布特林所从事工作的重要性。

布特林简洁地描述了他于 2015 年 7 月建立的公司以太坊（Ethereum）。这家公司的初衷是要建立“区块链（blockchain）

应用平台”。区块链是一个开放、分布式、不可破解的分类账簿，2008 年由一个名为“中本聪”（Satoshi Nakamoto）的非知名人士（或许是团体）设计并推出。目的是支持他的加密货币——比特币（bitcoin）。布特林的迅速崛起使得新加坡央行在阿斯洛马会议后不久就宣布，它正在推进一种基于以太坊的货币。而包括加拿大和俄罗斯在内的其他央行也在研究将其作为货币交易和智能合约新基础的潜力。

但长期以来，布特林对区块链的看法一直比加密货币更为广泛。以太坊的联合创始人乔·鲁宾认为，该公司的贡献在于建立一个没有“单一强大实体来控制系统或控制系统把关”[15] 的互联网。2014 年的《连线》杂志曾推测，布特林设计的以太坊这样的智能合约“可能导致自动化公司的诞生——整个公司都由机器人而非人类运营”。[16] 假如你在 2017 年召开一个关于未来技术的专家峰会，怎么能不邀请以太坊公司这位预言大师式的人物担当主角来参加？

布特林在担任密码学家伊恩·戈德堡的研究助理时创办了《比特币》杂志。或许他就是克劳德·香农愿景中最真实的代表人物。像克劳德·香农一样，他可以在信息的光明面和黑暗面之间，在通信和密码学之间自由移动。就像艾伦·图灵的计算视觉一样，香农的信息理论也始于对代码的理解。他的第一篇主要论文《密码学的数学研究》（1945）证明了一个完美、随机、一次性的密钥是一个不可破解的代码，是一个奇点。信息理论处理的是白噪声（纯随机）和完美秩序（可预测和无信息）之间的连续体。香农的论文关注的是中间冗余的肥沃区域，他称之为“随机”。这个受控制或有界概率的区域包括通信、信息代码、加密和解密。这也是比特币、区块链和以太坊的核心。

在阿斯洛马的会议上，布特林可能为如何通过区块链控制机器提供了独到的建议。但是泰格马克在《生命 3.0：人工智能时代人类的进化与重生》中并没有提到他，拉里·佩奇、埃隆·马斯克和谷歌旗下深度思维的圣骑士们才是他笔下的英雄。即便如此，他在这本书的第 236 页写道，有人提出，一个超级智能的人工智能可能会“本着比特币的精神”发明一种新的宇宙加密货币。这看上去就好像神秘的中本聪，也许只是某种人工智能程序一样。

这句话的深刻含义是，布特林和他的同事们将不得不在代表人类发明史上最尖端技术的人工智能浪潮中屈居二线。新一代转型技术专家的想法并不符合新末世论的情结。

但是谷歌和它的世界正朝着错误的方向发展。他们实际上正处于危险之中，这种危险不是来自全能的人工智能，而是来自一种支持人类智能的分布式、个体对等的革命。那便是区块链和方兴未艾的加密技术的繁荣。布特林和他的盟友们正致力于将数据恢复到其初始创建者，谷歌的安全缺陷和关于人工智能的幻想，使它不太可能在新一代加密技术的冲击下存活下去。

# 第十章

# 1517

理解一件事情最好的方法莫过于对它进行投资。为了紧跟新时代技术的发展，2015 年 7 月，我成为 1517 基金的合伙创始人。该基金由风险投资家兼黑客丹妮尔·斯特拉克曼和迈克·吉布森主管。彼得·蒂尔也参与了投资。

得益于拥有深思熟虑的权威和似乎无穷无尽能量的蒂尔本人的大力襄助，蒂尔奖学金的第一个 5 年在斯特拉克曼和吉布森的管理之下运转顺利。该奖学金成立于 2011 年，旨在鼓励年轻人摆脱文凭的束缚。一个 20 岁左右的学生，如果“跳级或停止上大学”转而投身“极具特色的事业，就能获得一笔为期两年，总额 10 万美元的资助，还将获得包括蒂尔基金关系网络中众多创始人、投资人以及科学家的支持”。[1]

斯特拉克曼和吉布森二人衷心希望能够帮助新一代技术人员重塑现有的世界体系。当下的体系在斯坦福大学的迷雾中诞生。它把持了谷歌云服务，其目标是创造超人类的人工智能。这一套体系还包揽了制定学术荣誉，推广通用图灵机，拥有软件霸权，提供模式化共享并整合多方资源等权利。但是，交由这样一个系统来管理你的财产，激励你的孩子，塑造你的世界观，或在拥挤的停车场操纵你的汽车，你能放心吗？

2010 年的时候，蓄着大胡子的自由主义者吉布森还是蒂尔克莱瑞姆资本管理公司的一名员工。在得知老板正在推行“反罗兹奖学金（anti-Rhodes Scholarship）”项目之后，吉布森说：“让我加入这个项目吧。”美国和其他前英属殖民地的研究生在申请进入牛津大学的时候，以能获得罗兹奖学金（Rhodes Scholarship）为最高荣誉。罗兹奖学金致力于培养像比尔·布拉德利那样的政治家，瑞秋·玛多一类的媒体名人。其目的是要为社会输送更多的学者，而不是造就更多的企业家。

斯特拉克曼是“基于项目的学习（project-based learning）”这一理念的倡导者，此前曾在圣地亚哥开办过特许学校。她认为，事实一再证明对大多数学生而言，创办自己的公司比起坐在教室里上课能学到更多的东西。在获悉蒂尔奖学金，原名为“未满 20 岁”（20 under 20）之后，她毅然选择加入吉布森的行列。2011 年第一批“未满 20 岁”成员组队完成。第二年项目接收到加拿大滑铁卢大学 18 岁新生维塔利克·布特林的申请。

起先，蒂尔团队觉得布特林的数字教育创新项目没有什么特别之处。“一开始，”斯特拉克曼说，“他并没有从众多项目中脱颖而出。”他没有通过审核，也没有重新申请。那一年一位 19 岁的图形艺术家克里斯·奥拉成功入选。他是布特林的朋友和高中同学。

2013 年，奥拉带着即将 20 岁的布特林，参加了每年 9 月在滑铁卢举行的主题为软件拦截的“北部黑客大会”。在这次大会上，这个不到 20 岁的羞涩男孩见到了斯特拉克曼和吉布森。布特林忐忑地告诉二位，说自己在上次申请过后，又稍稍改变了方向，偏爱上了“一种称之为区块链的加密结构”。还说自己此后一直在致力于其可能性研究，并用经营《比特币》杂志赚来的比特币环游了世界。从以色列到拉斯维加斯，再到阿姆斯特丹，他到各个地方去和区块链发烧友交流探讨相关话题。意识到“每周，加密项目占据了我 30 个小时的时间”之后，他于 2013 年 4 月毅然选择了辍学。[2]

布特林即将年满 20 岁，在滑铁卢与斯特拉克曼和吉布森的会面，是获取资助的最后一搏。他的项目方案是要改革互联网和全球金融体系。“这就是彼得·蒂尔想要的，对吧？”他阐述着一系列雄心勃勃的计划——“完全转型”区块链，新软件语言，货币，计算机平台，智能合约。斯特拉克曼和吉布森发现他是个天才。但他的蓝图过于宏伟也明显缺乏重点，这违背了企业成功的基本原则。

最终他们还是决定资助他。2013 年 11 月，布特林撰写了以太坊白皮书。2014 年 6 月 5 日，彼得·蒂尔宣布成立一个包括布特林在内，由 20 位蒂尔奖学金成员组成的新团队。一年后，以太坊上线，宣称“比特币只服务于线上支付，而以太坊却能服务于所有线上产品”。这是互联网分权的又一步。

就在以太坊日渐强大的时候，2015 年 7 月，斯特拉克曼和吉布森离开了蒂尔奖学金，开始了一个新的相关项目，即 1517 基金。该项目将投资蒂尔奖学金获得者以及其他高中生和大学生年龄层的公司创始人。

1517年10月31日，马丁·路德在维滕贝格的教堂门口发表了95篇论纲，标志着权利分化的历史性时刻。该基金以这一年命名，意涵丰富。路德所抗议的行为之一是售卖赎罪券。他谴责这种通过购买赎罪券暂时逃避处罚的做法，他认为一切精神之物都不应被买卖。他还坚持认为赦免者在出售赎罪券之前，应该提交申请。1517基金对此进行了对比："这就像是今天的大学，正以高昂的价格出售一张废纸，并宣称这是学生们拯救灵魂的唯一途径。大学称其为文凭，并正以此牟利。说我们是异教徒也没有关系，但1517基金会将致力于消除这种虚妄的文凭观。"[3]

蒂尔奖学金和1517基金所抗议的是政府通过层层斥资的方式，向人们强制灌输对大学的固执追捧，并以此建立单一的世界体系。他们尤其谴责那笔由此而产生的超过1.5万亿美元，占美国国内生产总值约7%的可怕债务。债务积压在倒霉的美国学生身上，建立起来的却是浮夸无用的学术。庞大的债务已经致使整整一代美国人放弃了曾经使祖先们生活丰饶的创业经济，转而沉沦在大学的束缚之中。

2017年年初，我去硅谷参加1517基金会召开的年会。乘坐优步汽车穿过波托拉山谷斑驳的草地，遥望古老的西班牙商道，目光停留在大门紧锁的495号庄园。它的主人雅克·利特菲尔德继承了家族建筑财团这500英亩名为"小马足迹（Pony Tracks）"的牧场。利特菲尔德于2014年去世，那时他收集的坦克多达220辆。据《圣何塞水星报》的报道，其规模足够入侵一个小国。[4]这些珍贵稀少的坦克被通通拍卖掉了。现在，仅剩下了瑰丽辽阔的景色俯瞰着整个硅谷。从圣克拉拉的英特尔到山景城的谷歌，一览无余尽收眼底。

如遇碧空万里之日，旧金山的塔楼也隐约可见。

今后，这个牧场可能会以作为乐美雅（Luminar）的早期总部而为世人熟知。2012 年创建了乐美雅公司的神童工程师奥斯汀·拉塞尔，也是 2013 年蒂尔奖学金的获得者。截至 2017 年 1517 基金年会召开之际，乐美雅在硅谷和佛罗里达州奥兰多共有 250 名员工，并在科罗拉多州新增了一家芯片设计工厂。经过 5 年时间的“深度潜行”，乐美雅发布了一款独特的新型激光雷达（Lidar）芯片。该款芯片在数量级上优于谷歌以及其他同类竞争对手，从而为自动驾驶汽车提供了核心视觉能力。

1517 基金会选择“小马足迹”牧场举行年会，并在此次会议上隆重介绍了 17 岁便创立了乐美雅的拉塞尔，以及和他齐名的布特林。二人获得了蒂尔奖学金“最能干改革实干家”荣誉。布特林在组建一个崭新的全球计算和金融体系，拉塞尔在推动美国硬件制造创新的复兴。乐美雅无视其他企业，诸如谷歌和特斯拉以软件作为基础所进行的疯狂炒作，它的产品在变革性领域里的影响力和雄心，堪比 20 世纪初亨利·福特在底特律的里佛鲁日市安装的汽车生产线。软件无法吞噬硅谷的一切。

乐美雅的故事始于加利福尼亚州的纽波特海滩。拉塞尔 12 岁的时候，因为父母拒绝为他买一部手机，早熟的他便把家里的任天堂（Nintendo）游戏设备改装成了无线网络电话。他进而发明了一系列光学和全息技术，还申请了专利。15 岁的时候担任所在高中全国机器人竞赛小组的队长，最后却铩羽而归。这对他而言，似乎是他所遭遇到的最重大的挫败。

布特林也是一个莫扎特式的神童。4 岁时，他最喜欢的玩具是

Excel 电子制表软件。7 岁时，他自学了汉语，最近他到中国深圳，能够用流利的汉语与人辩论。父亲在早期教育中起到了非常重要的作用，这让来自加利福尼亚州和加拿大的两位神童受益匪浅。德米特利·布特林把自己的儿子带入了比特币的世界，而现任乐美雅首席财务官的罗伯特·拉塞尔则推着奥斯汀·拉塞尔开始了对光学知识的学习。和布特林一样，奥斯汀·拉塞尔也没有屈服于身边的世俗力量。

看着谷歌的威莫，看到埃隆·马斯克的特斯拉，莱万多夫斯基的优步，以及其他的“自主”计划，拉塞尔意识到疯狂炒作难以最终取胜。且让他们恣意地互相指责吧。但是要想真正成为龙头企业，其方法莫过于尝试使用人工智能、大数据、地图和各种软件。拉塞尔从小就专注于对光学、激光和机器视觉的研究。但是他明白，再多的大数据也无法弥补视力系统的缺陷。

激光雷达（光探测和测距）是车辆观察和评估周围环境的工具。拉塞尔从一开始就明白，在黑暗中考虑到只有 10% 的反射率，如果不能为前方至少 200 米的距离提供完全可靠的实时图像和路况判断的话，那么这一切都只不过是一个致命的陷阱而已。与现有系统仅仅一两秒钟的反应时间相比，如果能记录周围 200 米的物体，就能拥有 7 秒钟的反应时间。

拉塞尔认为，现行系统比无用的系统更糟糕。为了实现整个行业所宣称的低成本下的性能表现，炒作让人们产生了业已成功的错觉。和谷歌的威莫汽车一样，它们可以在从硅谷到旧金山的道路上以每小时 20 英里速度往复行驶，并运行良好。2017 年年初，在回应埃隆·马斯克对监管的抱怨时，拉塞尔预言道：“真正的威胁是过早地推出这套系统，最终将导致人员死亡，甚至会带来整个行业的凋亡。”他补充说：“对于当下的技术，可能现在的监管都还不够。”

对于拉塞尔来说，很显然“自主”主要不是软件的问题。现有的大多数软件都必须改变，以适应更快更好的激光雷达系统。威莫和其他公司已经完成的大部分工作将不得不重新做过。硬件才是关键因素。拉塞尔的竞争对手们几乎都在使用来自威力登（Velodyne）和酷耐吉（Quanergy）等公司的设备，而所有这些设备都难以胜任。

自举办美国国防高级研究计划局（DARPA）首届机器人挑战赛以来的20年里，自动驾驶汽车在硬件方面几乎没有取得什么重大的进步。依然需要在车顶安装一个“油漆罐（paint-can）”，里面安装有64个激光器和成排的光电探测器。关于如何提高性能，威力登的想法是将激光器的数量增加一倍达到128个，并安装更多的软件。这一切都让拉塞尔看上去像是个异类，他认为所有这些系统都太复杂，太烦琐。

克莱顿·克里斯坦森的“集成与模块化”模型，是应对这一挑战的解决之道。当一个产品从根本上低于市场需求的时候，就必须进行整合。去弗莱斯电子大卖场（Fry’s）买来设备拼凑在一起总归是行不通。必须优化每一个接口。模块化就是要将各种供应商的标准组件相互连接。这只有在产品易于实现功能的时候才有效果，缺点是使得其性能无法达到最高性能标准。

拉塞尔认为，目前的自动驾驶视觉系统明显未能达到市场所需的水平。更糟糕的是，2017年的自动驾驶系统在驾驶过程中关机和重启的次数远远超过人类司机失败的次数。

截至2017年，自动驾驶系统仍然需要频繁地关闭或扩容。这让自动驾驶比蹩脚的人类司机更让人难以忍受。到目前为止，最佳的自动驾驶记录来自谷歌的威莫汽车，但它平均每行驶大概 5500 英里就会发生一次事故。相比之下，人类司机平均行驶 50 万英里才会发生一次交通事故，行驶将近 8460 万英里才会导致一次死亡。特斯拉每行驶 3 英里就得关闭一次。虽然这些系统都会随着时间变得越来越好，但它们离期待还有很远的路要走。你肯定不会仅仅通过宣传资料就能了解它们的真相。现有的视觉系统无法快速地收集足够有效的数据，漂亮的车内沙发只是车顶上转动着的母猪耳朵的遮羞布而已。

2012 年，17 岁的拉塞尔决定从头开始构建全新的集成系统。这个系统的分辨率至少比现行标准高出 5 倍，范围扩大 10 倍。当然，他的技术目标并非面面俱到，并不需要基于山谷里的崎岖地形来打造。用拉塞尔的话说，需要严格遵守“规划自上而下，建造自下而上”的原则。

他认为，最重要的是性能。对于会致人性命的系统他坚决杜绝。首先考虑性能，其次才是成本。如果以低成本为目标，必将无法获得高性能和耐用性。一旦构建起一个可靠的系统，需求必将促进规模经济和学习曲线，随着时间的推移，价格自然会降下来。

在贝克曼激光研究所做研究的同时，拉塞尔与开放光子学领域的天才杰森·艾肯霍尔兹合作完善公司的项目，最终成功地从 1517 基金和其他投资者那里筹集到了 3600 万美元。他研究了关于激光雷达的传统智慧，并基于此研究出了 2000 种不同的方法来建立更加有效的系统。2013 年，他们决定对目前的做法做出重大改变。

其中一个关键性的决定是摒弃竞争对手所偏爱的光波长度为

905 纳米的光。这种光肉眼几乎不可见，而且可以模拟人眼观察事物时候的情景。遗憾的是，905 纳米的近红外光还是会伤及人眼。因此，拉塞尔更进一步，采用了光纤中广泛使用的，波长可达 1550 纳米（153 太赫兹）的红外波段。更长的波长可以在 6 倍大的功率下使用，且不会对人体产生危害。至此，拉塞尔和他的团队从根本上改变了架构。不必使用很多激光器，而是像阴极射线管电视中的设备一样，用一个激光器每秒数千次光栅扫描场景就可以了。

人类视觉系统将视觉系统与解释分开处理，与此不同，他们采用了集成的方法。不采用硅芯片，而采用一种特殊的高性能合金砷化铟镓做芯片。这种芯片能够直接把激光器植入与计算元件相同的底座上。

其他公司都用价值 3000 美元的模拟数字转换器，连接传感器系统和处理器技术。唯有乐美雅生产了微型芯片的“眼睛”，它与解析图像的处理器相连，每秒钟对道路进行数十万次采样。现在乐美雅在第七代专用集成电路（ASIC）设计中，拥有完备的集成技术。它与塔吉兹半导体公司合作，独家为其制造这种芯片。塔吉兹半导体公司的总部设在以色列，其领导者是富有远见的企业家拉塞尔·艾温格。巧合的是，他恰好在奥斯汀·拉塞尔的家乡纽波特海滩附近经营着一家世界一流的模拟数字制造工厂。乐美雅在试制了几套性能超过现有激光雷达大约 50 倍的操作系统后，承诺要追加生产 1 万套。

1517 基金的斯特拉克曼强调培养创业团队的重要性。2013 年拉塞尔成为蒂尔研究员后便组建起了他自己的团队，然后搬进了公园大道 216 号，位于斯坦福大学以北几英里的阿瑟顿椰林大道边的一座灰泥建筑里。次贷危机之后，房屋售价动辄高达千万美元。于是这位18岁的加州人与另外两个参与了蒂尔项目的年轻人——23岁的密歇根大学毕业生、佛蒙特州人斯蒂芬·巴拉班，还有来自马萨诸塞州，17岁的托马斯·索莫斯一起租用了这个偏僻的地方。这3个人看上去就像经典推理小说《哈代男孩》（*Hardy Boys*）中的英雄的创业版。拉塞尔就是身材高大，金发碧眼，会打乒乓球的乔·哈代；巴拉班就是他那位长着黑头发的知识分子武术家哥哥弗兰克·哈代；索莫斯则是那位身材微胖，却常常用创意和发明拯救世界的好朋友切特·莫顿。

索莫斯和拉塞尔同为2013年蒂尔奖学金获得者。拉塞尔在退学前已经就读于斯坦福大学，而索莫斯在高中三年级的时候，就从他就读的高中理科班退学了。不过由于他的硅缺陷理论，他很快也来到了斯坦福大学。只不过不是作为学生，而是作为引进专家，给拉塞尔以前的同学们授课。他16岁的时候创办了雷克斯计算公司，旨在推翻目前流行的芯片结构。原因是这些结构将大部分能量浪费在"静止状态"和内存连接线上。

索莫斯讨厌来自硅谷的硅，他看到了许多振兴这一行业的途径。他关注的是如何将芯片设计推向特雷登尼克所说的"边缘利用"的零功率。在这个全面服务人类身心的时代，低能耗势在必行。

年纪最大的巴拉班和拉塞尔、索莫斯一样早熟。和布特林一样，他也擅长汉语和软件编程。由于他当时正在北京启动一项名为"Y-Combinator"的孵化基金项目，因而错失了蒂尔奖学金。

在与丹妮尔和迈克成为朋友之后，巴拉班也加入了蒂尔奖学金。他一边致力于做放在棒球帽上可穿戴的微型相机项目，一边负责指导新晋的蒂尔奖学金成员。

他们 3 个人几乎将所有的时间都花在公司里了，即便是到了深夜，这 3 个年轻人经常还在阿瑟顿的房间里谈论技术和自由主义哲学。目睹硅谷对软件的痴迷和对制造业的抛弃，他们都倍感失望，叹息不已。

但是与此同时，他们很快就意识到，这种遗弃的背后蕴藏着巨大的商机。

## 第十一章

# 劫掠者

2009年1月，中本聪宣布“首次发行比特币，这是一种新的电子现金系统，使用对等网络，防止重复消费。这是一种完全分散的，无须服务器或者中央权威的体系”。他继续解释：

比特币的总流通量为2100万个。在生成区块的同时，比特币将被分发到各个网络节点。其总量每4年减少一半。

第一个四年：10,500,000个

第二个四年：5,250,000个

第三个四年：2,625,000个

第四个四年：1,312,500个

以此类推……

密码学权威哈尔·芬尼对此向中本聪表达了祝贺，并表达了如

下想法：[1]

将系统配置成只允许生成一定数量的比特币，这种做法很有意思。随着时间的推移，获得比特币会变得越来越困难，想要生成新的比特币所需的时间也越多……

这是一个很有趣的思想实验。假设比特币获得了成功，并成为全世界都使用的主要支付系统。那么比特币的总价值应该等于世界上所有财富的总价值。据我测算，目前全球所有家庭拥有的财富总额在 100 万亿—300 万亿美元之间。如果有 2000 万枚比特币的话，那么每枚币的价值约为 1000 万美元。

由此可见，今天用几美分的计算时间来生成一枚比特币可能是一个相当不错的赌注，其回报大约是 1 亿：1。即便比特币实现某种成功的概率很渺茫，1 亿：1 也太不可思议了。真该好好想一想……

哈尔[2]

芬尼是第一个购买比特币的人。要是 2014 年没被洛·盖瑞格氏综合征击倒的话，他没准会成为一位比特币亿万富翁。截至 2018 年年初，中本聪拥有的比特币价值约为 100 亿美元。

有人喜欢抽象的嵌套层次结构，喜欢不停地递归，就像俄罗斯套娃一样——游戏中还有游戏，谜中藏谜。有人喜欢逻辑上的矛盾——就像克里特人（Cretans）断言所有克里特人都是骗子那样。计算机学家坚信人类的大脑只不过是计算机而已；物理学家认为人类只不过是无数平行宇宙中唯物主义者的人肉机器而已；在图形大师的想象中，人类仅仅是由某个巨大的虚拟现实模拟器模拟控制的更高贵种族的外星人。

倘若你是个吹毛求疵的人，没准你会喜欢上这种新兴的金融形式。在多人游戏和虚拟世界里，蕴藏着真正的货币和数字货币。一切就像是一场包含了价值 100 亿美元的秘密抢劫。当下这个数目可能已经接近 1 万亿美元。这真是个让人眼冒金星的数字。

因此，在考虑比特币、以太坊、小蚁（NEO）、区块链、区块堆（Blockstack）和瑞波币（Ripple）之前，让我们坐下来好好地想一想。

如果告诉你说现在美国乃至全世界的人都沉浸在尼尔·斯蒂芬森小说的梦幻之中，你会做何反应呢？尼尔·斯蒂芬森是个害羞的人，是出生在美国西海岸的神童，也是 20 世纪最伟大的作家和“造物主”。你可能会说这只不过是我个人的胡思乱想罢了。你可以将其称为元事实（metafact）或者故弄玄虚，认为那只不过是疯狂的阴谋论。甚至可能只是大型多人在线游戏，是虚拟世界而已。但你也无法证明这不是真的：那些热情的逻辑学天才在进行网络游戏式的即兴书写。他们这些人总是梳着马尾辫，有着万花筒一般的大脑，但是却无法对业已扭曲的现行世界体系做出任何形式的纠正。斯蒂芬森的家在西雅图，那里也是一家名为亚马逊的大型公司的总部所在地。他正在将这里点亮，也许使用的正是欧拓易（OTOY）公司奥克坦（Octane）图形渲染器的 3D 流媒体功能——他已经抢走了我们所有人的身份，霸占了我们的屏幕，让我们在不知不觉之中都过上了他小说中所描述的生活。

当然，这肯定是牵强附会的说法。但让我们仔细想想斯蒂芬森的计谋和它对我们这个世界的沉痛教训吧。

2011年斯蒂芬森出版的长达千页的惊悚小说《瑞穆迪》（*Reamde*）中，一个名为“天雨（T'Rain）”的大型多人在线游戏，吸引了全世界的数字游戏迷。虚拟的游戏——一种电脑化的3D版“第二人生”——有一个重要的维度，它可以让游戏渗透到我们的“真实生活”中来。游戏当中有一种基于金本位制的货币，其实就是一种货币体系。这是一种虚假的金本位制，但这种模拟足够准确，足以模拟出以假乱真的货币价值。

依据斯蒂芬森的描述，“天雨”游戏雇用了一位经验丰富的地质学家，不仅用算法重现了谷歌地球的地形，而且还重现了它所代表的实际地质的底层结构。玩家要想获得游戏空间，就必须“挖矿”，以便模拟出黄金所在地层迷宫算法的子地形。从理论上讲，在地质学家的虚拟现实中，这就像是真的在开采地球中的黄金，既费时又费钱。

为了在“天雨”游戏的采矿竞赛中获胜，世界各地的玩家们开启电脑，加载微处理器，增加电压，用水或液氮冷却电路。为了提取黄金并将其完好无损地带入虚拟市场，他们从地下采矿权的角度出发，购买地震测量系统、挖泥设备、液压设备和运输设施，雇用武装警卫，甚至动员了小股部队参与其中。数以百万计的黑客以每秒千万亿次的浮点运算来模拟提取的过程。

翻一翻历史就能发现，就像人类历史上的大多数黄金标准一样，在这款火遍全球的“天雨”游戏中，虚拟黄金标准就是财富的引擎。尽管它的货币只有元货币功能（Metafunctional），但实际上它比现实世界中的浮动汇率和货币泛滥更为稳定。在现实世界里，美国政府利用自己的计算机能力凭空制造出了数万亿美元来支付账单。高盛利用光的速度，用与光纤相连接的计算机，在纳米秒内从变戏法似的交易中提取出有价值的空白点，整个过程却不涉及任何实际价值。但是在“天雨”游戏里，财富得来却相当不易，因此也更加贴近现实的真实状况。

尤为重要的是，虚拟货币并没有被局限在“天雨”游戏之中。它已经逃了出去。通过各种狡猾和巧妙的技术，“天雨”游戏中的金矿工人将他们的黄金储备以百万计的比例转化为现实世界的黄金储备。许多险恶但高效的“交易所”、经纪商和兑换机构正在将虚拟的财富转化为实实在在的金钱。

拥有“天雨”游戏的这家公司不仅合法地赚取了大量的美元和人民币，更为股东创造了数十亿美元的资本收益。还让“矿工”们有机会将他们的虚拟黄金转化为现实生活中数以万计的美元和人民币。他们甚至还可以用它来购买金条。如此一来，《瑞穆迪》书中的情节便真的是围绕着虚拟世界和现实世界之间的转换展开。

这只是斯蒂芬森小说中虚构的场景。但是仔细想想，这又不仅仅是一本小说。我们现在生活的世界只不过是将小说里的场景用 3D 的方式打印出来罢了。

当下的政府货币体系与金融机构正陷入困境。正如经济学家约翰·莫尔丁所写的那样，这是法定货币的“红色代码（Code Red）”病毒。[3] 黄金和大宗商品市场动荡不安，预示着不妙的前景。有鉴于此，各国央行官员齐聚一堂，严肃认真地探讨“量化宽松”的水平，讨论购买或卖出多少万亿美元的债券，以便在低迷的经济中发行更多新的货币，或者为羸弱的经济挹注更多的资金。他们期望这些凭空捏造出来的元货币，能以某种方式渗透到经济发展和创造就业的现实世界中来。祝他们好运。他们真应该向小说家请教一番。

与此同时，在彩虹之上的某个地方，一个可能化名为中本聪的人，发明了一种名为比特币的新型货币，并由此催生了一种新的金融体系。虽然斯蒂芬森的指纹痕迹在故事中随处可见，也与《瑞穆迪》中虚构的世界有许多惊人相似的地方，但这一切绝非伪造。据比特币的一些主要参与者，比如其第一个用户，传奇的哈尔·芬尼所述，比特币营造出了安·兰德所著《阿特拉斯耸耸肩》一书中高尔特峡谷（Galt Gulch）的效果。[4] 鉴于这是一个虚拟的领域，身在其中的金融巨头们可以在政府无法触及的范围内自由开展业务。中本聪到底是谁？我们可能已经有了一些线索，但是没有人能够确切地知道他的身份，就像人们没法找到约翰·高尔特一样。关于这个人，有很多有趣的猜测，我也有独到想法。中本聪可能是一支逐渐壮大的队伍，现在已经发展到数百万人。据我所知，在某个虚拟世界里，他可能就是尼尔·斯蒂芬森式的英雄。

在中本聪的加密套娃里，亚当·巴克更像是他的合伙人。亚当是一个英国人，同时也是反垃圾邮件程序（HashCash）的发明人。这个程序为比特币提供了重要的功能。又或者是芬尼，这位安·兰德式的密码朋克作家，开发了历史上最成功的密码程序 PGP2.0，也是比特币的第一位矿工；也可能是尼克·萨博。在对 3 种复杂文本的搜索回答统计中，人们发现萨博的写作在统计上相比其他人更像是中本聪。[5]

萨博是一位博学的密码学者兼历史学家，是较早进行网络笔名化的专家，并发表过一篇颇有影响力的论文。在该论文中，他提出了比特币的前身比特金（BitGold）。很可疑的是，这篇文章居然没有被中本聪发布的白皮书所引用。虽然一些人认为这可以佐证萨博的清白，但其实反倒更能证明他就是中本聪。这些网络朋克的书写和蛛丝马迹也只是这摇摇欲坠的网络冰山的一角。

2014 年 3 月在旧金山举行的比特币峰会，主角是举世知名的风险投资家马克·安德里森。这位年轻而又任性的发明家因推出了首款互联网浏览器马赛克（Mosaic）而声名鹊起。1992 年他在伊利诺伊大学的国家超级计算应用中心推出了 Mosaic 浏览器。这款风靡一时的浏览器在短短的 6 个月内将 100 万新客户带入万维网之中。后来安德里森被马赛克浏览器项目除名，并无权再访问他自己的软件（"让别人有机会分享荣耀"）。在此之后，他又与人共同创建的网景（Netscape）浏览器，成为 20 世纪 90 年代中期全球互联网爆炸性扩张的先锋，也成为互联网上的第二大热门浏览器。

当时在给《福布斯》（科技版）撰文时，我认为马克·安德里森可能成为硅谷的"下一个比尔·盖茨"：

> 比盖茨重 100 磅，比盖茨高出半英尺，比盖茨多受两年高等教育……盖茨比他对比萨、奥利奥饼干、巴赫、新闻纸、算法、想法、约翰·巴思、纳博科夫、图片、Unix 代码和带宽更感兴趣。他还有个几乎让人听不懂，带着浓浓斯堪的纳维亚风格的名字——这个人就是马克·安德里森。[6]

在 20 世纪 90 年代早期，许多人认为互联网充斥着炒作和问题。"硅谷蛇油"（译者注：Snake Oil 蛇油在英语中指骗人的万能灵油），艾拉·斯托尔在一本同名的知名作品中这样写道。对于年轻的安德里森而言，所有的问题都表明他“处在这个星球的中心地带”。放眼望去“世界中心有一个大洞”充斥着这个时代最大的机遇——超文本传输协议（http）、超文本标记语言（html）、马赛克浏览器、网景浏览器，构成了消费互联网的所有组成部分。[7]

近20年后的今天，他又登上了比特币峰会的舞台，并以比特币专家的身份接受《福布斯》的采访。安德里森宣称，“比特币是自互联网诞生以来最大的机遇”。他宣布自己于2009年与本·霍洛维茨共同创立的风险投资公司，安德里森·霍洛维茨公司已经在比特币公司上投资了5800万美元，并承诺将再追加超过1亿美元的投资。此前他在《纽约时报》的一篇文章中所解释说：

一种神秘的新技术似乎凭空出现在世人面前。但实际上这是近20年来众多默默无闻的研究人员密集研究和付出的结果。

政治理想主义者把解放和革命的设想投射到它上面；当权派精英则蔑视和鄙视它的存在。

然而，满是书生气息的技术专家们却被它迷住了。他们看到了其中蕴含的巨大潜力，并不分昼夜地对它进行修补。

最终，主流产品、众多公司和整个行业的出现将使其走上商业化的道路。它的影响也会变得更加深远。于是便有很多人开始思考为什么如此伟大的前景在一开始的时候并没有表现得更加轰轰烈烈？

我所说的是什么样科技呢？我相信那就是1975年发明的个人电脑，1993年诞生的因特网，以及2014年8月出现的比特币。[8]

《福布斯》杂志的记者则持反对意见：反驳说沃伦·巴菲特认为比特币只是一场“海市蜃楼”。摩根大通的首席执行官杰米·戴蒙将其称为痴心妄想。诺贝尔经济学奖得主、《时代》专栏作家保罗·克鲁格曼冠之以“邪恶”。“我认为，有钱且守旧的人不懂技术，只知道胡说八道，而且几乎每次都说错。”这位强硬的企业家充满讥讽地回忆起早年他在网景公司时一副硅谷特有的自信满满的模样。

31,000行代码，比特币利用了一套复杂的密码算法。据说这种算法像金子一样完美，甚至比金子更好。与黄金不同的是，比特币是一个完全虚拟的数字实体。承载着现实世界所参与的重负和荣耀，并且根植于从地球深处提取的，可能不断变化的时间常数。因此不管是好还是坏，比特币完全是计算机的产物。

作为一种投机性投资，虚拟的“货币”已经在旧金山、纽约、伍德赛德、格林尼治、帕洛阿尔托、上海、伦敦、马耳他、西雅图和布宜诺斯艾利斯等地产生了几十名真正的百万富翁，甚至亿万富翁。这些人不仅存在于网络里，而且更真实地存在于现实生活中。

在2014年的比特币峰会上，另一个加入有关“中本聪是谁？”论战中的是一位来自斯里兰卡的富翁。那就是聪明过人的查马斯·帕里哈皮蒂亚。这个财富接近1亿美元的人曾是脸书公司马克·扎克伯格的好友和拥趸。帕里哈皮蒂亚是峰会上唯一穿西服打领带的人。当时的他坐拥价值约5000万美元的比特币。帕里哈皮蒂亚身材高大，皮肤黝黑，体形瘦削，与北欧熊一般的马克·安德里森形成鲜明的对比。他警告大家不要听信那“夸张的胡说”。至于他自己的行为，

“我买比特币，只是在用资金支持某种撕毁现有金融体系的方式”。两年后，帕里哈皮蒂亚买下了金州勇士队在 NBA 的股份。

在安德里森·霍洛维茨基金和彼得·蒂尔的带领下，风险资本家们在比特币运动中总共投资了约 9800 万美元。比特币创造者们巨大的账面资本收益激励了早期所有者，这使比特币系统能够顺利地运行起来。2013 年 11 月，一枚比特币的价格首次飙升至每盎司黄金的价格之上。许多比特币持有者将这些钱兑换成现金，再用这些钱开设公司，以便为比特币运动提供所需的基础设施，如建立比特币交易所、数字钱包、比特币自助取款机和基于比特币信托的计算方案。

比特币已经培育了成千上万的新应用、新公司和新的工作机会。“采矿”设备公司获得了价值 5 亿美元的收入，并设计出了越来越快的计算机架构和芯片设计。2017 年，中国公司比特大陆（Bitmain）是首家专注于采矿业的特定用途集成电路（ASIC）技术的公司，成为世界最赚钱的芯片公司，利润高达约 40 亿美元（英伟达仅为 30 亿美元）。2018 年 5 月下旬，我最近一次查询的时候，已经挖掘出来的比特币达到 1650 万枚，而系统上限是 2100 万枚。总市值约 1700 亿美元，剩下的比特币总价值 750 亿美元。什么时候会挖到上限还不得而知，但这个问题很快就会摆在我们面前。

但千万别搞错了，比特币真的是一个大型多人在线游戏（MMOG）。《魔兽世界》和《无尽的任务》这样的游戏动辄召集数以百万计的玩家，同时在线的人多达数十万。这些玩家是一股强大的力量，创造了超过 20 亿美元的订阅收入。相比之下，所谓比特币社区规模却很小。但是比特币是一种具有态度和高度的游戏，它设计巧妙，可以渗透并改变我们的世界。到目前为止，游戏的赢家是它的创始人兼发明人——神秘的中本聪。他收集的比特币估值高达 100 亿美元。其成就甚至超过了尼尔·斯蒂芬森笔下的英雄和那个创造了“天雨”的约翰·福斯特拉。

就像《侏罗纪公园》里的生物一样，比特币是一个有可能从疯狂科学家的实验室里逃出来的怪兽。酷似“天雨”游戏，比特币现在已经溢出了“银行”，即将淹没你所在世界的街道。

也许应该有人正在建造方舟吧。或许比特币就是这条大船——一个包含了世界新系统种子的新货币契约。

# 第十二章

# 寻找中本聪

## 比特币创始人的虚拟访谈[1]

我在赛普维尔市（Cypherville）的街道上漫步，置身于比特币和黄金的角落，四下里张望，渴望遇见一位英雄，听他给我讲述这个依然毫无头绪的故事。在这个几乎全是男性的世界里，我没有邂逅任何女性的身影。我在人们所谓“比特币空间”里踯躅前行。脑海中浮现出文身和马尾辫，西装和领带，医用电子香烟，享誉全球的“区块链社区”证书和科林吉里的专栏文章。这一切大多是点对点进行展示。[2]马克·安德里森、加文·安德森、纳瓦尔·拉威康特、查马斯·帕里哈皮蒂亚、杰德·迈克卡勒伯或者尼克·萨博，他们任何一个人都可以在“比特币高峰”网站上移入场景，激活会议或进行主题演讲。但从风险投资家到互助的程序员，从比特币玩家到传奇巨头，似乎谁都没法对英雄的比特币链的创世区块（Genesis Block）进行详细的分析。

最后我放弃了寻找可以接近的圈子，决心直接找到并采访开创了新时代的那个人。中本聪是比特币的设计师、区块链的发明者，也是这一阴谋的主要推动者。他一再强调，自己在论文中没有提到区块链技术。似乎没有人知道他是谁，也不知道他去了哪里，也就无法对这个人进行纤毫毕现的丰满描述。他就是传奇故事中的约翰·高尔特，是高尔特峡谷中新比特币的来源和象征。我决定骑上骏马到终极的地穴和堡垒中去，到比特币和区块链创意及其衍生品的矿山和铸币厂里去一探究竟。

我的第一个发现是这个家伙是个作家。他在解密高手排行榜（Cypherpunks list）、P2P 基金会网站、比特币论坛和其他解密公告板上至少发表了 150 篇精辟的格言式文章。我把他的文字收集并打印了出来。他自称是一个 40 岁的日本程序员，使用正统的 C++ 语言。从拼写和惯用法推测，他这个人接受的是英国的教育，却使用的是美国的某个时区，登录所用的网址可能在德国。

直到 2010 年 12 月 11 日，最可能是他的那个化身突然消失了。2014 年 3 月 7 日，他突然再次现身，并在 P2P 基金会网站上发布了一个包含几个单词的帖子。这将“谁是中本聪？”的范围大大地缩小了。“我不是多里安·中本。”他说，可以明显看出他有些畏缩。他反驳了自己是前中央情报局（CIA）的代码导航程序员、现在正住在洛杉矶天普城的多里安·中本的说法。他甚至撤回了自己在互联网上的身份角色。

在互联网上，中本聪的粉丝们欣喜若狂，他还活着，别去打扰他。在熏香般的迷雾之中，我知道自己需要小心翼翼才有可能接近真相。

2014 年 5 月 30 日，在中本聪发布最后一篇文章的 3 个月后，我抛下仍在马萨诸塞州西部的妻子和孩子，只身来到欧洲。我将拜访达尔斯的投资经理人约翰·莫尔丁。他也是一位犹如托斯卡纳宫殿一样多产的经济学家和作家。他的博客拥有上百万的读者，而且他自己还是尼尔·弗格森和纽特·金里奇的忠实粉丝。

特尔昆达坐落在山巅之上。这栋始建于公元13世纪的菲欧达利希别墅，是一座有着金碧辉煌围墙和熠熠生辉乳白色石拱门的建筑。璀璨的红色花朵掩映之下，远眺便是绵延的绿色远景和瑰丽的落日霞光。从我准备提笔撰写这本书之时起，这里似乎就是那个日夜召唤我的缪斯女神，是我思索密码学奥秘的绝佳地点。

远离华盛顿及美国国家安全局，远离伦敦及其政府通信总部，我甚至可能会谨慎地召唤行事隐秘的中本聪来此接受我的采访。这里能保证他安全无虞。谁会知道他在哪里呢？谁又会认出他来呢？只不过是又一个来到托斯卡纳度假的日本游客而已。这真是个千载难逢的好机会。

在豪华宫殿的游泳池边将自己安顿好，周围是碧蓝的海水。将随身携带的笔记本电脑调整到比特币的节奏，旁边还堆放着从互联网上下载打印的中本聪撰写的互联网文章。耳朵里传来那一笔笔新款项到账时发出的催眠般的哔哔声。我靠在椅子上，凝视着托斯卡纳的太阳。闭上眼睛，我感觉自己在精致的亚洲天使般的梦境中飘荡，思索着比特币和中本聪的故事……唰唰唰！伴随着一串兴奋的骚动，他突然出现在我的脑海中。

在我面前，站着一位比现实中更生动的日本人。他衣饰整洁、口齿伶俐，说英语时能听出些许英国口音。他有自由意志主义的倾向，时不时还蹦出几句名言警句。给人一种睿智的感觉，让我想起约翰·马昆德饰演的本本先生（Mr.Moto）。

“中本聪为您服务。”那人敏捷地鞠了个躬。我吃了一惊，简直说不出话来。

“你为什么失踪了？”我结结巴巴地说，生怕还没来得及问问题他就消失了，“你去哪儿了？”

“我不记得自己什么时候出现过。”他说，语气中带着神秘的轻蔑式的叹息。

“嗯，但你的化身肯定出现过，”我说，“你为什么不再发帖了呢？”

“你不记得时间了吗？”他有些生硬地问道。

“我永远也不会忘记。”这是 2010 年 12 月。我在解密高手名单上的虚拟同事朱利安·阿桑奇出现在几乎所有新闻杂志封面上最醒目的标题里。他被控犯有叛国罪。人们认为比特币是维基解密（WikiLeaks）的重要推动者。如果能在其他的场合吸引公众的注意力，那就太好了。但是维基解密已经踢到了黄蜂的巢穴，现在蜂群正扑面而来。

“我们必须离开蜂群。比特币的成功依赖于点对点的对等式分布格局。”中本聪简洁地说道。我推测，比特币所仰仗的是巨额资本的缺位以及分级把控。如果有人控制了比特币，那么它所依凭的分布式安全模型就会失败。中本聪将成为另一个可怕的“受信任的第三方”，受到政府的传唤，或被意志坚定的技术宅男或海盗入侵。

中本聪解释道：“诸如纳普斯特（Napster）这样的网络，由于深受中央控制，砍掉这些网络的脑袋易如反掌。但是像努特拉（Gnutella）（音乐）和 Tor（加密电子邮件和视频的洋葱路由器）这样纯粹的对等网络，似乎就能够掌握自己的命运。”事实上，

Tor 系统起源于美国国家安全局，由企业家布拉姆·科恩开发。它几乎占据了互联网近一半的流量。以一个视频文件为例，洋葱浏览器将会在 7000 多台电脑上对其进行点对点分拆。通过网络上传文件的时候对所有的地址进行加密和解密，Tor 能够确保没有人知道文件的源或路径。每个文件的地址集都是一个洋葱，它只在传递到目的地时根据需要进行分层。中本聪的比特币系统可以进行逆科恩途径。比特币不是在交易中隐藏信息，而是将信息以区块的形式编译，标记上时间戳，并将其发布到整个网络的所有节点上。这种安全不是隐蔽式的，而是公开的安全。比特币和洋葱浏览器都是全球数据结构，由互不信任的参与者共同维护。由于没有导致失败的中心点，故而洋葱浏览器非常强大并取得了成功。

在我看来，如果这位撩人的巨人中本聪愿意隐退的话，比特币也可以获得这样的成功。互联网作为一台巨大无比的全球复制机器，并不能创造金钱或其他纯粹的数字资产。无论是银行、信用卡公司还是贝宝，任何交易都必须仰仗网络之外的机构。任何在网络上产生的数字物品都可以被无限次地复制。在比特币中，中本聪让数字资产成为可能，如果没有大量的工作，就无法复制，他称之为“工作证明（proof of work）”。矿工们辛苦地搜寻所有的交易并将它们汇编成块，从而提供了工作证明。因此，中本聪能够在网上创造货币，并利用这些钱支付给“矿商”，以验证其交易。在公共分布式分类账中，这些交易在数学上被“散列”成一系列的区块链，构成了在互联网上发布的不可变的数据库。不可改变的交易记录是货币的一种形式。但政府不喜欢私人创造货币。因此，中本聪谨慎地维持着自己的匿名性。

在中本聪推出比特币不久，解密高手海报上的詹姆斯·唐纳德就说："为了避免压力，网络必须避免施加压力的任何中心点。"让我们回想一下尼禄（Nero）的愿望：整个罗马只有一条喉咙，而只有他有权将其割断。如果我们也给他提供这样一条喉咙的话，没准也会被他切断。

我问道："难道比特币的特性——无法控制的点对点和分布式架构——与所有现代货币系统不兼容吗？货币的建立和维持正是为了实现比特币无法实现的目标——根据不断变化的经济状况调整货币供应和汇率。这难道不是在威胁整个世界货币，在违背中央银行、八国集团峰会以及国际货币基金组织的基本要求吗？难道不是在侵害每天 5.1 万亿美元的全球货币交易和流通吗？难道不是在藐视从华盛顿、纽约、伦敦、东京、旧金山到达沃斯，所有那些金融战略家对税务和金融的监管吗？"

"我们不想让'匿名货币'或'非政府控制的货币'发挥领导作用，"中本聪说，"我绝对不会这样嘲讽或断言。有些人说，'维基解密，加油。'我说，'不，维基解密，别这么做！'比特币项目需要逐步发展，只有这样软件才可以在这个过程中得到加强。"

"在比特币最初的'初始区块'中，你确实在伦敦的《泰晤士报》刊登了一个标题，宣称'财政大臣又在拯救银行'。"我说，"这有点像捅马蜂窝。"

中本聪只是笑了笑。

"无论如何，我明白你在做什么，"我说，"如果货币供应超出了银行家的控制，怎么还会有货币政策呢？"

"的确如此，随着用户数量的增加，没有人可以向央行或美联储那样调整货币供应。”中本聪回答道。

“它更像一种贵金属。预先确定供给，价值波动，不能为了保持价值不变而改变供给。随着用户数量的增加，每个比特币的价值也会随之增加。”

他的眼里流露出一丝狡黠的恶作剧式的神情，“这可能产生一种积极的反馈回路。随着用户的增加，价值也会增加，进而吸引更多的用户来利用所增加的价值。我们宁愿依靠这一进程，也不愿依靠不必要的挑衅。”他总结说。

“你为什么使用‘我们’这个表示复数的词呢？你是一个复合体吗？”我大胆地问。

“不是。我单枪匹马。但比特币得以实现却是众人齐心工作的结果。1998 年戴伟（Wei Dai）在解密高手上首次提出了 B-money 计划。亚当·巴克的反垃圾程序为此提供了‘工作证明’概念；哈尔·芬尼证明了可重复式工作证明作为数字货币的可行性。”

对“工作证明”的强调——交易验证的成本高昂且费力，所有伪造交易的努力都将受到惩罚——表明了中本聪抵制改变比特币结构基石的努力。

“啊，这样也说得通。我现在明白你为什么会玩失踪了。但是为什么 4 年后你再次回归呢？在多次关于到底谁是中本聪的网络审查过程中，涉及的人包括戴伟和尼克·萨博。有人说你就是创建了一组加密协议，建立了格克斯山（Mt.Gox）网站，并及时推出了国际货币网络计划瑞波币的杰德·迈克卡勒伯。因为他计划拥有自己的货币 XRP。《福布斯》甚至追踪到了哈尔·芬尼，在鲁盖瑞格氏病的折磨之下，他只能用眉毛和人交流了。”

“是的，我很高兴看到芬尼获得了《福布斯》的认可。这都是他应得的，不要干涉。其他人就可以照顾好自己了。但我为那个可怜的家伙感到难过，他被《新闻周刊》上关于他就是我的尖刻报道困扰了很久。对一个前中情局特工来说，这一定是一种耻辱。我得做点什么。我只发了几个字：‘我不是多里安·中本。’这样似乎就足够了。”

“那好吧，”我说，“让我们超越流言蜚语，深入问题的核心，神秘的核心。从马克·安德里森到尼克·萨博，你的弟子中没有一个人对此做过任何充分的解释。他们更喜欢谈论‘拜占庭将军的困惑’或‘双管齐下的难题’，或者仅仅是计算机科学课上的一些内容和理论。尽管我们在一起的时间很有限，我这么说你肯定也不反对。你并没有阐明这个系统内部的圣所之所在。”

“内部的圣所？比特币只是一种货币，是一种支付网络，它并不是宗教。你说的‘圣所’是什么意思？”

“我是说某个地方或某个过程——我不知道怎么说——使你那些原本空无一物的比特币变成了有价值的钱币。这个转换是在哪里发生，以及是如何发生的？是发生在‘挖矿’的过程中吗？还是发生在‘铸币’的时候？它是如何发生的？是炼金术，还是魔法？加速运行中央处理器和图形处理器，把它们浸入液氮的冰里降温，目的就是证明自己的工作只不过是一无所获而已吗？最后可能只会挣到一些连叮当声都不会发出的硬币？”如今我不得不承认，那些微不足道的变化早已经堆积如山了。

中本聪向后仰了仰头，露出一副不屑的神情，“如果你不相信我，或者依然不明白，我可没有时间去说服你。对不起。”他朝门口瞥了一眼，然后站了起来。

我赶忙对他说："你刚来，别急着走。"

我赶紧向他保证，说自己不是一个怀有敌意的笨蛋。"我已经仔细研究过了，也知道这个系统有效。对此我心生敬畏。"我是不是做过头了？中本聪看起来很无聊，我继续自己的问题，"每个人都应该回应别人的批评。保罗·克鲁格曼在《纽约时报》上说……"

"别提那个人的名字。"他说。克鲁格曼谴责比特币既"邪恶"又"反动"，但是他也加入了采矿的大军之中。这就是志愿者们在千万亿次浮点运算（每秒数千万亿次浮点运算）中动员计算机力量的地方，它耗费电力使用，支持化石燃料，并释放出二氧化碳。这都是为了解决一种名为安全散列算法256（SHA256）的问题，该算法将来自多个交易的压缩数据压缩到特定大小的卡条中，并在其中进行了时间戳和密码验证操作。这些数学散列为大型数据体提供了虚拟的指纹，使每一个经过验证的事务块都包含中本聪的创世区块以及之后所有交易的唯一踪迹。

"这些人对比特币一无所知，"他摆了摆手简短地说，"比特币交易的效用将远远超过所使用的电力成本，每名矿工每天大约只耗费1美元。"因此，不开发比特币简直就是浪费。

中本聪低估了最终数量级的电力消耗，但是关于当前货币潜在效用的观点仍然存在。"那好吧。我不明白矿工们如何能创造真正的价值，让他们甘愿待在雷克雅未克发电厂附近的酒店里解决电脑里的各种难题。困难程度指数以越来越多的0开头，这似乎具有象征意义。使用这些以特定应用程序难题为核心的微型芯片，并没有产生真正的价值。我不在乎它们是否被冰山有机地冷却，你不可能以这种方式创造价值，就像你不能在凯恩斯模型中，通过挖洞再填洞来创造价值，也不能在金本位模式下，通过从地底下把金子挖出来，然后再挖个洞将这些金子藏起来，这些都不能创造真正的价值。”

他疑惑地看着我，“但就比特币而言，情况并非如此，”他平静地说，“我对这些反对意见都不感兴趣。我花了5年时间把所有的细节都搞清楚了。在这个过程中，更多的工作是在设计而不是编码。幸运的是，到目前为止，大家提出的所有问题我之前都考虑和计划过，这样的问题回答了很多次，真无聊。”

“难道计算机‘哈希算法’不是像高科技版的挖洞然后再把洞填满吗？”我继续说。

“不，”神秘的发明家回答道，“挖洞会带来进步。一锹又一锹，你的洞越来越大，然后你又一步一步地把它填满。这是一个线性过程，其结果可以通过尺度、标尺和层次来衡量。这与我的工作证明系统完全不同。”

“有什么不同呢？”我问道，简直无法掩饰我的困惑，“电脑一步一步地前进，循环往复，目的就是解决这个难题。”

“不，他们做不到，”中本聪说，“你根本就不懂，对吧？”

“那么请问，还有什么新东西吗？”我恼怒地问道。

中本聪根本不理会我的愤怒，解释说：“区块问题上连1%都没有得到解决。你也没办法在解决问题中取得进展。”

“你这样说是什么意思？”我不解地问。

“即便是连续不断地研究某个区块或者某个难题，你解决它的机会约等于刚开始动手之时，也有可能相当于动手之后的任何时候。”

“嗯？”我哼了一声。

“是的，你在寻找散列的解，就像抛硬币，正面或反面。你试着抛 36 次，每次都是硬币的正面。每次你尝试，机会都是一样的。”

“很好，”我讽刺地说。“这简直就是买伯努利彩票难题。有了足够多的贡香和繁文缛节，价值就能够被创造出来？”

“是的，”中本聪说，“只有这样，才能创造价值。”

“这似乎是在浪费时间。”我说。

“创造价值，时间最重要。”他说。

“我认为基于抛硬币和浪费时间的制度必须得到更正。别误会我。我钦佩你的系统和你所完成的一切。但这真的是个缺陷。这种徒劳无功的工作证明，难道不能用来计算复杂的蛋白质折叠，以便能够推动医学的进步，或者用来寻找外星生命，比如寻找外星球智慧生命（SETI），或者用在 DNA 图谱治愈癌症上，或者用来阻止艾滋病的传播吗？你说过这只这是 0.1 版。”

中本聪看起来很痛苦，“所有这些活动都有价值，或许只是可能有价值。我对寻找外星球智慧生命有些怀疑。但你不能通过导入其他有价值的示例来创建价值标准。衡量、分类、分清轻重缓急是金钱试图解决的问题。我们想做的只是衡量价值，而不是仅仅表现为有价值的东西。”

“嗯，钱必须和世界上有价值的东西相关联。黄金具有内在的价值和稀缺性，用它可以换来美丽的珠宝。黄金的化学结构紧凑具有延展性，是电学和爱情的杰出指挥家。美元得到了美国政府和世界最大经济体的全力支持和信任。比特币的背后有什么？难道只是通过漫无目的的计算周期产生更多的零？”

中本聪先生摆了摆手，让我听着。“我只解释一次，”他说，“作为一项思想实验，假设有一种贱金属，它的稀有程度不亚于黄金，但具有以下特性：颜色是单调的灰色，不是好的导电体，不是特别硬，不具有很强的韧性，不容易塑形，没有任何实用或装饰性的用途。但关键在于，它有一个特殊的魔法道具：可以通过通信通道传送。如果它以任何理由获得了任何价值，那么任何想要通过长途转移财富的人都可以买一些，传递给它，让接受者卖掉。人们预见到它对交换有用，也许它可以像你说的那样进入流通领域，以便得到初始价值。如果真是这样的话，我肯定想要得到一些这种金属。”

“我明白了，”我说，“这种物质将是世界上最有价值的元素，它既是数位也是原子，它将把价值和对它的度量联系起来，必将引发一场信息革命。”

“你开始明白了，”他说，“但还有更多……”

他接着说：“衡量价值的方法——工作证明——只是在纯粹地花费或牺牲时间。正如我的朋友尼克·萨博所说的那样，‘我们可以围绕牺牲，而不是牺牲的结果来安排一切……’”

“祝你好运，”我说，“许多人都在试图改变它、重塑它，嘴上却说是在努力改进它。”

“他们这样的人需要好运气，”中本聪笑着说，“比特币的本质就在那曾经的 0.1 版之中。自此之后，其核心设计已经被镌刻在石头里了，成为其生命中永恒不变的内容。”

“你说‘镌刻在石头里’是什么意思？”我问，“真的是这样吗？！”

“交易的区块链合并了以前所有的事务性散列，并将被设置为合并到所有未来的转换操作中，被镌刻在密码石之中，”他说，“我相信，过去一年半的时间里，我把所有的细节都写出来了。10年内，它要么获得巨额交易，要么完全没有交易量。”

“好吧，我开始明白了，”我说，“为了有一个价值标准，它必须超越现在所有的价值计划，而它本身却毫无价值。”

“你的确有进步。”中本聪说。

“挖掘过程，”我说，“结合了时间的两个关键方面。时间域，由求解概率电磁的10分钟平均时间设定；频率域，由用于求解问题的计算机周期来设定，以千兆赫计，每秒数十亿次周期。”

“因此，比特币的核心是一个将不可逆的时间流逝与摩尔定律带来的技术指数级进步结合在一起的过程：每秒运算周期不断增加。如果没有摩尔定律，比特币将被自己的数据淹没，区块链将会停止运转。比特币背后的精妙之处在于它来自一个动态的愿景，即计算机资源——存储和处理——总是比区块链增长得更快。在一个商品和服务丰富，但时间稀缺的世界里，它是价值创造的缩影。线性时间反映了生命的跨度——时域，时域以光速为界，他们可以共同代表世界的价值源泉。”

“你已经渐入门径了，”中本聪说，“但实际上，这个体系比这要好得多。它不仅仅衡量价值，还使交易成为可能，并验证交易过程，因此能极大地促进世界财富的创造和自由扩展。”

突然，我睁开眼睛，四下里一片黑暗，却不见中本聪的身影。

直到两年后的2015年，我才再次遇到中本聪。和上次一样，这也是一次间接的会面。在一次去洛杉矶参加在大卫·霍洛维茨自由中心所举办的演讲的途中，我遇到了一个叫约瑟夫·沃恩–佩林的教授。他说话温和，语气强烈，戴着宽边帽子，扎着马尾辫，看上去像是个上了年纪的嬉皮士。他在设计新货币形式的斗争中已经走过了20年时间。比特币特别项目——闪闪发光的新自由美元——将这种努力推向了高潮。晚餐时，他告诉我，中本聪实际上是一位来自澳大利亚名叫克雷格·奈特的计算机科学家和企业家。据报道，他在之前的新自由美元计划中投资了2800万美元。

那一年，我便邀请沃恩–佩林参加我在旧金山与钱瞻基金（Money Show）联合举办的遥观宇宙会议（Telecosm Conference）。他和一位有趣的23岁越南女人一起出席参加。一开始听到这位女士的名字的时候，我还以为她的名字叫作“赢赢（Win–Win）”，后来我才知道，这个词的拼写是“阮元”（Uyen Nguyen）。他把她介绍给我，说她是奈特的核心助手和程序员，从18岁起就参与比特币的开发，也就是说，她从一开始就参与了比特币的开发。她现在是奈特的郁金香信托基金的受托人，也是奈特比特币储备的持有者。现在正被奈特的编码伙伴大卫·克雷曼的继承人起诉，这位继承人显然认为奈特就是中本聪。我很兴奋，在我的主题演讲中，我预测即将迎来令人兴奋的发现。

我个人猜测奈特很有可能是中本聪，然后就把沃恩–佩林请到了台上。但出于某种原因，在这个公开论坛上，一贯自信满满口齿伶俐的约瑟夫·沃恩–佩林变得张口结舌起来。我也无法让他讲出更多关于奈特或者比特币令人感兴趣的内容。也许，情况并不像看上去的那么明朗吧。毕竟，阮元是在比特币推出后才加入奈特的团队的。

我与假以中本聪之名的克雷格·奈特的再次严肃接触，发生在2017年7月1日。当时他在荷兰阿纳姆举行的一场关于比特币未来的会议上，发表了题为《新世纪福音》的演讲。在这次会议上，他大肆宣称："我来这里是为了杀死中本聪。"[3]情节变得越来越复杂。

实际上，他的目的是要杀死投资大师彼得·蒂尔放置在他前进道路上的另一个冉冉升起的主要竞争对手。

区块链之战的大幕正在徐徐拉开。

# 第十三章

# 区块链之战

他来了，圣洁的中本聪，终于露出了真身……不光彩的克雷格·奈特。他的光环是不是有点扭曲？我们真的找到了对的人吗？最忠实的信徒似乎是澳大利亚税务局，但他们想把他关进监狱。

谁也没有预料到，人气高涨的中本聪会从中心博彩（Centrebet）和博狗（Bodog）之流赌场网站的疯狂中脱颖而出，但路透社对奈特提供的早期比特币软件的分析显示，“基于在线扑克开发的代码是比特币的源头”。在比特币诞生之前，其主要信用很可能来自拉塞特在线赌场（Lasseter’s Online），这算得上是第一家互联网赌场。2006 年美国政府禁止在线赌博之前，这家赌场盈利不断。奈特用一种冒险的方式招致了当局的愤怒。

根据他自己的说法，他一生的大部分时间都在向一个几乎不存在的父亲证明自己。奈特攻读了从核物理学到统计学等众多领域的学位，并声称自己拥有计算机科学的博士学位，但澳大利亚查尔斯·斯特大学只承认向他授予了两个计算机科学硕士学位。学术成就的桂冠奈特只怕永远也不可能完成了。他最应该拥有网络安全审计（GIAC-SANS）方面的证书，而他最高的文凭应该是神学博士学位。在那里他可以和天父进行最后的搏斗，并且怨恨他的缺席和疏忽。

为了生计，他在调查计算机取证和其他与网络安全相关的工作中担任过顾问会计师。他还创办了一系列与计算机相关的公司，并与霍特瓦优先智能集团合作，试图创建名为登纳瑞兹（Denariuz）的第一家比特币银行，但是它未能通过监管机构的审查，于 2014 年偃旗息鼓。另一家以数学家德摩根的名字命名的咨询公司，其创始人因违反禁令，被迫放弃业务，最终被判锒铛入狱。他参与的其他公司也大多以失败告终。

那么，这个麻烦缠身，身份迷雾重重，声名狼藉的“硬分叉（hard-forking）”计算机科学家克雷格·奈特到底是谁呢？感兴趣的读者不妨读一读传记作家安德鲁·奥哈根的书。在 2016 年非常关键的 6 个月里，他与奈特近距离地生活在一起。当时奈特自诩就是中本聪，但是他后来在媒体面前搞砸了证明自己身份的证据。

《经济学人》、英国《金融时报》、英国广播公司、《GQ 杂志》和数十名刻薄的网络朋克连番报道，揭露他的各种秘密，最终让他名誉扫地。这一切都记录在奥哈根 2016 年 6 月于《伦敦书评》上发表的那篇长达 3.6 万字的精彩文章中。[1] 正如他所写的那样：“中本聪为粉丝们追捧是因为他制作了一件漂亮的东西，然后就消失了。”大家不希望他犯错误，不希望他自相矛盾，不希望他自吹自擂或者脾气暴躁。他们打心底里不希望他就是那个名叫克雷格·奈特的 45 岁澳大利亚人。

身材高大，长着满头黑发，有着好莱坞式的英俊面孔的奈特，还有自相矛盾、自由散漫、自负自大、脾气暴躁的特点。这让他更像是解密高手中的唐纳德·特朗普。或者正如他的悉尼项目经理所说的那样："他这个人有点像史蒂夫·乔布斯。但比乔布斯差远了。"

奥哈根笔下的传奇故事犹如一场电影，在 2015 年 12 月 9 日那天徐徐拉开帷幕。这位愁眉苦脸的澳大利亚人从警察重重封锁的悉尼住所冲向机场，路上才发现自己忘了带护照。本来他的亚裔妻子雷蒙娜建议他先偷偷地躲藏起来，等警察走了之后再图离开。他找到了自己的护照，却在登机口再次遇到了警察。他转身登上另一架航班，来到了新西兰的奥克兰。在那里，他身穿贝纳帮（Billabong）牌冲浪 T 恤，并且时不时穿一穿这件 T 恤，以示自己的放荡不羁。最终他安全地抵达了伦敦，并且在这里住了下来。

对奈特这个漂泊多年的人来说，他被澳大利亚税务管理局关于他囤积比特币的报道所困扰。指控他与拉丁美洲的暴徒以及罗斯·乌布里希特有牵连。罗斯·乌布里希特就是丝路网站（Silk Road）上的"恐怖海盗罗伯茨"。还指控他从几家濒临破产的公司获得了高达 400 万澳元的财政补贴。这些非法行为只是奈特与比特币相关行为的前奏。

随着比特币的价格超过 1.8 万美元，很多人认为他富可敌国。但正如奥哈根所说，他很可能也搞砸了。和硅谷的许多同行一样，他的钱完全缺乏流动性，只是一头冰冻了的独角兽而已。正如已故的大卫·克雷曼向奥哈根吐露的那样，传说中的中本聪遭遇了非常严重的财务危机。于是他同克雷曼分享了在哥斯达黎加自由储备网上交易得来的50%的股份。克雷曼认为他们的另一半股份价值2800万美元，包括奈特的1400万美元。但纽约联邦检察官、内幕交易克星普里特·巴拉拉认为，根据《爱国者法案》，哥斯达黎加自由储备网应被视作参与了洗钱而予以关闭。因为在其每年1200万笔交易中，有许多显然是犯罪分子的勾当。巴拉拉是个雷厉风行的人，哥斯达黎加自由储备网的管理层被判入狱20年。奈特跳出来声称自己就是中本聪，最主要的动机之一可能就是为了还债，并对他一生中遇到的所有爱管闲事的人进行报复。

如果一场错综复杂的诉讼解决了所有问题，奈特的钱就会进入一个信托基金。这个名字滑稽的郁金香信托基金成立于2011年，其目的是在2020年前持有比特币。2015年在旧金山召开的遥观宇宙—钱瞻（Telecosm–MoneyShow）会议上，郁金香信托基金的受托人阮元亲口告诉我这些，这成为我相信奈特就是中本聪的最重要原因之一。她从2010年开始就和奈特共事，应该知道真相，但奈特可能连这笔钱也收不到。据报道，2008年，他曾向自己在澳大利亚的合作者，加拿大赌场大亨加尔文·艾尔的合伙人斯蒂芬·马修斯展示了中本聪白皮书的初稿。其后不久，艾尔便决定支持他，但是奈特离开了艾尔的联合公司nTrust和nCrypt，背后是他的一众破产初创公司欠下的1500万美元债务。

奈特没有像他承诺的那样，成为一个完美的中本聪，这使得艾尔的团队不可能完成他们的计划。他们收购了奈特的知识产权和他的公司，希望借此获得数十亿美元的收益。而这一收益将以“克雷格为诸如谷歌，或者其他任何研究人员超过400人的公司工作为止”。但是这样的事情最后也没有发生。2016年奈特离开了，他的财富和可信度都荡然无存，到 2020 年他可能会一无所有。与此同时，克雷曼的继承人正在起诉该信托基金，要求得到其所持有的价格正一路飙涨的比特币。

2017 年 6 月下旬，奈特再次华丽现身，依然充满才华和逆向思维，满口都是复杂的方程式和高深的理论，看上去仍然是激情澎湃的比特币先锋。他在雷克雅未克指挥着世界排名第 15 位的超级计算机。他现在正在测试比特币协议，并希望进一步发现它的无限性。上次出事之前，他总是身穿深色西装，打着花色出位的领带，说话时谦逊而认真。但是现在，作为硅谷中的比特币先锋，他也和其他身家过亿的富翁一样，喜欢穿洗得发白的牛仔裤亮相。

2017 年 7 月 1 日，在荷兰的阿纳姆召开的“比特币的未来”大会上，奈特试图驱散大家的怀疑，重新恢复自己作为比特币运动领袖的形象。[2] 在长达 90 分钟的演讲中，他信口开河，说了很多不敬的言辞。整个演讲充满了反对比特币协议的观点，以凸显自己“比特币多数派”的立场，一副趾高气扬、不可一世的扮相。他警告大家要去关注区块链中的“硬分叉”现象，认为这将导致其与主流链的分离。即便有他所说的“硬分叉”问题，截至 2018 年 5 月底，比特币现金的价值仍然维持在 170 亿美元左右。

尽管如此，奈特的演讲的确提出了一个非常重要的话题。比特币运动开始偏离原始比特币区块链的稀释性差异。通过侧链（side chains）和闪电（lightening）通道来进行小范围的快速交易，这违背了中本聪作出的最初承诺。

奈特坚持认为，比特币区块的大小并无限制。作为一个计算平台，它可以比任何其他方案，包括大多数比特币补丁或比特币改进协议（BIPs）都更具有可扩展性、更安全、更稳健、更高效，甚至更具备“图灵完备”。与此同时，他新提出了一种颇有争议的分割密钥（split keys）制度。无论受到何种攻击，该制度将确保密钥都可被恢复（但这也依赖于受信任的第三方来存储这些部件）。“再也不需要有另一个格克斯山网站了。”

奈特说一个无限大小的链，可以与维萨卡（Visa）以及世界上所有的金融机构一起为恢复所有人的“金融主权”做出贡献：“得以拓展的比特币区块链可以替代所有现有的支付系统网络，并将成为世界唯一全球经济的基础设施……事实上，这种趋势无法阻止——只要央行试图发行更多的钞票，比特币就会变得更有价值。”

或许是他抗议的内容太多，以至于让人难以相信他所说的内容。奈特是一个集浮夸和才华于一身的人，他生来就备受他人的质疑。他与我从阅读解密高手的帖子中想象出来的那个优雅而挑剔的日本圣人相去甚远。

然而，在与奈特长时间会谈之后，比特币基金会的负责人乔恩·马托尼斯宣称：“再也不会有另一个中本聪了。”奈特还说服了中本聪的指定继承人加文·安德森。我在马萨诸塞州的艾姆赫斯特见到了加文。正如他在博客中所写的那样：“在与他相处之后，我确信，克雷格·奈特就是中本聪……甚至在我亲眼看见密钥签名，并在一台不可能被篡改的干净电脑上进行验证之前，我就相当确定自己正坐在比特币之父身旁……他才华横溢、他固执己见、他专心致志、他多愁善感、他追求隐私。这就是6年前与我一起奋斗的中本聪……我欣喜若狂地握着他的手，感谢他为这个世界带来了比特币。”[3]

对于那些认为奈特只是窃取了中本聪的公钥——毕竟公钥就在区块链里，想看就能看到——的质疑，安德森说："他在我选择的一条信息上签了名，用的是计算机上第一个区块上的私钥，这个区块从来没有被篡改过。"安德森是一个老练的程序员，如今他已经投身于麻省理工学院的媒体实验室，在那里做监督比特币基金会的工作。

也有一些间接的证据能表明奈特就是中本聪。他的母亲和他早年的老师都证明说，他从小就痴迷日本文化；在他的办公桌前，总是挂着一把武士刀。在2017年7月的阿纳姆会议上，当被问到为什么要用中本聪这个名字时，奈特给出了一个令人痛心的故事："我的妈妈是个单亲母亲，帮助我长大的是一个日本人……我认为日本文化了不起……在日本，人们知道如何相互合作……而我们的文化似乎认为人们需要的只是零和游戏中的互相争斗，但贸易不是零和游戏。"

然后他说到了点子上："日本的德川幕府时期（1603—1868）有位谈论贸易的哲学家，他的名字就叫中本聪，人们称他为中本（Nakomoto）。他赞成开放的日本，他在著作中写道：'日本如果想要发展壮大，就必须对西方保持开放，贸易不是零和游戏。'今天的比特币运动，我们需要记住中本的训诫。"据约瑟夫·沃恩-佩林所言，在发行比特币的前几年，奈特就向别人介绍自己是中本聪。

如果就此相信他的话，奈特便是比特币的主要发明者。他的博士论文是关于"从伊甸园到狄奥尼修斯"，关于"创世论的错综复杂的根源"；他是一位身材魁梧的自由主义古典密码学家，同时也是众多矛盾的集合体；他直言不讳，对批评者和竞争对手不屑一顾；他沉迷于浅薄的冒险，不讳言自己的学术证书；他高调地匿名却也是领英（LinkedIn）上的自我暴露兼自我删除者；他以澳大利亚生的日本武士中本聪的身份展露在世人面前。

作为一名顾问，奈特的强项是精通互联网协议版本 6（IPv6）。这是一种新的互联网协议，它可以容纳像银河系中的星星一样多的地址。他提交了大约400个区块链的专利(在英国已经提交了70个)，擅长网络和图论的他解释说，比特币对攻击的抵抗力不是通过节点的数量来衡量，而是通过节点之间的连接数量来衡量。他指出，与任何区块链相比，比特币节点几乎与生物神经密度相似，因为每个节点都通过所谓随机八卦协议（randomized gossip protocol）将新区块来回传播给所有其他节点。

奈特穿梭在各种金融科技会议上，到处宣称比特币是比任何一种智能合约或“图灵完备”协议都更优越的平台。“智能合约”体现在其严密的软件中，是 20 世纪 90 年代，尼克·萨博组合了众多其他与比特币相关的资料最终提出。这种合约可以依靠不变的区块链，绕过律师和会计师，进行自我执行。但是要实现这样的合约，计算机平台必须是完全可编程的“图灵机”。奈特对第四种编程语言的性质进行了深奥的论述，试图以此证明比特币和其他任何平台一样，都具有图灵完备的属性。萨博用简短的语言反驳了奈特的这一说法，也几乎反驳了奈特所说的所有内容。我愿意引用库尔特·哥德尔的谓词逻辑理论来说明图灵完备的所有主张具有内在局限性。

奈特在结束阿纳姆的演讲时明确表示（这是中本聪最新的主张）：“到现在为止，我们的事业快满 10 岁了。维萨卡目前每天可以进行1500万笔在线交易。比特币的硬件只是成本的一小部分，仅以现有的硬件，比特币就可以达到维萨卡现在的交易规模。”他认为，比特币的软件所起到的作用和365G字节大小的区块并无二致——“无限大的区块”。准确地说，这样无限大的区块并不是区块链，而是更像利蒙·贝尔德创办的旋涡（Swirlds）和埃欧塔（IOTA）的纠缠哈希图。[4]

摩尔定律在新的向量中继续有效，并超过了区块链的增长速度。5年之后，其能力增长了10倍；10年之后，其能力增长了百倍。每个人的收入都在增长。

他提到晶体管的栅极长度接近1纳米，系统的发展使得软件“线程”成倍增长，并行度也随着时间在增加。这些都发生在当下。

比特币正在不断提高其安全性并不断完善软件功能。可以预测这将使奈特可以从“智能合约和脚本费用”“托管和保险费用”“来自标记化的发行和营销费用”中获得越来越多的收入。他屡次暗示，可以在比特币区块链上创建智能合约，但批评人士认为，这样的合约将无法适应比特币。

在结束阿纳姆演说的时候，他向对手们发出了挑战。“我不会离开。我们的规模将迅速增加，不管你们支持也好，反对也好。我们将通过方便链接和使用这两方面来增加竞争价值。”

当被直接问及对竞争对手以太坊区块链有何种看法的时候，他宣称：“2013年我是比特币的最大支持者，现在我依然是比特币的最大支持者。”这个自称为比特币最大支持的人企图禁止所有其他区块链的发展。

奈特的死敌维塔利克·布特林是以太坊区块链的创始人。以太坊的明确定位就是为智能汇兑、令牌问题、投资工具和自主企业提供设计平台。2018 年 5 月下旬，以太币的市值已将近 600 亿美元，接近比特币的一半。从它对商业、技术和经济生活的影响角度来看，布特林的贡献与中本聪的区块链在伯仲之间。

令牌、费用、保险，以及智能合约等，这些是奈特所宣称的比特币的主要收入来源。在这些方面，以太坊无论是在创意还是在影响力上都优于谷歌。由于在经济上过于依赖价值削减的广告，谷歌惊人的独创性受到了损害，而以太坊则在全面增值。中本聪先生可能是历史上最具有变革意义的发明家之一，而纵观硅谷历史上的少年发明家、企业家和冒险家，布特林已经在其中独占鳌头。

他身材瘦削，额头宽阔，眉清目秀，喜欢穿着印有文字的 T 恤（“硬分叉咖啡馆”便是其中的一条文字）。布特林 1994 年生于俄罗斯，6 岁时移民加拿大。他逻辑清晰，对商业和经济概念具有不可思议的把握。他举止冷静，这让他与那位举止轻浮的澳洲人截然不同。

虽然奈特可以炫耀自己那些华而不实的学位和漏洞百出的证书，但布特林却是蒂尔奖学金的第一批获得者。他没等到毕业就离开了大学去创写比特币，并开发出了新的区块链应用程序。奈特是多年严重打击的产物（有时是他自己造成的），而这个名叫布特林的男孩子几乎一出现就在科技界引起了轰动。布特林的智商高达 257，不管这意味着什么，反正没用几个月的时间他就在家里学会了普通话。

奈特声称自己发明了区块链，而布特林则称赞是尼克·萨博启发了以太坊的平台和固态（Solidity）语言。奈特可以像是知识分子中的恶霸一样，用他的谩骂激怒对手，而布特林却冷静地用逻辑说服别人。奈特像鳄鱼邓迪一样提着嗓子在酒吧里咆哮。而布特林的讲话速度更快，有着硅谷那种特有的咄咄逼人的谦逊和低调。他会以疑问的方式来结束自己的话，而上升的音调则是一种决定性的回答，是一种毕恭毕敬的答案。

布特林支持算法逻辑，也不相信奈特就是中本聪。在加文·安德森所支持的关于奈特就是中本聪的小组讨论会上，布特林干脆反驳道："我会解释为什么我不认为他就是中本聪……他有两种选择来证明自己就是中本聪。最简单的方法就是在大家公认的中本聪的私钥上签上'克雷格·奈特是中本聪'这句话。在复杂的争论中作出选择是件不容易的事情，他可以在纯信号和噪声信号之间进行选择，但是他选择了噪声信号，这可能意味着他无法发出该条信号。"

虽然这一论点并没有完全抹去安德森自满的微笑，却足以让他人震惊。布特林这么做无疑使自己变成了奈特不可调和的对手。这是一场可能成为信息经济核心冲突的"游戏"。

2013 年布特林在访问以色列的时候发展了自己的想法，并认为这种想法处于密码科学领域的领先地位。当时，他是比特币的传道者，为《比特币》杂志撰文，专注于发掘比特币作为货币的潜力。在以色列的时候，他遇到了一些正在对"有色"硬币进行试验的企业家。这些货币具有特殊的用途，可以用来打开新的市场——金融合同的万能币（Mastercoin），交换液体硬币的班柯（Bancor），以及基于萨博倡议的智能合约。当时只有十几岁的布特林就开始大胆地着手开发一种新的区块链，希望将其作为一种安全和身份的基础，以便获得无限的智能合约。

为实现这个计划，他设计了一种名为固态的新型编程语言和一种叫作以太币的新货币，以及一个更灵活容量更大的新型区块链，取名为以太坊。这每一步都充满了发明创造。固态编程语言具有图灵完整性，这意味着它可以在计算机上表达任何一套算法。以太币将根据合约规定来计算所消耗的能量，进而定义计算单位，这种被称为“油气（gas）”的单位，可以说为以太坊提供了一种比比特币更稳定的货币衡量标准。据此，以太坊就囊括了一个崭新的全球计算机平台、一种适用于智能合约和企业新型软件的语言、一种根植于不变的能源单元的新型衡量标准以及一种全新的商业筹资模式。

世界上到处都是汗牛充栋、错综复杂的概念和雄心勃勃的主张。如今，同以太坊竞争的公司包括中国的小蚁（NEO）、丹·拉里马尔的商用分布式应用（EOS）、源自社交网站的区块链 Steemit、分布式交易所比特股以及由以太坊公司的元老查尔斯·霍斯基森研制的卡尔达诺（Cardano）。以太坊的神奇不在于宣称使用了什么样的技术，而在于其稚嫩的创始人对整个复杂计划近乎完美的执行。

推出仅仅两年，面对前所未有充满敌意的市场和不断下滑的商业起点，新的平台让企业家的创造力得以蓬勃发展。由于《萨班斯－奥克斯利法案》和其他法律，以及美国证券交易委员会过度的监管，硅谷的首次公开发行（IPO）从汹涌的洪水变成了涓涓细流。风险资本家的马厩里到处都是“独角兽”，烧钱率高，动辄估值高达 10 亿多美元，这让他们难以及时脱手。

在这种不妙的情况下，布特林指导完成了以太坊公司的平台，并启动了上千个新的公司项目，而每个创业公司的平均资金都超过 200 万美元。他们还发明了一种叫作“首币发行（ICO）”的机制，用以代表各种类型的首次发行，如首次加密资产发行（initial cryptoasset offering）、首次众筹募股（initial crowd offering）、首次开曼发行（initial Cayman offering）以及首币发行（initial coin offering）。律师们根据具体情况从中任选一种，以便平复监管者的困惑。

在不到一年的时间里，筹集到的资金总额约为 80 亿美元，超过了所有在 IPO 或相关风险投资中筹集到的资金。唯一可与如此大规模风险投资相比的是由前谷歌员工迈克·赫恩和奈特的同事伊恩·格里格牵头组织的 R3 项目（R3CEV）风险投资，总额为 1.27 亿美元。这可以看成是大型银行在为追赶区块链技术所做的努力。与此同时，还有几家公司通过 ICOS 筹集了超过 1.5 亿美元资金，旨在改革金融业。

在企业发展的历史上，从来没有哪家企业能像以太坊这样。以太币的价值增长比比特币的要快很多。尽管基数较低，但布特林似乎有望在影响力和重要性上超越比特币，甚至有可能超越中本聪。

尽管如此，做空比特币的人经历了难过的 10 年。比特币最终是否会比以太坊更重要，一切还未为可知。如今，从谷歌到苹果，破损的安全模式是互联网技术危机的根源，以太坊也未能幸免于此。2017 年，它挺过了一场可能危及生命的危机，当时使用区块链的分布式自治公司的一个项目被黑客攻击，价值约 1.5 亿美元的以太币被盗取（随后又发生了两起与以太坊“钱包”相关的故障）。在布特林的领导下，大部分的损失都得到了控制。但代价是强行进入链条以便扭转这种令人不齿的交易，并且导致了一个“硬分叉”和一个名为经典以太坊（Ethereum Classic）竞争链的兴起。这条竞争链由以前的以太坊元老查尔斯·霍斯基森所领导。

虽然这并非以太块坊区块链本身的缺陷所导致的结果，但这并不重要。作为锁链的统治者，布特林有必要介入。以太坊的支持者认为，这种武断的做法破坏了数据库的不变性和分权原则，而分权原则是区块链的核心。现在看来，经典以太坊还没有多大的影响力。霍斯基森接着创立了卡尔达诺，尝试通过严格的功能软件来修复比特币的所有缺陷。《比特币标准》的作者赛弗迪恩·阿默斯认为："以太坊可以回滚的事实意味着所有比特币上的区块链基本上都是由运营商控制的集中数据库而已。"[5]

比特币和以太坊之间的关键区别在于，比特币注重安全性和简便性，而以太坊则注重性能和功能，以太坊卓越的功能正在改变许多行业。正如布特林所说："互联网倾向于取代在系统边缘做日常工作的工人，而区块链更倾向于把中间的高管也排除在外。"

智能合约可能会让那些尚没有进入这一领域的律师、会计师和银行家失去居间的资格。布特林说："互联网取代了出租车司机的工作，区块链可能会取代优步。"实际上，一家名为斯沃姆（Swarm）的以太坊公司正试图通过区块链上的合作方案，让出租车司机能够直接与客户进行交易。

然而，正如奈特所强调的那样，一个简单的系统注重安全性，最终可能比一个复杂的系统关注性能更有效果。安全性为所有交易和信任提供了基本状态。奈特认为，精简版的比特币协议比以太坊所谓图灵完备丰裕，其对漏洞广泛的"攻击表面"更有效、更灵活也更可靠。

比特币的成功之路始于全球资金的互联网化。尽管由于烦琐的

“安全”仪式、信用卡的制度和货币兑换费等原因，而导致互联网金融步履维艰，但是现在互联网可能已经占据了所有商业交易总量的10%以上。随着网络微支付的蓬勃发展，如果奈特对比特币的可扩展性的估计是正确的，那么比特币既可以增加互联网的商业传播，也可以从中获益。

无现金交易是私人交易匿名化的另一种对等形式，比特币获益于政府发起的每一次反对现金运动。每当央行以负利率和通胀目标推动虚假增长，从而掠夺养老金领取者的退休储蓄的时候，比特币就会升值。美国联邦储备委员会设定的通胀目标是每年2%，这是一个大规模的最终贬值计划。随着货币的贬值，越来越多的资金通过互联网涌向更加全球化和相对而言更加安全的避风港。传统的避险货币是美元，但从2013年年初开始——从希腊到委内瑞拉，从阿根廷到津巴布韦——避险货币越来越多地变成了比特币。

在人类历史上，黄金一直是占主导地位的货币标准和避险货币。黄金的金融市场总额约为2.4万亿美元，仅有1280亿美元的比特币与之相比只能相形见绌。几个世纪以来，黄金的供应量以每年2%的平均速度增长，这使其具有通货紧缩倾向——这其实也是比特币的优势，比特币的供应量将在2140年达到2100万单位，其中80%将在2018年之前被“开采”。比特币之所以和黄金一样能够成就了货币的两个关键方面，一是它可以作为一种计量单位，二是它可以作为一种价值存储单位，黄金就是终极标准。

如果奈特对比特币可扩展性的判断是正确的，经过一段时期的发展，则比特币将成为全球法定货币的替代品。在这段时期里，各种货币很容易受到世界各国政府的贬低，而这些政府如今的负债已经达到不可持续的280万亿美元之巨。比特币的价值危机还有几十年之后才会到来。故而，其相较于当前货币的失控贬值，温和的通货紧缩似乎更有吸引力。

比特币的道路是一条不祥之路。区块链投资策略师克里斯·伯尼斯克和杰克·塔塔尔估计，如果比特币仅占目前金融市场中黄金所持市场份额的10%的话，那么比特币的价格将不得不超过1.1万美元。[6]它在2017年11月突破了这一关口，并继续向2万美元的方向发展，成为2018年年初加密货币市场总量超过5万亿美元的一部分，然后又回调到了6000美元。但是总体而言，它的表现和一种能够保值的资产别无二致。

此种情景出现在2018年似乎合情合理，这将使比特币变得更加流行和有用。如果比特币占据了6000亿美元汇款市场的大部分份额，那么它的价格将不得不再上涨5000美元左右。如果它能在波动剧烈且费用高昂、摩擦和外汇费用居高不下的国际企业交易中占据相当大的市场份额，那么所有的赌注都将落空。毕竟，企业对企业的电子商务（B2B）市场总估值高达40万亿美元。

如果布特林能够解决其所面临的安全挑战，并在一定范围内保持一个完整链条的复杂性，他便可以在这些市场里与比特币进行竞争。但对他来说，道路阻且长，一切仍然前途未卜。

受人尊敬的区块链学者和福音传道者安德烈亚斯·安东诺普洛斯认为，这种竞争在很大程度上可能只是虚假的幻象。为了形象化，他将比特币和以太坊比作“一只狮子和一条鲨鱼”。它们将在各自的领域占据主导地位。每个人都会受到限制和权衡。狮子必须放弃在地球上70%被水覆盖的陆地才能获得流动货币，而鲨鱼也同样不得不放弃陆地上的市场。结果取决于陆地是否会面临洪水的侵袭。

为了更好地了解这场比赛，我拜访了以太坊的另一位更直接的竞争对手。该公司由普林斯顿大学的一个计算机科学家团队发起，这个团队的学术指导是当前对等计算机系统领域世界领先的空想家迈克尔·弗里德曼。

种种证据表明，尽管布特林的热度依然高涨，中本聪仍然是后谷歌时代的第一位预言家。

# 第十四章

# 区块堆

1992 年，在尼尔·斯蒂芬森所发表的小说《雪崩》一书中对“虚拟实境”的描写是一切的开始。[1]那是站在现实世界之巅所能看到的虚拟世界。25 年之后的今天，它仍然用音乐般的预言激励着极客们，让他们兴奋不已：

10 年前，当阿宽（Hiro）第一次看到这个地方的时候，单轨铁路的软件还没有完成。为了方便出行，他和伙伴们不得不动手开发汽车和摩托车的软件。他们把各自写好的软件拿出来，在电子之夜的黑色沙漠中比赛，一较高下。[2]

穆尼布·阿里在他的权威论文《基于信任的新型互联网络设计》中引用了这段话，这篇论文的合作者是莱恩·谢伊和裘德·尼尔森，以及他们在普林斯顿大学的导师迈克尔·弗里德曼。[3]这个团队走进了电子之夜，试图用某种架构来点亮黑暗，让它成为一个不一样的互联网——一个超越了七层通信技术的元信任世界。

阿里，这个大胆项目的关键人物，将其称为区块堆（Blockstack）。自从 12 岁的时候在巴基斯坦第一次接触互联网后，他已经在这个领域里取得了长足的进步。由于在学校里表现上佳，门门课程得 A，母亲给他买了一台电脑，以示奖励，这让小男孩的心里充满了感激和兴奋。虽然他的父亲是国家军事情报部门的负责人，但这个家庭并不富裕，先购买电脑就意味着要推迟添置洗衣机。

“那是什么型号的电脑？”15 年后的 2017 年，我在区块堆公司的办公室里问他。这间办公室位于大琼斯街靠近鲍威伊街区附近。

“哦，是英特尔 386。”

“是的，”我说，“那是微处理器，我是说那是什么牌子的电脑？是哪个公司生产的呢？”

阿里看上去很困惑，然后回答说：“哦，我不知道。电脑是我自己组装的。”

我意识到我们在这里谈论的是当年 12 岁的巴基斯坦科技天才。2016 年在曼哈顿发表的 TED 演讲的幻灯片中，展示了一张他 15 年前的照片，一个小男孩穿着带有徽章的校服衬衫和红色短裤，右胳膊搂着弟弟[4]，他们在巴基斯坦的一条混浊的河边，站在一道木制的跨栏上。这是世界不同文化和科技之间的一座桥梁，充满了隐喻性的含义。

那个曾经自己组装电脑的小男孩长大之后可以重新设想一个全球网络。但是，要想从中挣脱出来需要勇气和智慧。就像现在他新建立的“基于信任”的互联网模式一样，桥的另一端并没有提供任何保证，也没有任何安全的避风港。

2005年，阿里在拉合尔大学管理学院拿到了计算机科学的学位。但是，他在巴基斯坦几乎看不到任何机会，于是他制订了一个大胆的计划，想要获得位于斯德哥尔摩的瑞典计算机科学研究所的奖学金。瑞典人很乐意录取他，但并没有给他提供经济支持。由于没有钱也没有工作，阿里感到非常沮丧。他考虑从桥上退回去，但是固执的性格推着他继续往前走。

他想出了一个计策——一种可能帮他前进的过渡性贷款。他向瑞典人保证，他已经在拉合尔获得了出国留学的奖学金，瑞典人对此非常尊重。然后，他去了一家银行，在他瑞典“奖学金”的基础上获得了一笔1000美元的贷款。这让他终于踏上了前往斯德哥尔摩的旅程，对于斯堪的纳维亚这个城市以及这个城市里的食物和住宿费用，他只有非常模糊的概念。

学院录取了阿里，他终于安顿了下来，但是食物依然是每天的挑战。1000美元越用越少，他只好每天下午5点钟的时候步行去附近的麦当劳买一个鱼肉三明治和一些薯条充饥。每天早上，就嚼几块学院咖啡时间提供的松饼再喝一点饮料了事。[5]

阿里日渐消瘦，他的父母都看在眼里，也倍感担心，但是天才总会崭露头角，尤其是当他依然饥肠辘辘的时候，他的计算机接口工作给教授们留下了深刻的印象。他回忆说，在斯德哥尔摩的3个月是他最多产的时期，他写了3篇重要的研究论文，获得了重要的推荐，并在桥的另一边获得一些岌岌可危的支配权。

就在1000美元即将花光的时候，阿里在荷兰找到了一份研究工作。为欧洲共同体标准机构的联合主席工作，专攻当时尚充满未来气息的“物联网”（IoT）。他所关注的介质访问控制层，必然涉及“物”连接到网络时的安全问题。在获得了更多热情洋溢的推荐之后，他登上了美国计算机科学研究的巅峰——学期之内在普林斯顿大学攻读博士学位，夏天的时候则在斯坦福大学做研究。

阿里在普林斯顿大学的导师，计算机科学家、密码学家迈克尔·弗里德曼在对等网络的理论和实践方面工作了20年。他与马丁·卡萨多共同撰写了标准教科书《对等》（*Peer to Peer*）中的两章。[6] 如今，他是著名的开源时间序列数据库的首席技术官。阿里感谢弗里德曼，感谢他“带着我一起思考各种分布式系统问题的每个细节。通过观察他设计和优化系统，我认识到做系统研究是一门无与伦比的艺术”。

阿里在普林斯顿大学追随珍妮弗·雷克斯福德研究网络处理器和虚拟机，夏天的时候在斯坦福大学追随马丁·卡萨多学习软件定义的网络。这让他成为固定硬件和可编程软件领域既有实践又有哲思的严肃研究者。卡萨多还创办了行业领先的网络虚拟化公司尼西亚（Nicira），并最终以12亿美元的价格卖给了VMWare公司。本·霍洛维茨就是那个总爱揭露破坏性真相的大卫·霍洛维茨的儿子，他靠发明VMWare软件发了大财。后来卡萨多也加入了他的公司，成为安德里森·霍洛维茨基金的风险投资合伙人。

无论是软件定义的网络还是网络功能虚拟化，阿里都沉迷其中。网络已经从一个由硬件功能主导的七层结构，转变为一个主要由软件模拟硬件功能定义的两层结构。就像斯蒂芬森笔下的阿宽和追寻中本聪的人一样，阿里生活在一个可以摆脱物质世界局限，从而进入电子之夜的时代，并由此创造“虚拟实境”，让你能够梦想成真。

七层模型由一个层次化的堆栈组成，其中低层的功能由高层的功能控制。最下面是物理层，包括光纤线路、微波振荡器、混频器、1550纳米和900纳米激光器、光电探测器、硅路由器、掺铒放大器，以及双绞线、天线、同轴电缆等无限多的内容。在上层的命令下，它们携带数据包穿行于网络之中。由于这些都很难设计并生产，这层硬件设备是现代电子奇迹的核心之所在。但当阿里在普林斯顿读书的时候，这个行业的大部分人都忽略了硬件，大家一窝蜂都在关注如何生产以太网中的图灵机。

要理解当今的互联网，你必须把这些硬件奇迹当成理所当然的事情，并用关键"堆栈"来建造城堡。用计算机的语言来说就是可以模仿硬件，并在虚拟的线程、核心和链条中超越它。但是，从微物质到虚拟实境的演变始于国际标准组织（ISO）的开放系统互联（OSI）模型的七层网络结构。

在开放系统互联堆栈中，物理层之上是数据链路，这是硬件成为"固件"的媒介。而软件定义了电子规格、计时规则和电子—光子转换，并使信息能够在一个节点或计算地址之间的链路上传输。交换机的操作处于第二层，其功能只是将数据包传递到下一个节点。本地网络，如以太网或Wi-Fi功能，就是在这个级别上得以实现。如果避开了高速互联网，你就可以在第二层的数据链路上传输比特和字节。

第三层是网络层，是路由器的领域，它结合了传输层（第四层）建立并构成了TCP/IP Internet协议的端到端连接。这是整个系统的IP地址和传输控制协议的传输，包括网络端到端的连接。第三层是封包的头文件，是封包的身份和地址。第四层负责数据包的实际传输和接收、流量管理、负载均衡和命令正确应答（ACKS）（收到）和否定应答（NAKS）（正在等待），以此来保证连接的实现。第三层和第四层往往是中央权力的堡垒。在这里是互联网名称与数字地址分配机构（ICANN），甚至是联合国的国际电信联盟（ITU）这样的政府及其情报部门机构关注的焦点，能够据此追溯域名和地址。当他们发现丝路这样的黑市购物网站网址，或者阿尔法湾（Alpha Bay）这样的“暗网”的时候，就可以通过第三层找到它。

在第四层之上是第五层。这是最为重要的会话层。它从头到尾控制着特定的双向通信，无论是视频流、Skype 通话、会话启动协议会议、消息交换、电子邮件，甚至是任何需要证实的交易，都在这一层上发生。

第六层和第七层是表示和应用程序的方案——用户界面、窗口、格式、操作系统等。这些都可以归结为超链接（点击一个单词就可以进入一个新页面）和通用资源定位器（URL）地址的巧妙方案。日内瓦欧洲核子研究中心的蒂姆·伯纳斯－李在 1989 年发明了这一套体系，使之成为他所发明的万维网的一部分。伯纳斯－李想要把所有的数据连接到一个网络上，成为一个工具箱，以便轻松地建立一个网络，“让每个人都可以一起使用，成为共享的创意协作空间”。

由于现在 70% 的链接都是通过谷歌和脸书来处理，伯纳斯－李不禁要担心他所发明的网络是否正在消亡。于是他成为区块堆的追捧者。“当他听到我们在做什么的时候，他高兴得甚至跳起了舞。”区块堆的软件主管裘德·尼尔森描述道。

为了描述《遥观宇宙：带宽充裕之后的世界》（*Telecosm*）一

书中的开放系统互联堆栈，我使用打电话来举例说明。拿起电话听到拨号音（物理层信号），这个动作现在经常呈现出模拟形式。然后拨号（每一个数字移动呼叫另一个链接到目的地），听铃声（表示网络连接和信号传输）。当你打通电话的时候，意味着你已经通过了开放系统互联堆栈的前 4 层。然后你说“你好”开始会话，你选择英语就意味着你选择了某种呈现形式。会话构成了应用层，挂断便结束了通话。

唯物主义者可能会认为物理层就是一切，而软件必胜主义者则认为这一切都在他的脑子里，但网络的绝妙之处在于它的二元性。在数以万亿计的微型芯片晶体管、语音干扰分析装置（VIAS）和踪迹的推动下，物理层最终变得就像它的巧妙和不可或缺一样，既不透明又深不可测。软件逻辑在上面的层次结构中增殖并定义了硬件的功能。

由于每个组件的速度都符合摩尔定律，许多特殊用途的设备（专用集成电路 ASICS、网络芯片、网络处理器、传输控制协议 TCP 加速器、流量管理器和路由查找表内容可寻址存储器）就不再那么必不可少了。速度越来越快，密度越来越大，可编程的通用硬件也越来越多，如此便可以达到替换的效果。

在路由器、交换机和其他网络设备中取代自定义设备的是功能强大的服务器，这些服务器是基于英特尔、凯威半导体（Cavium）和迈络思（Mellanox）等公司的多核通用微处理器而生产，再由日渐复杂和集成的软件链接在一起。通用硬件已经变得越来越快、越来越便宜，它控制着整个行业的巨大市场，包括数十亿计的智能手机和视频游戏控制台等业务。随着时间的推移，原本在互联网上以每秒数万亿次的光纤速度运行的昂贵硬件将会被这些软件所取代。

有了好的软件，快速服务器上的英特尔至强（Xeon）微处理器就可以执行路由器和交换功能。以前实现这些功能需要使用思科（Cisco）精心定制的硬件，如太阁（Tiger）和昆腾公司的量子流，或来自以色列 EZchip/Mellanox 公司所生产的纤速网络处理器。

最后，谷歌避开了大多数专门的网络硬件，采用了跨大型数据中心部署，并通过软件将数千台服务器集成在一起。图灵机器和图灵的思想一样无形且易变。实现路由器、计算机、交换机或互联网都可以被“虚拟化”，它们根本不需要特定的硬件形式来表现。

引领这一变化的是卡萨多、雷克斯福德、弗里德曼、霍洛维茨以及整个行业里的数百位其他研究人员，这些网络科学家引导着阿里以及其他区块链的发明者们来研究基于这些原理的区块链工程。他们小心翼翼地将在更高层次上控制平面与更低层次上的数据平面分开。这种设计确保了这些体系结构具有独特的流线型和可扩展性。

阿里的这一切成就都始于在巴基斯坦时的那第一台电脑。那是他在混装和匹配电子元件，并将其组装成一台电脑之后应得的奖励。他回忆说，当时组装好电脑后他感觉非常困惑。21 世纪初的巴基斯坦，电脑就像谚语中所说的“丛林中的汽车”。“一辆汽车可能会有些引人注目的特性——灯光、暖气、空调、遮蔽和保护——但汽车只有在道路上开起来才会变得真正令人兴奋。”阿里完全被那台电脑迷住了，当他通过网景浏览器上网时，生活从此发生了改变。通过覆盖整个世界的万维网，虽然身在巴基斯坦，他也成为全球信息经济的一员。

正如阿里所意识到的那样，网景的崛起标志着网络历史上的一个转折点——为数据提供新的可访问通道。它的浏览器提供了互动性、文本、图像、安全性和跨网络转换的可能。它将布兰登·艾克发明的直译式脚本语言嵌入动态网页的页面和事务表单中。这是一个安全嵌套层，可以通过网络实现安全的商业链接。通过一个Java虚拟机，就可以从任何一个操作系统的巴比塔中移植应用程序。

网景公司的创始人把网络看作创造性表达各种相互关联的场所，从照片到视频，无所不包。其创始人马克·安德里森和投资人吉姆·克拉克——硅图公司3D“几何引擎”的发明者——都预计3D虚拟实境会出现在游戏和虚拟世界之中。通过网景、安德里森、艾克、克拉克以及诸位同事的帮助，阿里已经拥有将网页制作成动画的能力，也可以将之与全世界分享并创造财富。

1995年网景公司的IPO也意味着互联网开始了分配回报。在上市的第一天，该公司股价几乎涨了两倍，总市值超过30亿美元，一时间受益者众，这极大地激励了企业家，他们纷纷出资挑战当时的计算机行业。在接下来的5年里，谷歌、亚马逊和将近1000家网络公司纷纷启动IPO，这有效地推动了分布式互联网应用的繁荣。在我所称的“微观世界法则”之下，创新果断地走向了网络的方方面面。

这是科技创业的高潮。然而，2000年之后，创业公司的数量增长陷入了停滞。除了最大的科技公司以外，几乎没有什么公司能成功IPO。安然（Enron）事件之后，《萨班斯－奥克斯利法案》的监管规定，若想进入公共市场需要预先支付大约200万美元，并在文书工作中实施严格的会计制度，并降低了信托的门槛，这对创业文化和财政毫无裨益。

如此典型的胡闹使得公司上市的成本高得让人望而却步，其典型特征是所有公司通信的“公平披露”法律化。如果事事都必须通过律师的话，你可能就不会再说任何让人感兴趣的话。除了那些最大的公司，其他公司都变成了几乎零熵的交流领域。所有数据都能回溯，没有任何内部细节，也就降低了数据的重要性。

2012 年阿里来到普林斯顿大学的时候，网景公司已经破产，取而代之的是推出了免费版，并与 Windows 95 捆绑搭售的微软浏览器 Explorer。微软通过收购 Spyglass 浏览器，开启了互联网巨头公司购买创新的先河，从而平息了网景的挑战。碰巧，Spyglass 的主要设计师是网景的安德里森和埃里克·拜纳，他们在伊利诺伊大学的超级计算机中心开发了 Mosaic 这一基本概念。微软获得了一个优雅的模块化浏览器，还让网景的发明者们同室操戈。

IPO 不足的现象持续了十多年。2016 年的 9 个月里，美国连一次 IPO 也没有。相反，风险资本家在他们的“畜栏”里保留了数以百计的“独角兽”。在优步和爱彼迎的引领之下，几乎所有这些公司在 IPO 时的市值都高于当年的网景。与谷歌 / 字母表或脸书这样的巨无霸公司合并相比，大多数公司对上市并没有很大的兴趣。与微软和网景等早期互联网公司的估值不同，“独角兽”的估值主要并不是要有利于公众，回报（和烧钱率）主要流向持有这些股票的风险资本家，以及购买了其中一些股票的巨贾们。

2012 年，阿里和他的朋友莱恩·谢伊加入了普林斯顿创业俱乐部，并共同推出新的互联网应用。2013 年春天，他们发现自己陷入了莫名其妙的困境。他们所走的互联网之路如今都涌向了那些庞大的数据中心枢纽，而这些中心几乎不能提供任何安全或隐私保护。除了少数几家互联网巨头以外，互联网已经没有什么经济效益可言了。

这是一场带有严重缺陷的圈地运动。一个不安全的网络不能保护产权、不能保护隐私、无法托管安全、无从谈论高效的交易、无法允许微支付阻止垃圾邮件，更没办法建立可靠的身份。谷歌、脸书、亚马逊、苹果和其他公司都以自有的"安全空间"作为回应。如此一来，他们就可以锁定目标客户，提供相应的商业服务。

正如阿里所写的那样："目前，随着在线服务的频繁使用，用户数据被锁定在诸如脸书和雅虎之类的'数据筒仓'之中，谷歌和别的系统不能实现服务的迁移。这导致一个集约式的数据模型的出现；不可避免的是这些'数据筒仓'终将被攻破。最近 50 亿雅虎用户信息被盗便是证据。"[7]

这些仓筒，或者说是"带有围墙的花园"，正是让伯纳斯－李感到沮丧的地方，[8]它们为自己的所有者服务，却破坏了网络的全球一致性，并导致越来越多的分割。在这些细分市场中，谷歌、苹果、脸书、亚马逊等公司收集了越来越多的私人数据，并用防火墙和加密等形式将这些信息囤积起来，但随着时间的推移，他们发现集约化并不能带来安全。将数据放在中央存储库中反倒是帮助黑客解决了最难解决的问题——这等于告诉他们哪些数据是重要的，并直接告诉他们那些重要信息的位置，从而使整个互联网处于危险之中。

谷歌动员了"全明星反黑客特警队"来反击黑客。由此诞生了保护用户数据安全的行业。这个行业通过应对病毒爆发、重大数据盗窃、拒绝服务攻击、恶意软件、恶意广告、钓鱼计划、勒索软件和其他危害，达到保护用户数据的目标。每一个互联网领域对安全的回应都是向其客户灌输一大堆安全事务。事实上，这些不仅对提高安全性毫无帮助，而且安全问题每年都在以各种方式恶化安全性。“安全”程序仅仅是让那些毛手毛脚的数据持有者告诉法庭，他们正在尽其所能，并指出他们在这类程序上的巨额支出。

互联网已经变成一个漏洞百出、千疮百孔的计划。在这个计划中，大部分资金和权力都可以被谷歌等公司的顶级应用程序所吸收。我们需要一个区块堆，它可以将关键的地址、个人数据和指向存储地址的指针保存在区块链上安全且不可变的数据库中。

正如阿里和谢伊所理解的那样，安全不是一款应用或一款视频游戏，而是一种体系结构。为了设计这样的结构，阿里成为一名美国公民，与布兰登·艾克、维塔利克·布特林以及其他先驱一起，在互联网上领导了一场基于分散的、对等的原则上重建互联网的运动。

## 第十五章

# 赢回网络

穆尼布·阿里、莱恩·谢伊和他们的团队已经做好了挑战谷歌模式、恢复一个离心式互联网的准备。他们建议将该系统分解为两个关键结构：一个是巨石（monolith），其下面是区块链的可预测载体；另一个是“虚拟实境”，聚集了用户的发明和各种奇妙的操作。这将为创造丰饶的前景提供基础。

穆尼布·阿里还在继续撰写他那篇以“新型互联网络”为主题的博士论文，虽然资金再次告罄，但他对建立新网络更感兴趣了。2012年，他有幸遇到了裘德·尼尔森，这位来自亚利桑那州的高个子软件工程师。他在为曼哈顿的一个名为“辛迪加”的存储项目工作，这个项目急需援手。辛迪加是一家基于区块链的企业文件存储系统。使用密码图形的数学方法——跨时间散列——它为计算机存储位置和地址提供安全指针。通过在区块链中存储指针和身份，辛迪加可以将谷歌驱动器、亚马逊S3和微软蔚蓝（Azure）等存储设施作为实用工具，数据所有者将保留其控制权。

区块链技术让尼尔森和阿里兴奋不已。阿里称它是“我所见过的最复杂、最优雅、最美丽的程序”，它所做的主要事情就是把权利还给用户。阿里入职了尼尔森工作的辛迪加。两年之后，尼尔森来到设在曼哈顿的区块堆公司为阿里工作。那个时候该公司的名字还是 One Name，是由阿里和谢伊 2013 年离开普林斯顿大学的时候创办。

谢伊说：“使用者对应用程序反应并不像设计预期的那样好。各种网站，脸书、谷歌、多宝箱（Dropbox）、拼趣（Pinterest）或亚马逊，所有人都想让你一股脑地搬进去，把你所有的文件、音乐，甚至你的生活都提供给它来存储。譬如说，医疗网站想要存储你所有的健康数据，但是当你用得上这些数据的时候，却要向它提出申请。”

区块堆团队希望在可靠、低熵的基础上重建网络。阿里解释说：“分散的身份系统使用户自己能够控制其在区块链上记录的能被任何网站识别的唯一身份信息。[1] 他将这个通用身份与当前的‘用户名和密码组合’账户进行了对比。传统的组合只能由你创建账户的站点识别。通过区块链，用户可以通过自动证明自己的身份的方式来登录网站。”

当阿里和谢伊开始他们的项目时，成千上万的其他新创互联网公司都围绕着比特币和区块链这个主题展开。它们中的大多数都创建了新的服务、货币、论坛和市场。比如 Abra 能将基于区块链的汇款转入第三世界国家；门罗币（Monero）和 Zcash 带有密码硬币功能，能保护更深层的隐私；Steem 是区块链版的 Reddit，具备新闻和评论功能；阿尔法湾是采用模仿丝路网站的商品集市。

阿里和谢伊希望通过为互联网开发一个新的安全协议层来从更根本的层面上解决这一问题。通过这个协议层，身份、金钱、权力和财产可以与他们的所有者如影相随，而不会被上层的应用程序所吸收。“彼得·蒂尔的观点给我留下了深刻的印象。”谢伊说，“为什么偏要与现有的公司竞争呢？我们应该逐步提高效率，让世界变得更美好。”

2014年，他们获得了25万美元的投资，为了节省开支并为下一次路演做准备，他们搬到了加州山景城的Y-Combinator（简称YC）。企业家保罗·格雷厄姆创办的YC是加州旅馆（Hotel California）的翻转版，这个地方难以进入，却又很容易离开。2015年，蒂尔让YC的负责人去寻找“一看就很糟糕的点子”。于是他们找到了多宝箱（基于云的存储）和爱彼迎（基于云的住宿）之类的项目。一开始，这两家公司来到YC的时候前景都很模糊，但是现在它们各自的市值都已经达到了数十亿美元。

2017年7月27日，我到西部来想看看区块堆项目做得怎么样了，或许还能做个演讲，给他们出出主意。虽然总部依然设在纽约，但是区块堆选择距离谷歌总部仅有几分钟车程的山景城电脑博物馆作为其2017年年会的举办地。该公司的营销主管帕特里克·斯坦利请我就“后谷歌时代”发表演讲。

就在两周前，普林斯顿大学博士委员会终于批准了阿里撰写的那篇题为《基于信任的新型互联网络设计》的博士论文。在谢伊的帮助下，这篇文章的眼界和雄心都与拉里·佩奇在斯坦福大学发表的关于“网页排名”的论文不分伯仲。

阿里提出了一种新的互联网架构，并声称这种只需要 44,344 行 Python 软件语言代码的原型架构已经存续了 3 年时间。相比之下，以优雅著称的谷歌 Chrome 浏览器却用了 4,490,488 行代码，其中大部分还是 C++ 代码。

区块堆的首席技术官阿里创造了一个新的对等网络。你可以去它的网站下载它的浏览器，体验安全的互联网的好处，如此就可以控制自己的信息不被泄露。

区块堆凭借更精简和更有约束的方法将自己与以太坊区分开来。首席执行官莱恩·谢伊总结道："我们将采用比以太坊更简单的系统。因为攻击面越大，就越容易出错。我们正在使用区块链和软件来为核心功能命名，发现路由信息，并进行支付……像身份和发现这样的核心组件不应该以暴露大量攻击面的方式运行。"

区块堆极力降低对区块链进行存储和复杂计算的依赖，而以太坊却在使用存储、软件循环以及递归来增加链的负担。因此，以太坊可能会变得越发低效和难以扩展，进而变得更复杂、更脆弱。用尼尔森的话来说，当区块堆侧重于网络命名、身份和存储指针的基础设施时，以太坊已经变成了"一个象征性的事实"，它为智能契约和标记提供了一个广泛的计算图灵机，但同时也向外部黑客和内部漏洞暴露了较大的攻击表面。

区块堆是身份、命名、路由发现和产权的低熵载体，而以太坊却是一个用于互联网赚钱、筹款和巧妙编程的高熵平台。

从事区块堆的人都欣然地承认，以太坊当下的所有"缺陷"也都是它的强项。以太坊取得了惊人的突破，克服了高科技初创企业和金融科技创新者的融资难题。但是阿里和他的团队决定先做好分布式互联网并获得足够的信任之后，再着手开发金融设备。

在这场运动中，阿里、谢伊和他们的软件主管尼尔森只是数百家新公司中的一员。这些公司筹集了数十亿美元资金，以推出分布式分类互联网新功能。这都是基于中本聪所发明的区块链技术。以太坊的估价为 600 亿美元，显然是目前类似提供全球分布式平台互联网功能的领先者。但区块堆却拥有战略优势。

区块堆运动建立在 7 个关键原则之上：

分布式登记（Distributed cadastre）：通过逻辑集中化保证安全性（只维护一个透明的、不可变的时间戳记录状态视图），同时在组织上是分散去中心化的（跨网络的所有节点分发控制和复制分类账）。中本聪的区块链是这两个明显矛盾概念的第一个体现，它重新启用了中世纪的地籍（cadastre）登记概念，是同一个司法管辖范围内，所有不动产的公开记录。

最大可扩展性（Maximum scalability）：通过将控制平面（在区块链中隔离）与数据平面分离，来确保性能和可扩展性。数据平面可以分散到整个网络中。这一原则将区块链用于标识、支付、安全性和发现等关键路径函数，同时将大量的数据存储和复杂处理转移到任意数量的云和边缘设施上。

单一原型（Single prototype）：通过坚持原则，坚持单一文件优先级、时间戳、记录和算法分配进而建立产权。因为每个项目——甚至是复制品——都有不同且不变的时间戳，所以总是可以通过属性声明进行区分。

并行补充（Parallel complement）：其各种扩展为参与者提供了隐私和财产方面的好处，且不会直接威胁到现有的参与者。现有参与者的设施被系统用作实用工具。随着使用区块堆领域的拓展，它的影响力和力量将会上升。受到激励，现在的企业会主动去适应它。

低熵载体（Low-entropy carrier）：它为边缘的高熵“虚拟实境”提供了一个稳定、可预测和单一的基础。避免了使边缘的创业计划变得混乱，避免了导致安全问题的法律和结构性的反复无常。

自由迁移（Free migration）：它允许不受限制地从一个区块链或网络传输到另一个区块链或网络，而无须锁定用户。这个至关重要的特性通过裘德·尼尔森编写的虚拟链编码得以实现，与Java虚拟机运行在许多操作系统之上不同，虚拟链运行在基本的区块链之上。

端到端，信任对信任（end-to-end，trust-to-trust）：所有节点都基于值得信任的根目录，而不是基于外部权威。

区块堆的最初目标是在区块链中安装一个域名服务（DNS）。将自然语言的名称和网站标题翻译成互联网地址号码，你在网络上的每一个行动都对应一个DNS。DNS由可信任的第三方，如威瑞信或戈迭迪（GoDaddy）或谷歌免费公共DNS提供。区块堆已成为网络分权的又一个例子，能够有效防止网络钓鱼、篡夺姓名以及身份的发生。

将域名服务转移到区块链，消除了互联网的一个重要漏洞。在区块堆里所有名称都有时间戳，都被永恒地存储，并通过区块链分类账将其分配给网络上的所有节点。初期，区块堆选择比特币最早的竞争对手域名币区块链。将其优化之后用以存储永恒的名称。但到了2016年，阿里和谢伊发现域名币越来越容易受到日渐集中的矿工的攻击。他们仔细研究了所有可用的区块链（包括以太坊）的数据之后，发现到目前为止，最健壮、安全、可靠的区块链还是中本聪发明的比特币区块链。现在区块堆面临着关键的考验，它必须从一个区块链转移到另一个区块链。幸运的是，这个团队已经从代码中预见到了裘德·尼尔森的虚拟链带来的这种挑战。[2]

尼尔森回忆说：“很快我们就会让每个应用程序都能安全地形成自己的区块链。我认为，这让普通人更容易从区块链驱动的公司中获得商业成功。原因有二：一是现在有越来越多的区块链驱动的公司；二是它们都拥有令牌，并期待令牌升值。以太坊可能会用 ERC20 来实现，但是它形成不了规模。此外，每个 ERC20 应用程序都与以太坊的命运相关联，这可能会降低其长期生存的可能性。”与以太坊不同的是，区块堆采用的是世界上最广泛的计算机语言——布兰登·艾克的直译式脚本语言。这使得它的平台具有可编辑性。

2017 年年底，区块堆进行了一次象征性的销售，以便为分布式名称系统提供资金，最终筹集了 5000 万美元。一个为互联网建立新的信任、身份和交易层的系统方兴未艾。与现金相比，区块堆提供的交易可以隐藏个人信息，但也可以在必要时提供完整的合规证明。你不仅可以匿名交流，还可以证明你的行为记录，以备政府提出指控，或企业提出索赔之需。安全与认证的结合使得加密货币成为对现有货币的根本性改进，也是对我们这个时代货币动荡的补救。

## 第十六章

# 布兰登·艾克的勇敢回归

“大家好！直译式脚本语言的任何不足都是我的错。”一个略显矮胖、和蔼可亲的美国电脑程序员站在金碧辉煌的维也纳人民歌剧院的舞台上，开始了自己的演讲。这便是摩斯拉的共同创始人，火狐浏览器（Firefox）的发明者，55 岁的布兰登·艾克在 2016 年的 TEDx 做主题为“如何修复网络”演讲时的开场白。他朝着观众鞠了个躬，双手放在头上想要掩饰自己的尴尬。

1995 年，年轻的艾克在 10 天内就写出了作为网景原型的直译式脚本语言，其名称反映了 Java 的鼎鼎大名。Java 是由时任太阳微系统公司的詹姆斯·高斯林开发而成，并由埃里克·施密特推广成为行业标准。艾克开发的直译式脚本语言很快超越了太阳微系统公司的 Java，成为世界上使用最广泛的计算机语言。

多年以来，艾克就像他开发的编程语言一样，变得越来越强大。2014 年，他升任摩斯拉基金会首席执行官，办公室就在山景城的谷歌总部旁边。当时的艾克已经年届五十，他似乎已经开始思考如何总结自己的职业生涯了。他在前一年的博客中写道：“摩斯拉15岁，直译式脚本语言即将18岁，我也老了。最近主要做一些无关紧要的事情……这并不能弥补没能给直译式脚本语言取个恰当的名字的遗憾。”

但进入退休状态并非易事。2008年艾克捐赠了1000美元给加州八号提案（译者注：2008年加州通过的一项反同性婚姻权的法案）以支持传统婚姻，这一举动引起一片哗然。在这个问题上反对他的人说：“布兰登是一位深思熟虑的书呆子，也是个卑微的人。你可以想象什么样的一个人会在聚会的时候，在某个角落与你讨论一小时的网络技术吗？”艾克居然成了替罪羊，于是他在摩斯拉的日子戛然而止。

那时候，这个名字听上去像是二手货的强大编程语言，直译式脚本语言也已经显露出自身的高明之处。通过设置网络跟踪器（cookie）对网络用户的入侵式跟踪，直译式脚本语言已经成为目标广告的关键组成部分。设置网络跟踪器是你电脑上的一个记忆元件，可以通过网站来控制。这些跟踪器允许并乐见你在不重新输入用户名和密码的情况下切换回你访问过的网址。但是当流氓网站在你的机器上插入恶意软件的时候，它们就是一种极大的威胁。

在突然被摩斯拉驱逐之后，艾克似乎又恢复了活力。回到编程领域，他推出了革命性的新版勇敢浏览器，以弥补网络跟踪器带来的不良影响，并在每一个自上而下的互联网帝国中扭转了局面。他为勇敢浏览器提供了第一笔最赚钱、最具战略意义的秘密交易。在这次交易中，勇敢浏览器在几小时内筹集了3600万美元，随着以太币价格的飙升，这一数字还将大幅增加。

销售这些被称为“初币发行”（ICOS）的密码令牌是加密货币的一种众筹行为。在产生这些令牌的过程中，企业家们通过出售未捆绑的股票组成部分，在新资本中获得了多达70亿美元的资金。以太坊作为一个开源的“虚拟机”，允许终端用户构建特定的绑定程序，并严格遵守各种法律法规。因此，以太坊已经成为令牌交易的首选引擎。

2013年，在奥巴马总统签署了《快速启动我们的创业公司》法案（译者注：“JOBS”又被称为乔布斯法案）之后，就第一次出现了这样的象征性销售，这似乎是在祝福那些没有资格的投资者，也可以将资金用来进行创业扩张。令牌不代表公司的所有权，而是代表公司价值主张的各种商品、服务、礼品卡以及其他要素。它们通常由数百万人发起，大家为一个项目创建了利益共同体，最初以百万美元的价格出售，而且没有精确地定义购买者的权利。尽管在撰写本文时，46%的令牌已经失败变得毫无价值，但并不是所有的令牌都一样。它们为陷入困境的世界经济和功能失调的金融体系提供了参与新架构的机会。令牌交易显然已取代IPO和其他股票发行，成为科技初创企业的融资工具之一。

然而到了2018年，这一领域的所有参与者都在紧张地关注着美国证券交易委员会。在彻底压制IPO之后，美国证券交易委员会又将目光投向了初币发行。这一领域的权威律师认为，这种商品和服务的预售在大多数情况下回避了美国证券交易委员会的授权，严重冲击了它的管辖权。毕竟，这些公司一直在以各种各样的方式销售商品和服务，却从未考虑过美国证券交易委员会。美国证券交易委员会认定，从事实上看，所有的令牌都是有价证券，属于其法律管辖的范围。这将因此大幅增加美国密码创新的法律成本。危险在于，这将使创业经济处于持续低迷的状态，并可能将该行业赶往他国。

布兰登·艾克已经完成了一笔极其成功的令牌交易，戴着眼镜的他发表了一番演讲，他是这个领域中为数不多的看上去似乎完全镇定自若的人。他的目标很高，设想出了“基本注意力币（Basic Attention Tokens）”（简称 BAT），为的是将谷歌拉下马，或者至少让佩奇和布林重新开始制定新的战略。温文尔雅的艾克准备用 10 亿枚“基本注意力币”发起攻击。

当我写完《后电视时代》一书之后，我希望互动式互联网的效率能够带来更有针对性、更有效的广告系统，只发布观众想要的广告。我认为权力的平衡将从广告商转移到消费者身上。正如艾克所言，“这种情况并没有发生。相反，广告技术的生态系统出现了更多让人眼花缭乱的中间商，情况变得更复杂了……”

“更糟的是，”艾克说，“用户失去了隐私。他们面临着越来越多的恶意软件，并为下载他们不想要的广告支付高额的费用，这使得网速变得更慢。媒体损失了数十亿美元的收入，而欺诈行为却在急剧增加。广告商也面临着糟糕的报道和定位。”

2017 年 3 月，勇敢浏览器在发布的白皮书中对互联网广告危机进行了详尽的描述。现实就是赢者通吃，广告行业 99% 的增长都来自谷歌和脸书。留给无论是网站、书籍、游戏还是音乐媒体的只剩下最后的 1%，而且这些广告当中充满了欺诈和谎言。2016 年，互联网机器人产生的虚假广告需求让广告商至少损失了 72 亿美元。自 2015 年以来，广告恶意软件对用户的欺骗增长了 132%。

在行业增长最快、最具吸引力的智能手机市场，广告灾难最为严重。用户们支付给带宽供应商的费用越来越多，不是为了寻找想要搜索的内容，而是为了支付给噪声类的广告。在受热捧的媒体网站上，高达79%的移动数据都是广告。平均而言，智能手机用户每月要花23美元购买广告、追踪器、脚本和其他带有恶意的干扰软件。这延长了加载时间，增加了数据计划成本，耗尽了电池寿命，造成了严重的浪费，更不要说对隐私和财产权利的危害。

勇敢浏览器的“基本注意币”发布的白皮书深入探讨了谷歌，认为它得益于其自身的复杂性和不透明性，这使得谷歌“处于现有数字广告生态系统的中心位置”。注意力币将会给那些收入失衡的用户和媒体带来更多的收益。

艾克认为，不管谷歌怎么做，当前的系统都不可持续。缓慢的加载，对带宽的浪费，抹杀媒体的利润，更严重的是极不安全，这些都给用户带来了极大的困扰。正如乔纳森·塔普林在《快速行动打破常规：脸书、谷歌和亚马逊如何扭曲文化和破坏民主》一书中所说的那样，谷歌的聚合和广告模式极大地降低了音乐人、记者和其他制作人的收入，而谷歌自己则通过广告和搜索赚得盆满钵满。

广告泛滥致使大约8750万美国人转而求助于广告拦截软件，这最终可能会摧毁包括谷歌在内的一切。千禧一代是最狂热的广告屏蔽者。由于有限的带宽和数据连接成本的高企，导致他们的智能手机总是被广告及不必要的开销塞满。

谷歌看到这么明显的反对浪潮，于是开发出了用以屏蔽那些“不可接受的广告”的屏蔽器。不管这个广告设计得是多么巧妙、多么不可思议，没有人愿意在观看YouTube视频之前，先坐在那里看一个广告。随着无广告订阅服务YouTube Red的流行，谷歌发现没有人真的想要看到任何免费的广告。

识别出这种情况的核心，艾克引用了卡内基梅隆大学的信息理论家赫伯特·西蒙的话：“信息消耗的是接受者的注意力。大量的信息造成了注意力的缺乏，在可能消耗注意力的过多信息源中有效地分配注意力才是真正要做的事情。”

信息变得丰富，时间却仍然稀缺。赫伯特·西蒙、埃丝特·戴森、吴修铭以及其他众多学者所关注的内容从本质上讲只是时间的另一种讲法。正如我在《金钱丑闻》一书中所解释的那样，时间可以转化为金钱。

诸如谷歌和脸书之类的公司，就像过去的印刷品出版商一样，他们的利润主要不是来自内容，而是通过读者给予广告的时间来间接衡量。正如艾克所说的那样，沉沦还会继续，“直到多巴胺水平恢复为止”，“广告的盲目性”现象早已在互联网上泛滥成灾。

艾克朝这个缺口扔出10亿枚注意力币。注意力币是基于维塔利克·布特林的以太坊区块链而建立起来的新型分散、开源、高效的数字广告平台的交换单位。根据用户对所投放内容的关注程度，广告商奖励媒体以相应的注意力币。用户也将因为接受想看的广告或选择忍受广告而换取小额支付并获得报酬。他们可以把这些注意力币捐给自己喜欢的媒体，也用它们来交换内容。

这个透明的系统保护了用户数据的私密性，同时剔除了中间商，并提供了用户真正需要的数目更少却更相关的广告。媒体获得了更大的收益，广告客户们获得更好的报告和更好的性能，同时客户们得到他们明确接受并愿意付费的广告。广告商不操纵观众观看广告，而是寻找对它们的诉求感兴趣的观众。艾克总结道：“勇敢浏览器将重置基于在线广告的网络生态系统。为广告商、媒体和客户提供双赢的解决方案，其组件和协议有望成为未来的网络标准。”

正如2016年10月艾克在维也纳对TEDx的听众所说的那样:“请试着想象一下，在那样的世界里你真正拥有自己的档案。那是你自己的网络生活，你应该拥有自己的数据。如果你真的拥有它，你就可以向网络上那巨大无比的围墙花园，提出相关的‘付费条款’，就像它们也向你发送过让你不屑一顾的‘付费条款’一样……这将创造一个新的网络。”

在一个信息丰富但时间稀缺的世界里，人们最看重的是什么？正如凯文·凯利所言：“在其他一切都趋于零的时候，成本却在增加的只有人类的体验……廉价而充裕的虚拟现实将是一个体验工厂。”[1]

初次与布兰登·艾克见面，是我和他作为咨询小组成员加入当时刚刚在洛杉矶初创的欧拓易公司。我有机会进入凯利所说的“体验工厂”也是拜这家公司所赐。它的发明者朱尔斯·乌尔巴赫一直致力于将3D场景的计算机模型转化为数字图像，并使之可以通过网络发送，可以在任何屏幕上显示，并获得真实的体验。

欧拓易公司的“虚拟实境”是一个全新的发明，它的虚拟世界与现实世界的拓扑结构几乎毫无区别。正如凯文·凯利激动万分地描述的那样：“我们将用它来拜访那些太过危险而不能贸然进入的环境，如战区、深海或火山。或者用它来体验那些我们无法轻易体验到的世界——去胃的内部参观，去彗星的表面旅游；或者去体验异性的感受，或者如杰伦·拉尼尔所愿，变成一只龙虾；或者花极少的钱体验极为不易且价格昂贵的事物，如飞跃喜马拉雅山。更为重要的是，我们将用它来体验新的社会活动，如音乐会、舞蹈、剧院和体育馆。”[2]

在这个全新的虚拟领域中，如何识别和保护所有权？例如，音乐作品结合了作曲家、词作者、表演者、分销商和其他参与者的贡献，这些人都有自己独特的主张。正如欧拓易公司在一份白皮书中所解释的那样：“区块链可以处理复杂的数字资产所需要的复杂产权问题，这些资产可以被正常地复制，最为关键的是能在时间上证明作者身份。”另外，令牌支持从区块链进程中已执行的嵌入式契约中的即时多面事务。

正如脸书兼奥克拉斯（Facebook/Oculus）的首席技术官约翰·卡马克所言，欧拓易公司的关键优势在于打造了一个全新的互联网平台和用户界面。当时还在摩斯拉公司工作的艾克和欧拓易宣布，他们将共同推出下一代欧拓易 ORBX 视频解码器。这是一种将图像编码和解码传输到屏幕上的解码器。因为还能将其移植到直译式脚本语言上，因此可以在任何浏览器上使用。后来成为 ORBX.js 的一部分。它包含在欧拓易的软件中而不是在定制的硬件芯片中。定制的硬件芯片可能需要等待 10 年的时间才能实现。

通过将欧拓易的 ORBX 渲染协议翻译成艾克的直译式脚本语言，任何浏览器都可以成为一个三维空间，用户可以将其限制在屏幕上，并占据一个空间。如此便不用再局限于在屏幕上打字了，你可以随时随地写下你的观点——这是一个巨大的进步。它预示着支离破碎、自上而下、围墙环绕、碎甜甜圈式的互联网的终结。在参加完欧特克（Autodesk）的新闻发布会之后，艾克在博客中宣称：“今天早上我望见了未来。”

艾克特别热衷于将烦琐的数字版权管理方案替换为在每帧视频

内加入水印。威廉·莫里斯奋进娱乐公司的负责人、欧拓易的重要推动者阿里·伊曼纽尔认为，这种进步最终可能会完全消除对数字版权管理的需要。虽然这种针对每个用户的水印曾经非常昂贵，但欧拓易却可以在云中进行这种操作。如此一来，每部电影的花销并不会很大。

正如欧特克的首席技术官杰夫·科沃斯基所指出的那样，其好处不仅仅是大幅降低计算机生成的成像和类似处理工作的成本。欧拓易软件通过将有创造力的人从大型工作站中解放出来，进而增加了协作和创新的能力。图形处理器组成的云意味着许多不同的视角，不同的相机角度可以同时进行渲染，而不必等待一个渲染结束了再进行下一个。“即使是在海滩上，”他说，“在你的 4G 平板电脑上就可以实现。”或者戴上隐形眼镜，穿上漂亮的衣服，有了全息摄像头，便可以沉浸在电子空间之中。

尼尔·斯蒂芬森的“虚拟实境”第一次有了实现的可能。不出家门，人们便可以到世界上任何地方去旅行，甚至还可以旅行到地球之外，并享受完整的视觉和触觉体验。人们将能够与图像进行交互，并能在虚拟域内买卖版权。他们将参加戏剧、电影、体育和新闻活动，并用新形态进行叙事。他们将在阿尔卑斯山上滑翔，飞向月球，徜徉在后谷歌时代的生活之中。

为此，欧拓易公司与迪士尼、优美缔、脸书、家庭影院频道、乔恩·斯图尔特、国家冰球联盟、探索频道、欧特克、英伟达以及亚马逊结成了紧密的合作关系。

正如 2017 年 7 月艾克推文所说的那样：“通过构建全息甲板、矩阵和虚拟实境，欧拓易公司正在预测未来。”

# 第十七章

# 缘分

斯蒂芬·巴拉班向贝蒂·孟求婚的那天，天空中划过一条巨大的钻石项链。那是上天对他们的祝福。4 年前在帕洛阿尔托学府大道上的奥伦鹰嘴豆泥店，他第一次见到了她。当时她正走进这家顾客熙来攘往的美食店。2017 年 8 月 21 日的早晨，他们俩在俄勒冈州的马德拉斯市，当天的日全食带大约是一段 70 英里的路段，这里是观看的最佳路径。

星星出现在天空中，日食之风使空气变冷。白日里的黑暗 2 分零 4 秒之后才消失。诡异的阴影带依然在地面上游移。此时正好是上午 10 点 29 分，太阳发出了返回的信号。众人期待的阳光从月亮后面钻了出来，斯蒂芬向他的女朋友献上晶莹剔透的钻石戒指，依旧心有余悸的贝蒂回答说“愿意”。

正如彼得·蒂尔在《从 0 到 1：开启商业与未来的秘密》一书中写到的那样：“每一个伟大的企业家首先是一个设计师……但这

些设计并不总能在首次尝试的时候就奏效。”[1]买那枚钻石戒指的时候巴拉班正在经历一场突如其来的伟大成功：在谷歌和亚马逊的游戏主场上击败了谷歌和亚马逊。这样的商业成功不仅别人觉得不可思议，就连他自己也觉得出乎意料。在这场大功告成的求婚到来之前，有一场关于深度学习的考验等着他。

巴拉班能说一口流利的普通话。他本来是密歇根大学计算机科学和经济学系的大四学生。2010 年他决定休学一个学期来到了北京。在中国，他帮助建立了美国 Y-C 创业加速器的中国“克隆”版。他用“缘分”来命名这个项目。“缘分”是中国人的命运观念，中国人认为是“缘分”把人们凝聚在一起。最终，他眼睁睁地看着这家公司因创始人之间的冲突而破产。这也成为他的人生阅历中的重要一课。

从北京回到密歇根大学后，他获得了学位，并前往硅谷。“真正的交易”才刚刚开始。他搬到旧金山历史悠久的唐人街里的一个房间，房间里有他自己的洗漱池，楼下还有一间共用的浴室。2012 年 4 月，巴拉班创办了一家公司，主要致力于教会机器去看和学，并专注于移动设备的人脸识别功能。他给自己的公司取的不是中文名字，而是一个希腊语的名字——兰姆达实验室（Lambda Lab）。为的是纪念图灵机器的美国版本，阿隆佐·丘奇的通用计算模型。

众所周知，从 2012 年开始人脸识别技术在手机上的运用如火如荼，但是却没有谁能够将其设计得足够紧凑并保证速度。巴拉班的工作引起了知觉公司（Perceptio Corporation）的学术大师扎克·斯通和尼古拉斯·平托的注意。2016 年 11 月，他们聘请巴拉班为苹果手机开发移动人脸识别技术。

和当时所有的其他项目一样，这个项目也是基于深度的神经网络处理。巴拉班解释说，所谓机器学习，“是指在移动设备的图形处理单元和其他神经网络上运行人脸识别，而不需上传至网络。”他认为人工智能并不需要在巨大的数据仓库中进行。这可以称得上是与那些蒂尔奖学金获得者的观点恰好相反的洞见。到 2013 年年中的时候，他已经有过与两位奖学金获得者生活在一起的经历了。他们是奥斯汀·拉塞尔和托马斯·索莫斯。但他花了好几年时间才终于将自己的观点转化为资本。“事实上，我过去也一直都在学习深度学习。”

2013 年 11 月他辞职离开了知觉公司。两年后，扎克·斯通和尼古拉斯·平托以 2 亿美元的价格将该公司卖给了苹果公司，它的人脸识别功能现在是新款苹果手机的标准功能。与此同时，巴拉班从一家提供本地化信息和服务的公司 NextDoor 公司，挖来了自己的孪生兄弟迈克尔，请他做兰姆达实验室的首席技术官。迈克尔似乎也完美地分享了双胞胎哥哥时运不济的特点。2015 年，NextDoor 公司已经成长为价值超过 10 亿美元的“独角兽”企业。

巴拉班兄弟二人致力于硬件的研究，利用便携式人工智能和人脸识别技术，他们设计了一款类似于谷歌眼镜或色拉布（Snapchat）眼镜的嵌入棒球帽的可穿戴摄像头。可是问题在于，在硅谷没有人能够制造出“兰姆达帽”（Lambda Hat）的原型。于是斯蒂芬回到中国，花了 6 个月的时间探索与香港隔河相望的深圳，那里简直就是制造业的大蜂巢。最后，他戴上了一顶酷酷的帽子，说着一口更加流畅的普通话回来了。伴随他一起回来的还有一条更加陡峭的销售曲线，无法制造，也无人问津这个产品。“这项技术还不成熟。”

斯蒂芬终于明白了这个事实。

尽管失望，但他仍然不想做“不属于我的东西”。2015年年初英特尔公司的机器人技术先锋，曾极大地促进了计算机视觉发展的加里·布拉德斯基成立了“柳树车库（Willow Garage）”机器人技术孵化器。《连线》杂志的凯文·凯利相信“机器人也有需求”，进而创建了工业知觉公司，并生产了一款“装卸机器人”。巴拉班发现，这种机器人能够“如此优雅地拿起并抛出盒子”。谷歌买下了这些技术。就是这位加里·布拉德斯基邀请巴拉班加入他的深度学习团队“神奇跳跃（Magic Leap）”。这个2010年募资5亿美元在佛罗里达成立的虚拟现实公司，得到了谷歌的资助。该公司登上全国性杂志封面的次数比其在虚拟现实领域的进展要多很多。当时尼尔·斯蒂芬森作为首席未来学家，也刚刚加入这家公司。尽管神奇无限并且资金充裕，但巴拉班还是心存疑虑。

那么，到底要跳往哪个方向呢？

2015年7月的阿瑟顿市，斯蒂芬·巴拉班、奥斯汀·拉塞尔和托马斯·索莫斯住过的房子最终以1000万美元的价格售出。与此同时，索莫斯引起了著名的蒂尔基金创始人的注意。蒂尔拿出200万美元，委托中国台湾半导体制造公司生产并推出了索莫斯的新款芯片。而拉塞尔的“秘密”无人驾驶汽车项目小马足迹（Pony Tracks），也获得了来自蒂尔、1517基金以及众多其他投资人的风险投资，大笔资金滚滚而来。巴拉班也找到了一个意想不到的方向。

维塔利克·布特林的高中朋友，当时正在谷歌大脑公司实习的克里斯·奥拉打败了巴拉班，获得了当年的蒂尔奖学金。奥拉和谷歌的另两位工程师一起贴出了一篇博客文章，标题是《感知主义：

深入神经网络》。[2]

这个标题本身可以做多角度的解读：可以是指他们正在使用的神经网络架构。这个架构又参考了关于一个名为“走得更深”的网络内模因，而这个模因又引用了 2010 年克里斯托弗·诺兰导演的电影《盗梦空间》中的一句话。在这部电影中，一个小偷透过一些管道偷偷地潜入别人的梦境。这篇博文简短地介绍了“一些可以窥视这些神经网络内部的技术”，接着还展示了一系列越来越迷幻的照片，看上去就好像这台机器正在产生幻觉一样。一只灰色的小猫咪变成了噩梦：一只毛茸茸的野兽，长长的大嘴、腿上还长着好几只黑色的狗眼和好几只鼻子。

巴拉班知道，这段代码和其结果所表达的意义。这是对蒙特利尔人工智能领域的双雄杰弗里·辛顿和约舒亚·本乔所提出的“多种学习假说”的视觉性总结。本乔将神经网络的基本工作看作一个具有层次结构的学习过程。每个新层次都是由前一层的解析所构建。机器从原始像素开始，将它们组合成从黑暗到光明的线条和曲线，然后再转换成几何形状，最终就可以编码成人脸或其他目标图像的元素。在这个过程的开始阶段，你会得到一个奇妙而扭曲的画面，一旦进入更高的层次，就会得到“梦和噩梦”的幻象。这一切皆如本乔所言，就像在机器学习的反馈循环中一样，梦境和噩梦阶段并没有感知到新的信息。如果没有新的输入，大脑或机器就会以有趣但无解的模式循环搅动旧图像。[3]

数以百计的人被奥拉的帖子所吸引，巴拉班就是其中之一。谷歌发布了代号为“深梦（Deep Dream）”的代码。程序员们都迫不及待地想要一探自己的梦中形象。

巴拉班决意要为普通人开发一款基于深度学习的图像编辑器。他在一个简单的网站上为大家提供各种过滤器，其中大多数的名字都是从艺术（如“木炭”“装饰艺术”）或迷幻亚文化（如“鼠尾草”“自我转化的机器精灵”）中提取而来。

2015 年“火人节”开始前的两个月，名为“burners.me”的网站发现了巴拉班开发的名为“梦想镜”（Dreamscope）应用程序，以及他发表的博客文章，文章的索引指向菲利普·迪克所著的非现实小说《银翼杀手》。接下来是 13 张充满梦幻色彩的火人照片，照片中是充满了迷幻的眼睛和毛茸茸的有如雨后春笋般出现的狗脸，这些图片融合了人类的幻想和反复出现的旋涡。[4]

这款名为“梦想镜”的应用“流行起来的速度比我所见到的任何应用都要快……第一天就有数百万的下载量。这是人们第一次真正了解神经网络是如何看待世界的”。

巴拉班兄弟很快就想明白了该如何支持这近 100 万的用户。他们的方法就是让每个人都能运行自己的小型机器学习的进度和编辑器。这个时候的兰姆达实验室还只有巴拉班双胞胎兄弟和他们的表弟一共 3 个人。通过对分布式队列处理系统进行扩展，“它允许我们根据需要向池中添加新的节点”。缺点在于要使用图形处理器就必须向亚马逊网络服务付费。

斯蒂芬·巴拉班选择采用谷歌模式，即免费赠送产品并收取“优质”订阅费用。问题是他的大多数“顾客”都认为，免费获得的那些迷幻般的照片已经足够好了。9.95 美元的“精品版”吸引了 10 万名买家，但仅仅 100 万美元还远远不够。

没过几个月，梦想镜项目就几乎因为太成功而消亡。亚马逊网络服务的费用增加到每月 4 万美元，而梦想镜公司的银行存款只剩下区区 15 万美元，又到了山穷水尽的境地。就像亚历山德拉·沃尔夫在她的励志小说《诸神之谷》中所写的那样，不管他们的世界体系是多么完美无缺，并非所有的项目都会繁荣昌盛。

“大多数初创公司都熬不到这么久。”斯蒂芬说。正如丹妮尔·斯特拉克曼所强调的那样，这个时候正是创业社区力量发挥作用的时刻。巴拉班清楚地记得当他第一次遇到斯特拉克曼和迈克·吉布森时的情景。他对他们怀着深深的感激之情，“迈克和丹妮尔看到了创立一家公司的情感因素，这是很多人往往会忽视掉的内容，那简直就是一辆让人心力交瘁的过山车。我意识到他们非常在意团队中的每个人是不是都能相互支持。用埃隆·马斯克的话来说，就是盯着深渊，嚼着玻璃。”

面对不断增加的亚马逊网络服务账单，巴拉班重新找到了 1517 基金，迈克和丹妮尔为他提供了 15 万美元赞助，这为公司赢得了四五个月时间，然而这依然不够。奥斯汀·拉塞尔投资了 2 万美元，后来又追加了 10 万美元；“神奇跳跃”的加里·布拉德斯基也投了同样数目的资金。巴拉班总算筹集到了 50 万美元。

从那一刻起，他本能地抗拒向亚马逊输送更多的资金，实在是做不到啊！这就是一个“从 0 到 1”的时刻。这也打破了硅谷最稳定的共识——风险资本家都认为，初创公司想要通过自建基础设施与亚马逊和谷歌竞争，简直无异于自寻死路。这一共识得到了过去 10 年最成功的两家公司——网飞（Netflix）和图片墙（Instagram）的有力证明。这两家公司都通过使用亚马逊网络服务，赢得高达数十亿美元的估值。有人告诉巴拉班：“不要计较成本，只管请求亚马逊扩大服务器的规模。你只需要关注用户，扩展业务就好了。”

然而，巴拉班却决定立即停止使用亚马逊网络服务。或许是受托马斯·索莫斯观点的影响，他花了 6 万美元从零开始建造自己的服务器。索莫斯认为，当今的服务器都是拼凑而成的，它们将 98% 的能量浪费在连接到内存和内存之间的数据传输上，或者浪费在“等待状态”中。巴拉班认为自己为“等待状态”花费了太多的时间和金钱。肯定有一种更好的方法，胜过向亚马逊的图形处理器发送动辄几兆字节的数据。“把它们存放到磁盘上，然后请联邦快递寄送过去，一定会更快更便宜。”他总结道。

在巴拉班看来，精心设计的亚马逊系统其极致的性能主要体现在英伟达公司的顶级“机器学习”特斯拉图形处理器（Tesla GPUS），英伟达的游戏芯片不仅比亚马逊的便宜 10 倍，而且速度也更快。对巴拉班的机器学习算法来说，重要的不是所有自定义的机器学习特性，而是每 1 美元可用浮点运算的数量。正如比尔·达利在英伟达公司所展示的那样，机器学习本质上是摩尔定律在处理速度和并行化方面进步的产物。如果在手机上可以实现的话，何必要送到达尔斯去呢?

巴拉班决心将每 1 美元的可用价值最大化。这意味着他的公司既不会再使用达利所说的英伟达的骄傲，也不再使用谷歌的乌尔斯·霍尔泽勒视若珍宝的张量处理单元，而是使用游戏机器精视（GeForce）处理器。

英伟达的代表试图吓唬他，说游戏芯片“不是为数据中心设计，不能依赖它们来处理机器学习的任务”。还说他们不支持这么做。这就是硅谷所谓“FUD”策略——恐惧（fear）、不确定性（uncertainty）

和怀疑（doubt）。这和10年前英伟达生产出廉价替代设备的时候，IBM这样的老牌生产商的做法如出一辙。

巴拉班一直在关注自己公司每1美元的失败指数。经过计算，他发现高端市场的特斯拉芯片售价约为5000美元，但浮点32性能的芯片只可实现10.6亿次浮点运算，而这款精视（GeForce GTX 1080 TI）游戏芯片能产生11.3万亿次浮点运算，每模块售价只需580美元，二者相差犹如天壤。在巴拉班的"每一美元浮点数"的模型中，游戏芯片是原来芯片的24倍。

但是巴拉班失望地发现，英伟达并没有将精视图形处理器板块以他的服务器群组所需的极小数量进行出售，这看起来简直就像是在"表演终结者游戏"。他回忆起与奥斯汀·拉塞尔讨论过的关于为密码挖掘构建图形处理器集群的内容。

显而易见的解决之道是"去弗莱斯电子大卖场购买一切"，这是硅谷主要的电子产品零售连锁店，销售索泰（Zotac）和华硕（Asus）在中国台湾生产的电路板。兰姆达团队剔除了湾区1080 Tis处理器的供应，以防给那些需要为自己的服务器提供模块加密采集器的人带来了任何危机。

2016年1月，拉塞尔邀请兰姆达团队搬到小马足迹牧场来，将他们安顿在游泳池后面的车库里，并让他们免费使用那个地方，只需要支付他们自己的电费就可以了。巴拉班和他的团队使用带有图形处理器集群的游戏主板从底层开始构建服务器，他们在24千瓦的电线上安装了自己的100安培分线盒。

2016年2月13日凌晨4点27分，他们使用GTX 980 TI Maxwell体系结构启动并运行了第一个服务器。最高的计算速率是

5.63 万亿次浮点运算。每台机器有 4 个模块，总共 225.2 万亿次浮点运算。这使他们成为拥有了近 1/4000 万亿次浮点运算集群的世界顶级超级计算机。

在对巴拉班的进步感兴趣的人群当中，有硅谷的巨头乔治·哈里克，他和巴拉班一样，也曾在密歇根大学学习计算机科学，后来开发出了谷歌的关键字广告程序。哈里克说："我不知道梦想镜会如何发展，但是如果你们擅长 Linux 系统管理，可以做的就是图形处理器云服务。"谷歌排名第十的员工建议他们在云服务方面与谷歌开展竞争，这真是个有意思的想法。

巴拉班和他的团队已经学会了如何将机器上的浮点运算最大化，最直接的效果就是再也不用支付亚马逊的账单了。6 周后，这笔 6.6 万美元的投资获得了回报，也让梦想镜项目大获成功。他们的团队也得到了壮大：斯蒂芬和他的兄弟迈克尔、利用神经网络将照片转化为绘画的首席专家李昌勋、从伯克利大学的软件工程博士项目辍学而来的史蒂夫·克拉克森。

到 2016 年 12 月，梦想镜的货币化计划已初见成效——他们拥有许多狂热的用户，通过数百万的下载量，每月的收入约为 5000 美元。如果有更多的资金和更长的跑道，它很可能会成长为一个有利可图的产品。

但是巴拉班决定降低在梦想镜上的投资，转而进入计算机基础设施市场。他会像迈克尔·戴尔早年那样，靠卖机箱为生吗？巴拉班把家族成员纷纷拉进来，还从达特茅斯学院挖来了杰克逊·森格尔。他是巴拉班的高中同学，也是一位生物工程博士，熟知核糖体可以制造体内所有的蛋白质。为什么不能打破硅谷定下的那些规范呢？正如2014年彼得·蒂尔对同事们说的那样："做一些在别人看来都认为很愚蠢的事情"。为什么不直接销售自己生产的电脑呢？

他们开始动手分步骤将零件组装在一起，披星戴月、不眠不休。由于在图形处理器方面的巨大优势，每个模块的成本仅为580美元，也就不必使用特别高效的装配。他们的产品就是一个图形处理器工作站，包含4个英伟达生产的图形处理器精视游戏模块，兰姆达的售价是每台1万美元。如果你想用他们生产的计算机为你提供云服务，那么每台售价2.5万美元。

他们把产品放在自己的实验室网站上，也放在亚马逊上售卖。"不是使用亚马逊网络服务，"巴拉班强调说，"只是借亚马逊网站销售而已。"产品取名为"深度学习进步主机（Deep Learning DevBox）"，其中"Dev"是"development"一词的缩写。得知他们使用谷歌关键字广告做推广，乔治·哈里克一定很高兴。

2017年3月，DevBoxes一上市就给公司带来了2.5万美元的收入，这足足是梦想镜的5倍之多，真是太了不起了！4月，DevBoxes销售收入为7.5万美元，是梦想镜的15倍。5月，DevBoxes的销售收入为13.5万美元。8月，日食奇观之日求婚也大获成功。到了11月，DevBoxes的销售收入已近50万美元。他们准备推出数据中心业务，该业务将首先经由梦想镜测试，巴拉班说："这将在公司的云服务上进行先行测试。"

哈里克认为，他们可以从事图形处理器深度学习集群的Linux管理员业务。另一位前谷歌的员工也激励了巴拉班，肯·帕契特是谷歌绿色数据亚洲中心的创建人，后来又转而为脸书创建了数据中心。他向巴拉班解释了数据中心超额成本的来源——每周7天每天

24 小时全时段的可靠性、冗余和电池备份、各种昂贵的碳抵消能源替代品、所有的高端专用集成电路（ASICS）以及空调费用。

或许遍布世界各地，体积巨大的谷歌数据城堡所提供服务的效率（浮点运算数量 / 瓦）和费用（浮点运算数量 / 美元），正在变得越来越差强人意。搜索对谷歌来说早已不在话下，但新的贝尔定律制度即将形成——一个分散化的新时代，手机上的人脸识别，汽车上和移动终端上的数据中心。诸如此类的一切驱散了云（clouds），开启了“云天计算（sky computing）”的新时代。

第十八章

# 云天计算的兴起

在谷歌云的发展过程中，乌尔斯·霍尔泽勒几乎从一开始就处于中心地位，从备受争议的谷歌达尔斯数据中心，到无处不在的谷歌影响力，这一切都是在他的主导下完成。2017 年年初，在一年一度的光纤大会上他报告了一项巨大成就。该会议汇聚了全世界最顶尖的光学工程师和科学家，大家齐聚一堂，思考对调制光的无限需求，探讨对调制光进行传输、放大、添加、下降、定型、移动、开关和携带所需的各种精密器械。[1]

光纤系统部署的石英光纤线经过非放大型的拉伸，其跨距相当于整个长岛的长度。每根光缆中有成千上万根光纤，每根光纤中都有好几十组不同波段的数据在传输。这些玻璃光纤每一根都是那么纯净，纯净得就像你能一眼看透 40 英里厚的窗户一样。霍尔泽勒所宣称的“低功耗、高密度相干光学”是信息时代工程学的壮举之一，这使他能够在 6 年内将数据中心的带宽增加一倍。他的 4.2 万赫兹全球信息收发器，每秒能完成4.2万次搜索，每一次搜索都需要完成上千次的计算步骤，这真是一项历史性的技术成就。

随着这个巨型赫兹设施的建造，谷歌成为世界上领先的光纤公司之一。它拥有横跨太平洋的第三条电缆，其中的一条从加州到中国香港，总长度12,899公里，以每秒144太比特（terabit）的速度传输数据。自2010年谷歌在美国西海岸和日本之间开通统一电缆以来，带宽的传输速度提高了29倍，2018年，谷歌计划从纽约到日本再铺设一条带宽更宽的光缆。

与会者当中，云集了光子领域的诸多天才，大家都取得了令人敬畏的成就，霍尔泽勒也向他们表达了感谢，并提议大家一起庆祝。但他来洛杉矶不是为了庆祝，而是为了抱怨，他宣称，自己的全部努力都是为了“挑战那一堵墙”。[2] 持续不断的带宽增长，7年里增长了60倍，这样的增长既不充分，也太昂贵。面对全球范围内内存、存储和计算的分崩离析（我在第二章中描述了“施密特定律”）和谷歌服务需求的激增，在带宽和连接性方面，他几乎需要立即实现十倍的跃升。

全球的激光、波长分割网络和相干光学其实都在努力做同一件事情：从绑束在一起的每条光纤中，从每10微米几百条不同的信息中，捕捉以光速运动的光子，并将它们传送到正确的地址。输入和输出既困难又昂贵。霍尔泽勒期待3.0版的云能以1/10的成本在自动化设备上批量生产可插拔的光纤模块。在遵循摩尔定律的前提下，他希望光纤比微芯片设备进步得更快，还希望价格也能大幅下降。他想要“月亮”，现在就要，还要求廉价。

在这个或许是世界上最勇敢、最充满活力的科技产业中，霍尔泽勒的抱怨与生活的事实背道而驰，这是一种范式即将凋亡的前兆。当这种范式不再符合现实世界的客观条件的时候，它就注定会被淘汰。由于对免费商品毫无止境的需求，霍尔泽勒和谷歌团队的其他成员提出的需求，超出了经济和技术现实的范围。他们对自己的产品也没有真正的了解。价格信号记录了需求，却没有任何信号被接受。对免费的承诺和所秉持的零边际成本的经济理念，注定会让谷歌蒙羞。

“免费”中所隐含的近乎无限的需求，遭遇了带宽、光学创新和金融的限制，这一限制反映了时间所具备的不可阻挡的稀缺。这种有限性产生的不是零边际成本，而是几乎无限扩大的边际成本，也就是霍尔泽勒所说的“墙”。面对谷歌大量有价值产品需求激增的情况下，却期望不需要付出任何成本。想想看，世界上有10亿青少年沉迷于使用开源的安卓手机，每天平均80次使用“免费软件”。[3]

谷歌在重新定位数据中心的计算方面取得了巨大的成功，它以“免费”的承诺实现了前所未有的规模，但免费流带不来现金流。它绕过了在无情的价格信息传递情况下的创业性学习。没有价格，留给消费者的仅剩下时间的缺乏。除了每周为智能手机客户提供数十小时的服务外，谷歌的服务也即将接近尾声。

霍尔泽勒生活在一个梦想的世界里，有无限多但最终都是虚幻的需求。10年过去了，一种新的模式正在形成。这个新的范式将数据中心与艾字节（exabytes）的记忆和每秒千万亿次浮点的运算能力相结合，并将海量的专业软件和巨大的冷却塔安置在河流和冰川的附近。这些数据中心总是与古老的似乎患有裸露癖并总能产生

“绿色”能源的风车和太阳能电池板同时出现。这些都是一个个纪念碑，纪念这即将逝去的时代。穆尼布·阿里的区块堆技术解释了这种转变：

谷歌和脸书在应用层中获取了巨大的价值。但他们随后不得不开发众多的协议和基础设施，以便能进行实际性的扩展。如谷歌的文件系统、映射规约系统（一种数据库工具）、应用层协议（从链接流量中移除延迟）等。他们早期创造了巨额的财富，也拥有无与伦比的资源。

这种体系结构导致了巨大的壕沟。大公司因为拥有所有的数据，就导致了别人无法拥有资源，也就无法在协议/基础设施层进行创新（一切都留给了霍尔泽勒和他在谷歌的同事们）。

创新总是不可或缺的，问题是谁有意愿去领导这场挑战呢？在后区块链的世界中，模型发生了转变，（大型公司之外的许多团队）有更直接的动力去解决协议和基础设施创新等方面的难题，这注定是一场巨大的变革。[4]

区块链和密码技术的进步构成了新的贝尔定律阶跃函数。霍尔泽勒设想并呼吁用更宽的带宽进行更密集的图像传输，使其从 4k 像素宽提升到 8k 像素宽。他的目标是能在他的数据中心用机器智能处理更多的标记，用更多的能耗达到更快的运算速度。但是正在发生的变革，其影响比霍尔泽勒所设想的更加深远。

新型因特网计算机体系结构和密算体系的安全模型意味着，现有贝尔定律制度必将消亡。在旧的制度之下，各数据中心充斥着海量的应用程序以及某些巨型公司所拥有的海量客户数据，在这样的数据中心进行数据处理，势必密“云”重重。但是在区块链系统中，数据将对所有用户可见，并允许所有用户之间相互操作。故而这些数据并不会为基础设施供应商所独占。

随着密算体系获得了动力，这些水冷“云”所扮演的重要性将会进一步下降，取而代之的将是分布式、对等、透明的全球数据集以及新的安全模型。这种模型将会在风冷的笔记本电脑和便携式电脑上到处扩散。驱散乌云，才是极限。

区块堆、合约币（Counterparty）、根链（Rootstock）等为基于中本聪的比特币区块链提供了身份和数据的安全网络平台。作为一种专门用于保护金钱的技术，比特币在其 OP_RETURN 指令下，仅提供了 83 字节的文本存储。这对于内存指针和压缩的数学散列来说已经足够了，但是对于一条完整的社交推文来说，却还远远不够。比特币通过更多的安全性来弥补容量的不足。

比特币是用于转账的计算器，以太坊是用于执行程序的全球计算机。比特币是公共账簿上“令牌”借方和贷方的记录者，以太坊则是一个“虚拟机”，用于为智能合约或有条件交易制定和发送软件指令。为了支付所有费用，以太坊还提供了以太币。

嵌入以太坊的区块链中，智能合约可以进行金融交易或货币交易。布特林的以太坊和自动售货机相似，任何类似的逐步树算法都适用（插入了正确的硬币，指定了购买选择，你就可以在下面的插槽中收集你要的东西，如果没有收到想要的东西的话，用拳头敲打机器也只是徒劳）。

在公开推介他的系统时，布特林说他希望以太坊能够助力“去中心的文件存储、分散计算和预测市场的协议，并通过增加一个经济层，为其他对等协议提供巨大的推动力”。大多数其他的密码企业都使用了这种更灵活的以太坊区块链和固态编程语言来构建各自的基础设施。

为了最终抵达并具有独创性，想要胜过魔像（Golem）项目是一件不容易的事情。魔像项目自称“电脑界的爱彼迎”，当你不使用电脑时，它会租用你闲置的电脑资源，然后将这些资源和其他资源组织成一个虚拟超级计算机。魔像项目在“天空”为这台超级计算机租用各种循环和软件，它是一个分布式的区块链系统，记录了所有计算机之间的捐赠和支付款活动，它承诺使用世界各地剩余的计算机力量并进行密集的并行计算。对于编程，它提供了一个应用程序注册表和应用程序存储库，以供软件作者使用。它为“验证器”提供了防火墙“沙箱”，以便在不影响平台运行的情况下测试软件的完整性。为了将这些系统连接在一起，它提供了魔像网络令牌（GNT）和事务框架，该框架安排所有参与者按指令支付报酬。

全球的计算机和全球的网络令牌为数十亿台本处于休眠状态的笔记本、平板电脑，甚至智能手机的计算周期供应商提供了经济激励。魔像项目还为软件开发人员、测试人员和验证者提供了一个智能的契约矩阵。这是一个新的计算生态系统，正如区块链开发人员伊凡·利尔奎斯维特在他的博客“伊凡谈技术”（Ivan on Tech）上评论的那样：“我能对事务框架进行编程，并希望每次操作都能得到微支付。因为在使用该软件时，每个操作都会被执行。如果能这样的话，真是太棒了。”[5]它可以从根本上改变软件的编写和销售方式。

魔像项目认为自己的长远目标是构建第三代网络（Web 3.0）的关键元素。在 Web 3.0 中，各种类型的内容无须中间商就可以直接生成和交换。如果成功了，巨头们自上而下的“筒仓”将会被分散的互联网所取代，没准还能连接到胡安·贝内特和他的文件币（Filecoin）的庞大文件系统中的存储领域。贝内特正在领导一场有众多存储公司参与，通过租用类似模型上未使用磁盘空间的运动。

世界各地的科学家们可以利用魔像项目来进行诸如定量金融模型、纳维叶－斯托克斯流体方程、气候变化大气模型、蛋白质折叠几何、机器学习权重、药理学抽样统计方面的计算。要不了多久，世界上的大部分人口将转向全球超级计算机，并通过这个星球的虚拟现实模型计算它的运行速度。作为魔像项目影响力的标志之一，魔像网络令牌一直以来都是以太坊平台上最为广泛持有的加密数字资产。从 2016 年 11 月至 2018 年年中，魔像网络令牌的价值增长了 40 多倍。

在最初测试的市场中，魔像项目通过选择图形渲染和可视化来激发人们的热情。通常所说的“图像合成”，是一种计算机化的过程，是从二维或三维的计算机模型中生成逼真的或动画的场景，渲染和可视化遍及建筑、教育、建筑，计算机辅助设计和工程、房地产甚至外科等各个领域。

架构师使用三维建模软件来显示纹理、灯光和微小细节；外科医生依靠高质量的器官扫描来诊断和治疗病人。可以渲染《南方公园》一类 2D 卡通中的常规场景，也可以渲染像《阿凡达》中动作密集的情节或交互式 3D 游戏中复杂的质感图形。技术正在加速进步。仅仅 10 年前，在《美食总动员》的时代，当时渲染每一帧动画都需要 6.5 小时。现在，成千上万个并行的图形处理器可以同时在亚马逊云端进行实时渲染。

渲染市场预计近 20 亿美元，而且还在以每年 22% 的速度增长。这个市场由拥有超级计算机的娱乐公司和遍布全球的数百家“渲染农场（render farms）”主导。魔像宣布它将进入这个领域，继而引起了成千上万游戏设计师、架构师和虚拟现实实验人员的兴趣。现在，这些用户发现自己正在排队等待多核英特尔至强处理器阵列上的超长时间程序。

然而，对于魔像来说，渲染只是测试市场的“黄铜”版本，在公司进入其“石头”和“铁”版本等其他超级计算机功能之前，它要用免费的“混合器”软件来收获那些低挂的成果。

2017 年年底，也就是魔像项目成立的一年之后，专注于渲染的欧拓易公司发起了自己的渲染令牌（RNDR）。欧拓易公司于 2008 年便获得了一项令牌使用专利，在联合创始人朱尔斯·乌尔巴赫和艾丽萨·格林格的领导下，发行令牌是该公司一直以来的期待，他们同时希望以此来促进渲染市场的发展。与魔像不同的是它建议在中央处理器的并行数组上执行其呈现功能。从一开始，欧拓易公司就专注优化图形处理器以便实现这样的效果。欧拓易公司的奥克坦图形渲染器（OctaneRender）是渲染行业的行业标准，也是奥克坦工作台值单元的基础。魔像将以此作为渲染任务的度量。

欧拓易公司建立在乌尔巴赫的大脑之上。早在彼得·蒂尔开始给那些离开学校去创办公司的孩子们发放奖金之前，朱尔斯·乌尔巴赫就已经放弃了哈佛和所有的学术化妆师，转而继续他在游戏方面坚定不移的创造力。他的第一部成功之作是华纳兄弟互动娱乐出品的《地狱出租车》，25 年前这部电影还只能以只读光盘的形式上市发行。作为一名图形和软件天才，他还为律动公司（Groove）制作了业内首批 3D 游戏。其后，经过几个月夜以继日的发明和创造，他终于创建欧拓易公司，从而进入实时 3D 渲染和流媒体领域。

如今 43 岁的乌尔巴赫身材高大，目光炯炯有神，看上去像主演电影《冲突》（*Serpico*）中的阿尔·帕西诺。在 2017 年即将结束的时候，他宣布了自己的计划：

在创建欧拓易公司的时候，我的目标是建立一个开放的系统，使任何人能够像上网一样毫不费力地渲染和重新混合所要模拟的现实。就像网络为文本和数字媒体所做的那样。

分散和开放的全球渲染系统是颠覆性服务和平台后移的沉浸式计算世界演变的基础。这就像是在谷歌、亚马逊和脸书上创建的开放型网络一样。

……

奥克坦图形渲染器使用了几乎在任何个人电脑中都能找到的廉价图形处理器。用以生成接近现实的（photoreal）的图像和媒体，其质量超过了电影行业中央处理器。在电影行业，动辄需要耗时数小时进行渲染。

……

渲染令牌的目标是简化渲染和流化 3D 环境的事务处理，使得混合现实体验和虚拟对象对最终用户和内容创建者来说更加简单。[6]

这种动用全球计算机参与渲染能够成功的可能原因之一便是区

块链，它可以公开记录在计算机上租用未使用的空间，以及将渲染过的图像交付给用户的整个过程中所有错综复杂的交易。正如乌尔巴赫所指出的那样：

整合与以太坊的智能合约，意味着该服务中内置了丰富且无可争议的数字权利决议。这对于解决共享 3D 场景中永久状态的更改非常重要。对于这些场景，证明作者身份和重新构图的权利需要时间。

从工业工程师和建筑师测试光泄漏的 CAD 模型，到模拟科学家探究宇宙早期星系的形成，再到创作者和消费者分享全息虚拟世界和经验，区块链上的分布式图形处理器渲染系统利用大规模仿真资源降低了成本。

乌尔巴赫说，这个系统将“对现实世界的工作很有价值，而这些工作在本地或集中的图形处理器上快速完成将会非常昂贵。我们相信，用户将能够以越来越少的硬件、延迟和能源成本完成越来越多的工作”。[7]

在 2017 年 9 月的一篇博文中，布兰登·艾克总结了欧拓易公司的计划，并将其与自己的注意力币进行了比较：

4 年前，我在《今天我看到了未来》一文中提到了欧拓易公司。从那个时候起，这家公司的创始人朱尔斯·乌尔巴赫和艾丽萨·格林格对朱尔斯的愿景的阐释深深地鼓舞了我：

……

毫不费力地渲染和重新混合模拟现实，就像网络对文本和数字媒体所做的那样。

现在，欧拓易公司正在构建自己基于图形处理器的渲染令牌，将增强现实/虚拟现实（AR/VR）、游戏和电影渲染分散给超过700万个图形处理器的所有者。渲染令牌的优点与注意力币的优点一致，都表现在以下几个方面：

1. 效率（Effciency）：工具令牌解锁了对空闲或错误定价资源的访问。例如，渲染令牌之于图形处理器，用户的注意力之于注意力币。

2. 防欺诈（Fraud resistance）：令牌作为一个低欺诈的账户单位，仅在区块链验证之后才进行支付。

3. 社会信用（Social credit）：预先创建一个不出售的令牌池，通过法令授予用户令牌。

……

分散渲染需要对结果进行验证。直到提交任务的作者通过抽样和测试确认结果的质量之后，令牌才会流动。渲染者根据完成工作的程度和质量获得和失去声誉。

分散的渲染需要保密。在当下的技术反讽之中，为数字版权管理创建（DRM）的相同类型的安全硬件（如ARM TrustZone）有助于解决保密问题。

在我最初撰写的关于欧拓易公司的博文中，我主张水印不可避免，水印要比数字版权管理更有效。欧拓易自2009年开始开发和部署水印。大型共享的增强现实/虚拟现实世界不可能“加密任何你看到的”（就像固定媒体的数字版权管理所做的那样）。

然而，正如“第二人生”中的经验所显示的那样，在这些共享的虚拟世界中，模型和艺术的创造者需要得到有效和公平的保护。

不可磨灭的水印是解决问题的关键。有关更多细节，请参阅渲染令牌上的“水印和加密托管事务：更多关于以光子为驱动的经济的细节”及相关部分。

渲染令牌、注意力币以及其他类似领域特有令牌的前景让我兴奋不已。它们将把虚拟实境经济绑定成一个连贯、公平、分散的整体。未来将会被烙上深深的令牌印记。[8]

未来，乌尔巴赫还会带着他的系统超越渲染领域，以便实现魔像项目的更多议程。当他和艾丽萨·格林格正在启动渲染令牌的第一步时，他忘记明确地指出这样一个事实：基于图形处理器的全局渲染并行超级计算机对于其他应用程序而言也是最优的。关于这一点英伟达公司的比尔·达利说了很多。大部分的机器学习活动，譬如说霍尔泽勒的数据中心，都发生在图形处理器集群上，欧拓易公司新的基于区块链的分布式渲染农场可以对这些处理器进行模拟。

欧拓易擅长在不同用途的最佳配置中加入中央处理器和图形处理器周期。它与竞争对手以及合作者，通过利用全球数十亿台计算机中的图形处理器资源，最终可能建立起一个虚拟的巨型并行计算机。这将使谷歌数据中心仅有的数百万台服务器上的中央处理器和图形处理器相形见绌。

欧拓易和魔像项目一起将引领区块链超级计算机走向市场。

加州大学伯克利分校的格雷德币（Gridcoin）为伯克利网络计算开放基础设施（BOINC）筹集了1100万美元，并在伯克利分校的众多学科数学、语言学、医学、分子生物学、气候科学、环境科学和天体物理学中为分布式的"研究证明（proof of research）"提供了中间件。Streamr与魔像在数据传输层协作，为流动内容（streamed content）提供了一个新的分布式网络架构。俄罗斯莫斯科的SONM.io正在试验一种"雾（fog）"计算模型，该模型利用分布在"云边缘"的资源，向电信企业和网络所有者提供租用服务，它的市值已经达到了5500万美元。

所有这些项目都在利用区块链技术协调数十亿随机分布的计算机所有者。通常，这些所有者拥有未被使用的资源，这些资源便可以形成虚拟超级计算机。每个令牌都支持不可变的时间戳区块链事务，并将其与许多其他事务连接在一个机器智能网格中。在并联水冷机房中互连机架上的系统所实现的大部分业务进展，世界各地数千台风冷计算机通过分散的网络互连后也能实现。

这种冒险，很多都会失败，但众人一起就可以将下一代网络从封闭的捕获数据的"筒仓"中解放出来。密算体系可以调动计算机的容量，甚至能使利维坦的数据中心都自愧不如。在这种情况下，谷歌计算机科学技术的进步使世界从谷歌的筒仓中解放出来。

云中封闭超级计算机并行资源的每一项进展，都促进了在"天空"中创建开放超级计算机的进程。每一根光纤电缆都有助于将当前随机计算机中的一组高效虚拟机连接起来。英伟达的达利将会惊奇地看到，他期待在全球架构上的进步，正在区块链数据和处理的全球网络中得以实现。

之所以能够实现这样的成就，是因为该行业将注意力从计算的成果转移到了信任和安全的根源上。现有的网络体系结构呈现出上大下小的特点，其间有大量可以完成任何任务的应用程序。只可惜在其底层协议中存在漏洞，身份、产权和其他各方各面都是建立在这样的系统基态上。

作为一个全球性的复制机器，互联网创始人建立了起源、事实、真相、时间戳和基态。除了因特网这个滑溜溜的斜坡之外，区块链还可以提供一个不可变的数据库，并在这个数据库的基础上，构建新的信任结构。

数据一旦被植入全球性的区块链上，就不再需要创建物理外壳以构成一个大型的并行计算机；再也无须在偏僻的河流或北极地区去计算数据，更不需要将超级计算机发射到寒冷的外太空去。正如互联网可以调动世界各地的房间、汽车，甚至私人公民的劳动一样，区块链也可以将全世界的计算机组织起来。如果电脑可以如此地忙碌，房间、汽车和工作岗位也将接踵而至。这一切的到来所需要的只是时间而已。

## 第十九章

# 波及全球的躁动

马努埃尔·阿约是一名受过良好教育，个性出众的工程师。他建立了“经济和社会研究中心”，以推广“奥地利学派”的路德维希·冯·米塞斯和化学哲学家迈克尔·波兰尼等人的经济学思想。几年之后，阿约和该中心的其他成员创办了一所大学，并以弗朗西斯科·马罗奎恩的名字命名了这所大学。马罗奎恩是一名西班牙主教，是与马丁·路德同时代的人。[1]

1972 年 1 月，在内战愈演愈烈之际，阿约被任命为弗朗西斯科·马罗奎恩大学（UFM）的首任校长。

阿约的视野长远而深邃：

纵观世间大学之宗旨，念人类过往者寡，念世间永恒真理者众。故大学谨当立于世事纷争之外，以志科学与学术自由之不坠。自由者，人类生存之必须，须臾不能离也。或曰大学者，象牙塔也。余今视之虽其言不屑，仍不能弃也。为学者，切勿委身于政治之争。当反身自省，专攻学术，以证此塔之高洁。置身此水晶塔内，师生一堂，格物致知，方可见微知著，求得未来。[2]

马罗奎恩主教自己也曾在危地马拉建立过一所学校。这便是美洲最古老的大学之一圣卡洛斯大学。阿约的新大学以教授自由市场和自由社会为重点，开设了与旧大学截然不同的课程。[3]

从“40名学生在租来的房子里”开始，弗朗西斯科·马罗奎恩大学10年内买下了市中心的40英亩土地。在这片曾经污水横流，垃圾满地的半废弃的土地上，在这个暴力肆虐却美丽自然的城市，一个宁静的校园拔地而起，错落有致的砖房，大树参天，绿草如茵，蜿蜒曲折的小径，构成了学术自由的宁静绿洲。

学术自由必将带来其他类型的自由。1996年，危地马拉新总统阿尔瓦罗·阿尔祖委任年轻的工程师、国会议员阿尔弗雷多·古兹曼负责该国功能失调、价格昂贵的国营电话系统的私有化。当时，危地马拉的国有电信公司将业务重点都放在城市地区，但是这个国家的大多数人口都住在城市之外。

作为弗朗西斯科·马罗奎恩大学的毕业生，古兹曼召集了一个主要由该大学毕业生和教授组成的团队。过去农村人要想打电话就得开车数英里到城里去排队拨号，有的时候拨一个号码就得等上10分钟，而且价格还高得离谱。得益于这个团队的私有化计划，几年之后，这个国家成为中美洲各国当中人与人之间联系最紧密的国家。2012年的一项案例研究报告这样写道：“改革7年后，移动电话线路数量超过了全国人口总数。”[4]

2003年，电信改革者之一吉安卡洛·伊巴根出任弗朗西斯科·马罗奎恩大学的新任校长，这所大学也成为世界上第一个Wi-Fi信号全面覆盖的大学（成为当地一家设备公司的“测试站点”）。目前弗朗西斯科·马罗奎恩大学在全球50所最佳古典经济学研究的排名中名列前茅，甚至超过了米尔顿·弗里德曼主持的芝加哥大学。[5]2009年，彼得·蒂尔接受伊巴根的邀请前往该校参加毕业典礼发表演讲，并荣获该校授予的荣誉博士学位。非常荣耀的是，这所大学设立了乔治·吉尔德计算机中心，它的这个举动吸引了我的注意。2013年6月，在伊巴根的继任者加布里埃尔·卡尔萨达鼓舞人心的领导下，弗朗西斯科·马罗奎恩大学成为美洲第一所接受比特币支付的大学。“创业城市研究所”在那里安家落户。在某种程度上，它成为电子货币的一个载体，成为马克·克鲁格曼运动的一部分。这让人想起了阿约校长在近半个世纪前的愿景——使大学成为一个致力于发现“未来可能样态”的社区。

“是谁抓着袋子不放呢？”

图尔·德默斯特那轻蔑的声音通过Skype网络电话从比利时传到危地马拉的教室里。大屏幕上显示的是一个留着传统发型，书生气息浓厚的年轻人。我原以为他的比特币可能只是一个庞氏骗局（Ponzi scheme），“矿工”发家致富，后来者却被敲诈洗劫。

2014年5月，我刚刚挤进了国际比特币黑客社区。当时，我在危地马拉接受了弗朗西斯科·马罗奎恩大学的荣誉博士学位。在危地马拉城火山“第十区”的深谷中，我意识到一个新的世界体系正在脚下震颤，喷薄欲出。

我坐在这所大学一间教室里的一张大圆桌旁。从9层楼高由半透明的硅、相互连接的砖块和玻璃组成的高塔上，可以看到一棵巨大的九重三角形的树，并装扮以粉红色和红色的花朵。这就是阿约理想中“水晶塔”的模样。聚集在我身边的是一群“神谕”编码者、先驱教育家、技术冒险家、黄金导向的价值投资者、激情四射的自由主义者、“自由区域”的设计者以及解密高手兼比特币玩家。他们同时扮演着所有这些角色，并传递出了进行金融变革的一致愿望，这将使自由更加兴旺，使经济机会焕发出新的光彩。

起初，我对这一运动抱持怀疑的态度，主角们年轻气盛却好高骛远，他们既激进又保守，既天真又太过超越了体面的界限，我认为这样的品质无法为新的金融和银行业发展打下基础。但在他们强烈地呼吁我关注这所大学在开源编程语言方面的精湛技术，以及在政治范式改变方面的努力，并向我展示了管理错综复杂的金融加密市场的能力之后，我意识到他们的这场运动很可能会颠覆当前这种头重脚轻的监管制度，进而颠覆全球的货币银行体系。

犹如悬崖峭壁上矗立的科尔特斯雕像一样，我发现自己正面对的是一个由新货币形式推动的新型经济学领域的广阔海洋。毕竟，在过去的几千年里，所有让经济增长成为可能的都是某种新的货币形式。如果人类依然深陷以物易物的艰难泥沼，那么世界的财富不可能有当下的规模。复式记账法促进了威尼斯的商业革命。现在，比特币玩家们已经开始探讨新的永久分类账及“三重记账法”在区块链中的运用。

无可争辩的是，货币和金融的发明与世界上所有的财富积累都是密不可分的。金钱的价值来自它能衡量数以万亿计的交易，并能储存随时间和空间而流动的价值。货币技术上的任何一个真正突破，都可能做出类似的贡献。

我想起了风险投资大师马克·安德里森曾经说他在寻找那些“花小钱办大事”的公司，毫无疑问，这群资金多数来源于自筹的企业家符合这一要求。他们中的大多数，其公司资金主要来自各自正在开采、铸造的比特币的增值，以及他们那套巧妙的新软件体系结构的支持。

与这一条相吻合的还有这座让人觉得不可思议的大学。在短短的 45 年时间里，在美丽而贫穷的危地马拉城建立的这所大学，成为学识渊博的奥地利学派经济学家和新时代技术专家的联盟，并在世界上也占据了一席之地。

我们在弗朗西斯科 · 马罗奎恩大学，通过网络与远在旧世界中心的图尔 · 德默斯特交谈。2012 年，23 岁的德默斯特以 5 美元的价格购买了比特币。他兑付了将近 500 美元投资了两家公司，一家是名为“克拉肯”的“交易所”，另一家是名为“科因特拉”的采矿设备公司。克拉肯蓬勃发展，登上彭博终端机，并成立了一个运行中的比特币“银行”；科因特拉在 2014 年的比特币危机中倒闭了。德默斯特陈述了更为宏大的自我融资壮举——比特币资源库项目。据说这是现在比特币领域最好的数字“钱包”之一。为了开发一款安全的比特币钱包软件，该公司在 2013 年发起了一轮 10 万美元的融资。出乎意料的是，资金大量涌入，他们筹集到了 50 万美元，他们在这个商业计划上花了 10 万美元，还存储了价值 40 万美元的比特币，这 40 万美元的比特币已经飙升到了 400 万美元。在接下来的 5 年里，他们将为近 1500 家区块链公司提供这种模式，让他们甚至不用再编写代码就能赚得盆满钵满。

在回答我有关“比特币即庞氏骗局”的问题时，德默斯特冷笑着说：“如果真是庞氏骗局的话，一旦有什么风吹草动，就会立刻崩溃。比特币经历了各种各样的波折，但是它每次都能卷土重来。”

我知道此言非虚。比特币屡次受挫，却又能坚强复苏。这些都源自它迄今为止坚不可摧的核心技术。这是一种长了腿的技术，能带着它周游世界，穿越了艰难困苦，穿越了美好时光，甚至穿越了天空中那些可怕的巨大触须。

追随第三世界教育工作者的脚步，彼得·蒂尔也支持了一系列与区块链相关的创业公司；在马克·安德里森的带领下，硅谷许多优秀的风险投资家都加入区块链的竞争。纽约狂热的比特币企业家马特·梅隆的报告显示，高盛、摩根士丹利和其他一些豪华的保守力量正排着队提供 5 亿美元以获取比特币。所有这些不禁让人愤怒地质疑，是否任何所谓比特币是庞氏骗局的说法都是高盛之流公司的幌子？

正如蒂尔不断指出的那样，美国的大学与弗朗西斯科·马罗奎恩大学完全不同。2014 年春天，作为哈佛大学肯尼迪学院的校友和往昔同侪，就在我来到危地马拉之前，哈佛大学的校长宣布发起了一项 4 亿美元的基金，意在提升哈佛大学在所有科学研究领域的能力，并应对气候变化的影响。这些努力旨在抑制对环境保护毫无裨益的能源生产。

哈佛大学的这一举措，是在美国上流社会日渐式微，总仰仗着靠用别人那“少得可怜”的资金来推行越发沉迷于其中的精英教育的体现。停止进步、停建电厂、拆毁化工设施、动员反犹浪潮以及其他各种形式的反对运动，常春藤高校还沉溺于过时的知识分子和商业精英的幻想之中不能自拔。化学恐惧症患者像是喋喋不休的跛脚鸭，只知道在那遗毒满目的旧世界里绕圈子，哪里知道这个世界早已经从他们身边疾驰而去。

2013 年秋天，德国和西班牙的首席环境部长们都已经承认，为了促进“替代能源”项目，他们曾经倡导的交叉补贴、上网电价补贴和惩罚性税收已经完全失败。而哈佛的特权学生团体却在这个时候加入进来，他们以 80% 的多数票通过了一项决议，旨在清理该大学 50 亿美元的捐赠基金以便用于向所有涉及提取碳基矿物燃料的公司投资。

在要求从以色列撤资的同时，同是这一批人也曾与臭名昭著的“抵制、撤资和破坏”运动（BDS）站在一起。他们加入全球反犹分子的行列，其中一些人还把他们以石油为基础挣到的大部分财富都捐给了哈佛大学。以色列是倡导水和燃料效率等创新项目的源泉。自 1948 年以来的 70 年里，以色列的净用水量减少了 10%，但是产出却增加了 60 倍。以色列也是影响哈佛学生日常生活的许多信息工具和密码洞见的源泉。从脸书公告、谷歌搜索、跨校区短信、Kindle stream 以及体感游戏 Kinect，这些都是以色列人的杰作。没有以色列的低能量生活方式，就像没有石油一样无法接受，这些学生根本无法对此说“不”。

目睹危地马拉弗朗西斯科·马罗奎恩大学的激情满满，再将之与美国的当下相比，你就能发现这里的声音是如此理性，如此美好，让我不禁憧憬更加美好的未来。我能真切地感受到所有的变化，知识和经济方面极具历史意义的转型导致美国精英阶层领导权的旁落。那些通常被称为“第三世界”的国家的某些方面正在迅速地超越依然处于冰冻区的美国。这种情景在危地马拉城、在上海市随处可见。

美国也正在重整旗鼓，部分原因是新一代的企业家被彼得·蒂尔从大学里挖了出来。2017 年 10 月底，由蒂尔启动的投资基金 1517 庆祝了马丁·路德的 95 条论纲发表 500 周年。那些论纲的发表引发了宗教改革，而 1517 基金也聚集了数百名辍学的企业家。维塔利克·布特林原定发表的演讲却在最后一刻不得不取消，原因是他太忙了——这真是个好兆头。

就在举办庆典的前几周，“新 95 条论纲”出现在 1517 基金的博客“颠覆者”上。第 19 条这样写道：

1987 年，史蒂芬·特拉亨伯格出任乔治·华盛顿大学的校长。这一年学生们需要为学费、住宿费和伙食费支付 2.7 万美元，20 年后当他退休的时候，学生们支付的费用翻了两倍多，接近 6 万美元。特拉亨伯格一手将乔治·华盛顿大学变成了全美国最昂贵的学校，却完全没有提高该校的教育水平。“学位只是一个奖杯，是一个象征，”他说，“我对所做的一切并没有感到任何的尴尬。”

这所大学的校园里有以特拉亨伯格的名字命名的建筑物。

“新 95 条论纲”一文的作者是 1517 基金的迈克·吉布森，在该基金杰出的领袖丹妮尔·斯特拉克曼的帮助下，这 95 条论纲呼应了其赞助人蒂尔的哲学深思。

他们拉响了警报：这个系统的收获和它可怕的学生债务将整个时代逐出了创业经济。第 8 条论纲问：“为什么拥有 5300 多所大学和学院的美国，只有一种观点？”第23条问：“政府的权力不应该被用来强迫每个人以同样的方式，在同样的年龄，在同样的地点，以同样的速度学习同样的东西。”第28条：“学校教育的问题不在于投入得太少，而在于投入这么多收获却那么少。”

51. 颁发许可是获得和实施垄断的工具……医学院、法学院和其他专业学校应该取消对大学学位的硬性要求。

65. 大多数已经发表了的研究结果都漏洞百出。是的，这就是你的脚注。[6]

78. 每份学术和科学杂志都应该公开并免费向公众开放。10亿只眼睛一起来检视结果，事情就好办了。

79. 尽管学生们已经自己编写了8年的代码，像麻省理工学院这样的学校居然也要求所有的新生必须修习“计算机科学课程入门”这门课。如此你就知道学校在创造利润方面是多么地努力。

94. 我们将被一代又一代的人评判。评判的标准是我们创造了什么，而不是我们消耗了什么。这些创造物会比它的创造者活得更好吗？

95. 教育的使命不仅在于指导这个世界，也在于解放这个世界。

然而，大学正专注于教会学生如何拒绝开挖管道、能源勘探、化学创新、新植物形式、新企业，而不是教会他们该如何创造。更具讽刺意味的是，这些大学倡导的“反化学法规”最终将硅谷的硅芯片制造企业拒之门外，美国的芯片行业也基本上转移到了亚洲。

作为美国当权派支柱之一的科学院，在其意识之中始终视获得政府的支持为己任。几十年来，学费和其他教育费用的飙升速度比通货膨胀快了好几倍，但是大多数毕业生的收入却都在减少。大学却在负债累累的学生们的支持下，变得日益富有。年轻人背负着沉重的债务，他们不愿从事创业活动，甚至不愿结婚。

谷歌是美国硅谷公司中的执牛耳者，它诞生在斯坦福大学的盖茨大楼里，那里满是著名的教授，是大学、工业和政府紧密合作的缩影。斯坦福大学前校长约翰·轩尼诗从谷歌股票中收获了 3.6 亿美元，并以此设立了该校的捐赠基金。

64. 看上去产出的博士越多，我们的科学革命反而越少。今天科学家的数量比人类历史上的任何时候都要多。可能是科学变难了，也可能这些人根本就不是什么真正的科学家。

1517 基金和蒂尔基金会不是口惠而实不至的虚名，自 2014 年该基金成立以来，它直接资助了数十家由大学辍学者领导的公司，并间接资助了数百家其他公司。终于慢慢看到效果了。

布特林的以太坊引领了这一波的攻势。2017 年 7 月，以太坊企业联盟迎来了 34 家大公司，这其中就包括英特尔、摩根大通、万事达和三星等公司。该联盟建立的目的在于扩展基于以太坊的标准和体系结构，也证明以太坊区块链技术获得了来自金融和工业顶层的广泛兴趣。

同年 9 月底，世界上最大的汽车公司丰田宣布将从乐美雅公司获得自动驾驶汽车生产中的关键组件——激光雷达系统，这个消息让专家们大吃一惊。名不见经传的乐美雅正是在 1517 基金支持下成长起来的初创企业（具体介绍参见第九章）。丰田紧随其他三大汽车公司选择乐美雅，这意味着乐美雅正逐渐接管全世界的激光雷达业务。

当谷歌在全球范围内建立庞大的数据中心以便为谷歌大脑提供服务，受到1517基金资助的斯蒂芬·巴拉班正在为建立紧凑、廉价的计算中心而努力，这些中心可以在公司内部执行同样的职能。兰姆达实验室的深度学习机器发现企业对于将自己最宝贵的资产——数据——上传到谷歌、亚马逊或微软等竞争对手控制的中央服务器犹豫不决，对此它们做出了强烈反应。三大巨头——苹果、亚马逊和微软——现在已经成为兰姆达实验室的客户，除此之外还有许多其他公司，包括通用电气和IBM，更不用说麻省理工学院、普林斯顿大学和洛斯阿拉莫斯国家实验室了。巴拉班将更大的云计算市场视为公司发展的下一步。“未来，”他预测道，“我们将成为一个分布式计算工具，就像太平洋燃气电力公司一样，我们将在市场上销售客户的备用计算周期……”

区块链从下到上转变了因特网的架构。维塔利克·布特林的以太坊将网络从一系列狭隘的等级制度，转变为一种以新的安全模型为基础的全球异构体系。奥斯汀·拉塞尔正将独特的硬件创新带回到这个充斥着自负软件杂食者和集约式计算爱好者的硅谷。斯蒂芬·巴拉班正在把云的运动（cloud movement）转变成“降雨（rainmaking）”，使集中式和转包式的超级计算机，转变成具备分布式和个性化的特点。

42. 莱特兄弟只有一个家庭图书馆，还有一家自行车店，没有大学学位，但是他们开启了飞行时代。他们的主要竞争对手塞缪尔·皮尔庞特·兰利是美国政府和史密森学会（Smithsonian）资助的数学教授，但他设计的飞机最终冲进了波托马克河。

从某种意义上说，蒂尔奖学金是风险资本家在新一代学生中寻找最具驱动力、最能干，甚至最缺乏耐心的创业人才的巧妙方式。蒂尔的财富始于贝宝，但当他说服了 18 岁的马克·扎克伯格将设在哈佛大学的脸书公司搬到硅谷并向世界开放的时候，他已经站到了财富的巅峰。

当互联网公告板（Internet bulletin）和我的空间（MySpace）等社交网络充斥着模糊的匿名性时，蒂尔发现互联网需要的是面孔，他在互联网帖子背后寻找真实身份的可靠性。他也知道，最年轻的企业家往往是那些拥有最伟大变革性观念的人，从哈佛辍学的比尔·盖茨和斯坦福大学的学生拉里·佩奇就是最好的例证。如果你是一名风险资本家，想要在经济和社会中实现重大变革，那么对年轻人的大胆关注对于成功至关重要。

每年吸引数以万计申请者的蒂尔奖学金，每次只有 20 人有幸入围，2013 年的拉塞尔和 2014 年的布特林都是这个群体的早期成员。通过颠覆佩奇自上而下的革命，布特林已经走上了成为新一代拉里·佩奇的道路。

然而，仅仅将这些年轻人视为风险资本家野心的载体，将会导致失去他们作为世界新制度的象征和主角的可能性。彼得·蒂尔是著名的企业家和金融家，但对他最深刻的称呼应该是最有远见卓识的哲学家和学术界的批判者。

在欢迎维塔利克·布特林和其他2014年蒂尔奖学金获得者时，蒂尔说：“我们希望（他们）能激励各个年龄段的人，因为他们展示出的对知识的好奇、勇气和决心，比起那些提升文明程度的证书来说更为重要。”文凭是旧学术秩序的延续，也体现了旧秩序的等级制度。在付出了巨大的代价之后，大学把学生们引导到一个越来越反动的环形走廊里。大学不惜一切代价，引导学生进入反动教育体制的回廊。要想让学生们远离这一切，需要采取革命性的举措。

36. 没有哪条经济学的铁律说过学费应该只涨不降。从许多方面来看，当下的大学教育和20世纪80年代的教育没有什么变化，甚至比那个时候更糟。即便如此，学生们现在支付的学费是当时的4倍。想象一下，如果一家航空公司的飞机在飞得更慢、坠机事故更频繁的情况下，还连年调涨机票价格，那么这些多出来的钱肯定是被花在了糟糕透顶的候机厅和休息室上了吧。你敢把这几句话贴在汽车的后窗上吗？

蒂尔视其为由政治正确性催生的“教育泡沫”，谷歌的世界体系在意识形态、放纵、权利和偏见等诸多方面与学院派相互应和。蒂尔和1517基金号召学生们反抗这一切束缚，号召大家重新思考。

停滞不前和自满的美国不是我们想要的美国。信息被几大集团垄断、业务萎缩、IPO萎缩、创造力枯竭，这也不是我们想要的美国。

世界不会停下来等待。

## 第二十章

# 趋于中性的网络

上网的时候你会感到孤独吗？从一个网站转到另一个网站，孤独地在云里飘来飘去。你身在其中，却无人与你相交，即便你们同时浏览着相同的网页，阅读着相同的新闻，观看着相同的表演，无意之中，他们恰好和你一样对赛跑、税率、莱昂纳德·科恩、信息理论、田径、琼·迪迪恩、网络处理器、疯狂三月频道、阿特·塔图姆的音乐，或者某位美女、马友友、联邦通信委员会、山区的风景或者区块链感兴趣。你混在熙熙攘攘的人群之中，却又是那么遥不可及地和人群分隔开来，大多数时候你对别人没什么兴趣。偶尔能在网上邂逅志同道合的人，真是一件无比开心的事情！

网页的评论区最能反映这种遥不可及的孤独感，在各种言辞犀利的评论之中，在对别人评论内容的直言不讳之中，这些短小精悍的文本分明地表达着你的孤独。正如莱昂纳德·科恩的歌中唱到的那样："这多么像是一曲又一曲蓝调"。

在和丹尼尔·伯宁格共进晚餐的时候，他告诉我他正在努力改变这一切，怎奈政府却铁了心要阻止他。他认为，如果这么小一点事情都会受到政府部门的阻挠，那么他们肯定也会全面阻止新一代年轻人的科技创新。在 5G 通信的新架构之下，无线转换将会耗费 3000 亿美元巨资，以及后谷歌时代的区块链。这些都是当下最大的威胁。

伯宁格是 40 多岁的中年男人，是位长着络腮胡、性格开朗的思想者，他近期的作品，试图从构建一个更有助于用户交流互动的网络着手。如果网页和高清语音连接在一起是不是会更好一些呢？点击一个图标，你的请求将会被转接到某个人类操作员，或者是在类似谷歌“智能之家”的地方再由机器人处理，“接线员”会给你分配高清的语音对话。在 7000 赫兹（与通常的 3000 赫兹相比）和 2 倍采样率的情况下，声音异常清晰并能够共振，不需要电话号码也不需要传统的搜索，你想说什么就说什么，清晰得就像远程监控一样。

基于这样的想法，他成立了一家公司，取名为“你好数码”。伯宁格承认这可能不是一个好主意——“知识关乎过往，企业家精神着眼未来”——但无论结果如何，政府都不要阻止。

和其他硅谷人士一样，伯宁格到华盛顿这家金碧辉煌的大学俱乐部来吃晚餐的时候穿着牛仔裤，而且上身没有穿外套，这真是一个问题。不穿牛仔裤妈妈不让我去大学俱乐部。他要是去大学俱乐部的网页上做一个虚拟接线员没准儿会更好。谁知道会怎么样呢。伯宁格很幸运，身着制服的主持人认真地告诉我：“今晚没有董事出席。”

天啊，他会被捕吗？当然不会。但是被人拦在餐厅入口处的危险还是有的。

好啦好啦，别再为丹尼尔·伯宁格操心了，你看他依然笑容满面，他渴望挑战权威，大学俱乐部也很乐意他这么做。他知道建立这样的俱乐部所为何事——为同门之间提供交流的契机。他也知道，即便偶尔和硅谷这些虚张声势的蓝色牛仔裤们意见不合，我们也真是拿他们没什么办法。

数十年来伯宁格一直对监管秉持怀疑的态度，目前他正打算将自己的抗议带到最高法院。事实证明，“你好数码”的做法，违反了联邦通信委员会的某些抽象规则。如有不服可以交由 K 街（译者注：位于华盛顿北部，聚集了大批智库、游说集团、公关公司和民间组织，世界银行和国际货币基金组织也落户于此）的律师事务所处理，可以打电话给联邦通信律师协会的迪克·怀利和伯特·瑞恩，或者打给他们手下的 234 名律师也行。

伯宁格勉强套上俱乐部主持人及时给他提供的黑色夹克衫，然后舒舒服服地坐到椅子上，准备讲述他自己的故事。作为一名电力系统工程师也是电信行业的破坏者，伯宁格的生意大部分时候都顺风顺水。他的事业起步于贝尔实验室。自 1995 年起，他就在研究网络电话协议（VoIP）将如何影响电信公司，允许通过互联网打电话，网络电话协议使手机摆脱了公共交换电话网（PSTN）的喧嚣和麻烦。

1994 年网络电话协议占领了自由世界拨号网络（Free World Dialup）的一个大型计算机服务器的线路。其后网络电话协议又转移到了以色列声音科技公司（Vocaltec）网箱里的一个小电路板上，声音科技公司于 1996 年成功地开发出了世界上第一款 VoIP 系统。网络电话公司（Vonage）最终将其移植到单个芯片上。伯宁格一路追随科技的发展，现在只要花上几美元，博通公司的芯片就可以为每个网页提供高清晰度的 IP 语音。“你好数码！”

无论是当时不受监管的网络和狡猾的公用交换电话网，还是后来的“本地”和“远程”通话，他研究不同网络之间边界问题的每一步都面临着联邦通信委员会的紧追不舍。在声音科技的基础上，伯宁格和他在美国电话电报公司的同事汤姆·埃夫斯林一起推出了 ITXC。他们将远程电话作为一种互联网产品的想法震撼了整个行业。在互联网泡沫破灭之前，ITXC 的市值一度飙升至 80 亿美元。作为 VoIP 的主要供应商，2004 年伯宁格的另一家合资公司——网络电话公司拥有 140 万客户，与威瑞信（Verizon）的专利纠纷最终以失败告终，威瑞信从该公司获得了近 1.5 亿美元。

这就是他在“你好数码”上的经历，这也让他成为一名自由意志主义者。

现有的互联网语音系统，如微软的 Skype、谷歌的 Hangouts 和脸书的 Messenger 都进展顺利，有时甚至还有非常出色的表现。但是他们并没有充分利用在特定网站上自发的利益聚合所具备的潜力。没有为具有独立内容的网页提供额外的收入来源，也没能为他们的网页加入高清语音的魔力。“人们不知道要不要这种服务，但是一旦拥有这项服务，其他任何别的拨号都将不再重要。”

可靠的高清语音需要电话一类的端到端连接，而不是音质最清晰、缓冲能力最强的互联网连接。正如他在联邦通信委员会所作的丹尼尔·伯宁格宣言中所说的那样：“延迟、抖动和数据包丢失……

将威胁到服务质量，破坏高清服务的价值主张。网络运营商必须优先考虑这种情景……”他们会“合理地期望并要求赔偿”。

伯宁格知道2015年联邦通信委员会发布的《开放互联网指令》向这种在网络上使用电话的新做法敲响了警钟。同一年，委员会的主席汤姆·惠勒宣布了公用交换电话网的网络部分，并将其规定为1996年所颁布的《电信法案》第二项下的公用事业。但是伯宁格的小应用有什么问题呢？“你好数码”似乎提供了一种新型的更佳声音效果，也是一种新型的具备社区精神的网络。经过数月的等待，伯宁格发现横亘在他面前的是一座遥不可及的大桥。

联邦通信委员会解释说，保护端到端的链路实属违法。根据“网络中立性”的规定，其不应该偏向任何一种数位，对文本或电子邮件如此，对时间敏感型声音数位也不能例外。那就只好对“你好数码”说再见了。

然而，伯宁格并不是一个容易对付的人，即使是全国领先的电信管理专家倾巢而出作出的决定也一样。联邦电信监管延伸到互联网上让他很不爽，其中最关键的一步是裁决互联网协议地址只是不同形式的电话号码而已。

那就是说，如果联邦通信委员会负责管理电话号码，那么它也同样负责IP地址的管理。如果它负责管理IP地址，它也就负责管理互联网。为了适应物联网中数以十亿计的项目，IPV4有限的地址空间正在迅速地转换为IPV6。那么为什么联邦通信委员会不对物联网中所有这数十亿的项目作出规定呢？而且，联邦通信委员会在其发布的命令中还说，其拥有对任何新开发地址形式的所有权！任何由非中立企业家引入的新地址计划都属于其通信管辖的范围。

伯宁格决定上诉，但他也知道跟K街上的人做生意的耗费甚大。如果聘用华盛顿最重要的公关机构威利·瑞恩律师事务所的话，将把他每年的法律费用从20万美元提高到50万美元。根据《行政诉讼法》的规定，上诉的程序首先是一系列的解释和回应，在例行的答辩被拒绝后，再请求推后宣判。然后就是等待该诉讼被列入联邦法院的登记册，其后再等待对监管较为友好的华盛顿巡回上诉法院的驳回。这真是一系列繁复的法律过程，终于在2016年6月等来了审判。最高法院的审判摘要：伯宁格诉联邦通信委员会案。伯宁格希望之前做出过保护网络不受监管的最高法院能做出有利于他的裁决。2017年年末，尽管联邦通信委员会新任命的主席阿基特·帕伊暂停了一些网络中立性的规则，伯宁格仍希望能将网络彻底从联邦通信委员会的监督中解放出来。

如果高清晰声音这一小步都需要联邦司法部门的法官和行政人员的联合，这其中也可能包括国会和白宫。那么后谷歌时代的历史性变化将会面临什么境遇呢？目前电信领域正在发生自互联网诞生以来前所未见的巨大变革，其意义十分深远。致使贝尔定律改变计算机架构的是一种被称为5G的根本性基础设施升级，这将分散数据中心冷凝的云，并为离心区块链连接赢得一片天。

5G是全球第5代无线技术标准，其原则上为全球电信公司采用。它将网络扩展到几个新的高频和毫米波频谱域，大大增加了天线的覆盖范围，并承诺在未来5年内将无线带宽增加100倍。5G的出现也使联邦通信委员会的大部分频谱资源变得过时。

5G网络以以色列ASOCS公司的发明为基础，能提供每秒20千兆位的容量。该公司的设备可以将基带语音处理从现有的巨大天线塔变成蜂窝基站。通过移除复杂计算的天线系统和保护罩，5G允许部署数以百万计的隐藏简易天线，通过巨大的发射塔覆盖到农村的篱笆桩、电话杆、停车计时器、照明设备，以及全国各地的建筑墙壁。5G网络比联邦通信委员会授权的、被错误命名的“通用服务基金”要普及得多。事实上，后者业已成为渎职政客们的贿赂基金。

尽管将每比特通信的成本降低了数百倍，但实现这些更改并不便宜。升级到5G的成本估计高达3000亿美元，接近所有电信工厂最初的建设成本。

5G提供的不仅仅是高清语音，它还是即将到来的网络革命的技术基础。它为物联网提供了新的分布式安全系统、新的微支付密码经济的区块链账簿，以及先进互联网通信的增强和虚拟现实平台。这对乌尔斯·霍尔泽勒雄心勃勃的谷歌计划尤为重要。

如此规模的融资显然与《电信法案》第二项的静态假设不相符，该法案的第二项使得互联网成为像电网一样的公用事业。如果真是这样的话，你不可能筹集3000亿美元来翻新一个受监管的公用事业。联邦通信委员会的监控意味着每一个新的连接，诸如“你好数码”这样的公司，不仅要符合联邦通信委员会的规定，还要符合各地方政府和市政官员的规定。

通信基础设施是最具竞争力的行业之一。由于其在工厂、设备和劳动力方面的巨大规模使它成为各级政府竞相追逐的目标。这其中还包括收费、过路费、财产税、投资、竞选捐款等其他相关内容。无论是将有线服务引入像科罗拉多州的阿斯本这样的乡村边远地区，还是引入帕洛阿尔托的贫民区，每一个连接都逃不脱万能服务基金会的征税。从2010年到2018年，这个蜂蜜罐膨胀到超过1600亿美元。此外，联邦通信委员会维持对固定电话服务的授权，每年仅在电费上就花费了电信公司250亿美元。

“作为一名企业家，当前的电信监管体制在两个方面伤害了我。”伯宁格说，“我努力追求建立某种商业模式，追求潜在的资助者。监管将这两方面都抹杀了。我的新服务把语音放到网站后面，使其看起来像是会议服务一样。目前的《电信法案》第二项要求电信公司必须向政府支付上限为20%的费用。如此一来，游戏就该结束了。”

“此外，没有一家基金公司愿意与受到监管的行业发生任何关系。《电信法案》第二项的重新分类掏空了投资的资金。假设我有100万美元，并想把它用于投资，我需要评估一下投资成功的可能性。面对规则我心中自有盘算。如果联邦通信委员会在那里的话，那就玩完了。因为我根本不知道规则是什么。”

联邦通信委员会的规则将信息技术分为不同的部分，例如软件与平台、无线与有线、应用与运营商、内容与管道。资本市场的这种巨大差异体现在相关公司的估值上。软件和内容应用程序比管道、制造和硬件的监管制度更受欢迎，这使得网络成为可能。

备受市场青睐的公司，如谷歌、脸书、网飞、苹果和亚马逊等的估值是它们收入的8—40倍。相比之下，美国电话电报公司、威瑞信、德国电信等公司，以及那些提供网络核心业务的本地交换运营商的估值则要比其市场估值低20—80倍，仅是它们收入的0.5—1.5倍。然而谷歌等一流公司在产品和服务方面的成绩却完全依赖于在基础设施公司上的投资表现。

监管和税收制度的一个结果便是导致美国国内的大部分电信、计算机硬件和基础设施的制造，都外包给了其他国家。今天的硅谷是一片绿色的草地，几乎看不到硅的踪影，更没有了重要芯片、光纤或复杂系统制造企业的踪影。由于这种有差别的待遇，电信硬件公司正将资金投向绿色草坪。威瑞信收购了美国在线和《赫芬顿邮报》，而非全面推进5G。美国电话电报公司和时代华纳正打得火热。这些对象都主要关注带宽用户，而不是带宽供应商。

接下来的10年，监管政策将在很大程度上决定着5G到底是会发生在美国，还是主要归属于外国；将决定区块链创新提供的互联网安全承诺能否在美国实现；将决定互联网是否会继续沦落为那些巨大带围墙的花园，如谷歌、苹果和脸书等公司的囊中之物。

从今天的迹象看来，未来并不乐观。目前，谷歌和脸书处理着接近70%的互联网通信，谷歌的内部链接比整个互联网的横截面带宽都要大。但是谷歌公司对基础设施的改进浅尝辄止。谷歌光纤计划一开始气势如虹，准备在全国大干一场，目标是为全国带来每秒千兆的宽带链接。现在这个计划却即将以几个业已陷入困境的项目草草收场。仅有堪萨斯城、奥斯汀、普罗沃、亚特兰大、夏洛特和4个较小的地方还在继续。即便把这些项目加在一起，也远达不到谷歌设定的500万用户的目标。

谷歌最初是一家互联网公司，凭借其奇迹般的搜索能力在万维网上大行其道。如今，正如埃里克·施密特所言，谷歌正从“搜索”转变为“建议”，利用人工智能将互联网从中间分离出来。比起被谷歌系统指引到某个网页，谷歌的深度学习系统为你提供了越来越多的有针对性的回应，它的超级智能能够适应你的每一个突发奇想。

谷歌所有的雄心壮志都取决于能够通过实施 5G 和其他项目迅速扩展网络的带宽。实现这些项目将需要数千亿美元的投资，也需要电信公司和基础设施供应商，更需要一个蓬勃发展的世界经济。在这样蓬勃发展的世界经济之中，企业家能够对真实的价格做出及时的反应。谷歌既要抛弃自我放纵的政治，也要抛弃自说自话的洁癖。

“你好数码”的做法最不可取。

2002 年，伯宁格发现了“美国电信政策的 10 个神话”，进而为政府监管的增加提供了理由。[1]16 年后，最重要的变化是谷歌及其说客在这一重要神话背后所起到的作用。

伯宁格发现的第一个神话是政策独立于技术之外——通信服务是由法律而不是由工程来定义的。许多分析人士，比如《总开关：信息帝国的兴衰变迁》和《注意力经济：如何把大众的注意力变成生意》的作者，受人尊敬的吴修铭等人，似乎认为，除非政府能够实施“网络中立性”规则，否则运营商将面临一种不可抗拒的诱惑，进而操纵它们所携带的内容。[2]他们看到了美国电话电报公司、威瑞信、康卡斯特和时代华纳的潜在威力。这些公司足以触及并压制自己不喜欢的内容，并支持那些支持它们利益的内容。如果没有律师的持续警惕和联邦通信委员会的监督，所有的一切都将被网络上的电信批评家毁掉。

虽然在学习技术方面做了不少努力，但是吴修铭终究是法学院的一名教授，也是联邦贸易委员会的法律顾问。更何况他的身边围绕这一群自以为可以统治世界的律师。《通信法》基本上是以一种反常的、误入歧途的方式给工程师们造成了持续的不安。

技术差异无处不在。语音、视频、3D 互动游戏、虚拟现实、金融交易、911 电话、流媒体音乐、消息、内容传输网络、电子邮件、无线电 ID 系统、软件下载、物联网、机器对机器的链接等，几乎所有方面都存在着技术上的差异。这些都是工程师了然于心的内容。就像没有哪家航空公司能对旅客一视同仁一样。一项对所有对象都“一刀切”的法律，只会导致一场场旷日持久的诉讼，就像达摩克利斯之剑一样损害政府的权威。

在实践中，这些差异不会带来任何问题。有最好渠道的，希望让每个人在使用的时候都能获得满足；有最好内容的，希望其内容出现在每个人的终端上。尽管有各自的主张或者某些莫名其妙的恐惧，但有倾向性的操纵行为根本不会发生。然而，如果将各自的主张都写入法律，并让联邦通信委员会照章执行，K 街的文化一定会使网络成为 K 街激进主义的永久场所。吴先生那些日渐富足的同伙，也只有利维坦才负担得起。

在实践中，投资宽带是对网络中立性原则产生重大影响的唯一因素。如果带宽不足，则必须优先分配，而不必考虑法律，网络中立性便不可能实现。如果带宽充足，一切都将有各自的去处，就根本不需要中立法律。最为奇怪的是，如今网络中立面临的关键威胁反而是全国“网络中立性”运动。这种运动阻碍了对带宽的投资，使电信公司都沦落到不负责任的“内容游戏”之中，并将互联网视为一个静态的零和系统。

谷歌号称为用户提供了华丽的免费商品，却不愿意付钱给那些为谷歌提供了服务的公司。它支持互联网中立，是想以此诱导政府来进行干预，以维护谷歌的免费世界。毫无疑问，谷歌理所当然地认为它能比那些相对贫穷的运营商更有效地操纵政府和媒体，但是谷歌的利益最终取决于带宽的丰富性，这就需要投资和创新，而投资和创新恰恰是网络中立法惩罚的对象。

伯宁格发现的第二个神话是互联网本质上是公共交换电话网上的一个覆盖层，因此也应该受到类似的监管，然而如今，这二者已经几乎没有了任何重叠之处。现在，大多数的互联网链接都是通过无线宽带在智能手机上使用，其余的则通过有线电视、光纤连接、微波或卫星进行。公共交换电话网的旧铜笼子和现实已经没有什么关系了。但是，由于过度征税和过度监管，公共交换电话网在互联网时代，权利和税收都少得多。大政府的拥护者，比如谷歌的说客，希望网络被视为电信的一个方面，但这是一种极其短视的立场。

第三个神话是互联网将取代公共交换电话网。从方式和程度上讲，这就像高速公路替代了铁路一样，但事实却是铁路还依然存在。网络也将专注于各种专门的或受保护的有线语音和视频通信。与此同时也应该关注政府的需求。政客们很少会放弃他们所监管的领域。

第四个神话是如果政府置身事外，互联网将是自由主义最繁荣的领域。在一个理想的世界里，情况可能会是如此。但很多人都注意到，这绝非理想的世界。既然政府在每一个可能的阶段、每一个部门、每一个政府层面都在与网络打交道，那么这种自由意志主义的忠告就只能是徒劳的神学而已。

尽管如此，令人疑窦丛生的是，谷歌的大政府自由主义者们却也分享了一个普遍存在的小政府自由主义的神话。这使得监管机构得以大规模地扩大干预范围，从而严重地阻碍了电信行业的发展。这种神话就如同在说电磁频谱是一种稀缺的自然资源，类似于“海滨地产",政府要以人民的名义拥有它,并拥有随意出售的权利一样。

在过去 25 年的时间里，政府拍卖了大量的“空气”，带来了 600 亿美元的收入。尽管对于每年花销高达 4 万亿—5 万亿美元的政府来说，这一数字微不足道，但对于联邦通信委员会监管机构来说，这笔拍卖金额显得尤为重要，因为它们可以自诩为政府的“利润中心”。对于一个已经是美国所有行业中税率最高的电信行业来说，每次拍卖都代表着对移动通信的一项重大税收。

这种拍卖背后的理论早已经严重过时，其主要的支持者就是律师。互联网上的智能手机使用的是更低功率的移动技术，这与广播和电视台在全国发射数十万瓦特的信号截然不同。无线广播和电视模式就像乙醇工厂一样，落后于时代且制造了大量污染。

适用的蜂窝谱是工程师智慧的产物。他们开发了一系列不断扩展的设备，诸如发射机、接收器、混合器、振荡器、微波激射器、激光器、行波管、速调管、微波辐射器、传感器，并用更多小巧的微型计算机来控制它们。曾经的收发信机都是固定在它们各自的频率上，连它们的路径条件都无法测量。但微芯片技术的进步使大多数这种设备变得灵活、“智能”和可编程。

越来越多的“由软件定义的无线电”技术使得系统能够避免干扰并在开放的信道中传输。新的天线系统在功率越来越低、方向性和控制性越来越高的情况下运行，可能会限制本地通信者对信号的接受。许多蜂窝手机系统都强调手机对信号的接受，空气中的频率不太像是铁路的轨道，更像是开放的天空之于航空器，宽阔的道路之于汽车。主流的“扩频”无线电系统并没有清空道路，而是允许发射器和接收器共享通道。他们需要的是交通管制而不是固定的分配。[3]

在昂贵的拍卖制度下，这些通信频带主要面向大公司。因此，拍卖作为一种税收，限制了电信行业的创新和竞争。税收对工业进步的抑制作用大于并抵销了推动工业进步所产生的收入。谷歌对这一系统的支持仅仅反映了它作为利维坦式沟通者的力量。

第五个神话是1934年的《通信法案》适用于所有通信。这部法案的基本假设是技术定义并识别不同的服务：管道定义内容。这个概念与信息理论和基于信息理论的互联网都存在不可调和的矛盾。在一个多用途的数字网络时代，这部法律显得那么地荒谬。现在早已经是一个利用光纤、卫星、近场通信器、视频、声音、金钱和机器等各种渠道的多用途数字网络时代。

第六个神话是对电信公司征税建立的通用服务基金与向穷人和农村地区提供服务有关。与相对不受监管的手机或电视机相比，穷人或偏远地区的固定电话数量少得可怜，而手机和电视才是无处不在。通用服务基金早已沦落为一个1600亿美元的贿赂基金，成为政客和官僚们支付选区费用，成为保证体现特殊利益的电信法律得以通过的渠道。

第七种神话是我们所需要的只是一个公平的战场。这只是政治干预的另一个借口而已。在技术、资本主义或电磁频谱领域，根本没有公平的竞争环境可言。这一神话激起了世界各地对干预的需求。

第八个神话是对电信行业的投资不足是对网络供应商激励不足的结果，这些供应商应该得到政府补贴。尽管政府应该购买任何它需要的安全通信系统，但没有必要为普通宽带服务提供补贴。即便谷歌坚持免费提供宽带服务，宽带也依然是有利可图的领域。

在美国，除了烟酒行业之外，电信行业是税负最重、监管最严的行业，但它是一个资本密集型的行业，变化速度比其他任何行业都快，这才是这个行业投资不足的真正原因。然而，像谷歌这样的公司却还在敦促政客们将这个急剧变化的领域视为公共事业。

第九个和第十个神话其实是重复前面的内容，关注的是电信法律的影响问题。

1934 年和 1996 年颁布的法令，旨在管理被认为是自然垄断的事物。而现在这个领域已经成为全球经济中最具竞争力的市场：各种通信借由光纤、光线和空气进行传播。但监管机构还在不断地推出新的法律和原则，以便于它们进行日益过度的干预。

旨在保护新兴区块链经济不受华盛顿此类监管的数字商务商会在波丽安娜·博林的带领之下，让人觉得就像爱丽丝闯进了疯帽子先生的茶话会。[4] 对于密码创新，就像互联网中立性的谜团一样，每个人都有不同的答案。美国商品期货交易委员会将虚拟货币视为一种“商品”，但是金钱却不能成为衡量标准的一部分。正如我们所见，证交会越来越把令牌视为“有价证券”。美国财政部金融犯罪执法网络认为，密码资产构成了货币的“传输”，他们似乎希望将这些资产视为潜在的犯罪所得。美国国税局将虚拟货币视为“财产”，并建议对每笔交易的资本利得和损失进行评估。这可能会让整个行业陷入会计文书工作的泥潭。

“商品？安全？货币？财产？它到底是什么呢？”波丽安娜·博林问道。“我一点头绪都没有，”盯着华盛顿的规则，疯帽匠回答道，“只要它在运转，那就去征税；如果它还在运转，那就定规矩；假如它不运转了，那就给补贴。”由于寒武纪加密技术的爆炸式发展不会停止，而每个监管部门都在寻求对它的管辖权，这让这项技术面临着越来越大的税收和监管威胁。

曾几何时，面对互联网的繁荣兴盛，联邦通信委员会和国会允许其蓬勃发展，这给美国经济和世界带来巨大的好处。类似的税收政策和监管约束是这种新的企业家创造力爆发所需要的。它不会停止成长，但是如果真的将其变成公用事业来发展，那么它肯定会转移到海外去。

作为世界最领先的科技公司，谷歌应该比任何人都更清楚这一点。但是现在，充斥在世界谷歌系统中的神话对谷歌这个技术领导者本身也是一个严重的威胁。在不断发展的技术经济中，通过加密技术的创新，谷歌将不得不再次直面竞争。沾沾自喜地避免邪恶且自由之物，并躲在华盛顿的影响之下，这绝非好事。它将面对一个新的世界，这个新世界的中心将不复为其掌握。

最重要的是，谷歌需要普及 5G，也需要推广 5G 所需的巨额投资。它更需要新的区块链运动所带来的创造力。正如霍尔泽勒对光纤工程师们所说的那样，谷歌需要极大地扩展带宽，而且它还需要将吸引投资再次提上日程。只有成为真正的企业家，谷歌才能在新世界体系的竞争中占有一席之地。

# 第二十一章

# 帝国重现

在密算体系的大厅里，当一群老朽的建制派纷纷站起来准备谴责加密货币的时候，我们都笑着拍了拍手。摩根大通的杰米·戴蒙（“这简直是在诈骗”），伯克希尔哈撒韦公司的沃伦·巴菲特和查理·芒格（“这就是老鼠药”）、普林斯顿大学和《纽约时报》的保罗·克鲁格曼（“这太邪恶了”），就是马克·安德里森所说的那些“日渐衰老的白种人”而已。在马克看来，他们这些人一谈到技术“每次几乎 100%”漏洞百出。听在我们这些唱反调的人的耳朵里，那些老家伙们简直就是在通过曲折的方式肯定我们的说法。

2017 年 12 月，年轻的金融顾问兼企业家凯·斯汀科姆发表了一篇博客文章。他说自己“就是未来主义者的反面”，还宣称，“经过多年不懈的努力和数十亿美元的投资，实际上除了货币投机和非法交易之外，区块链就像病毒一样，并没有什么别的用途。”他宣布，加密的派对已经结束。他说，现在是到了收拾一下各种吹捧和兜售，收拾一下比特币的残局，打理好各种图书和宣传册的时候了。他说各种比特币峰会也该收场了，金融黑客马拉松，初币发行的仪式和区块链的庆典都是时候该结束了。带着一种神圣的口吻，他呼吁回归现有的全球经济，并建议大家在勤奋的劳动中建立真正的信任和价值。[1]

之前，斯汀科姆一直隐藏在欢迎中本聪的游行队伍中。现在他勇敢地站出来告诉我们，这位拥有假名的创始人不仅是一个赤裸裸的傻瓜，而且他麾下大将们所做的各种让人眼花缭乱的风投，目的都只是在兜售"区块链"而已。蒂姆·德雷珀、彼得·蒂尔、马克·安德里森，他说的就是你们。

"区块链不仅是糟糕透顶的技术，"斯汀科姆写道，"更是对未来的糟糕展望。"它不仅极具破坏性，而且"永久地"将这个世界引向一个完全错误的方向。这种技术发展得越好，这个世界就会越糟糕。

他也承认，"数据结构建立在包含以前文件散列的一串小文件上"，这种方法可以解决建立不可变数据库的问题。但是谁又希望如此呢？不可变的？真的吗？无论错误或欺诈有多么巨大，都不能被逆转吗？

维塔利克·布特林肯定不想要这样的系统。当Ethereum DAO（以太坊的分布式自治机构）被黑客攻击损失1.5亿美元的时候，他挥舞着"硬分叉"，冲进代码库，并撤销了那些交易。你想把在互联网上签署的所有"条款和条件"里脆弱的合约都具体化，使之适用各种永久数字订阅吗？还是说你想要一粒保你长生不死的药丸？或者你更愿意有一个"值得信赖的第三方"，并有机会改正错误呢？

无论这个第三方是维萨卡、亚马逊，还是联邦贸易委员会，甚至是普里特·巴拉拉检察长。

斯汀科姆充分表明区块链和智能合约并不能排除对信任、监管、执法、政府或受信任的中介机构的需求。我不能说他的这些断言有什么明显的错误。在上一篇文章中，他曾大胆地提出，经过 10 年的实验和各种雄心勃勃的主张，加密货币或区块链仍然没有可行的“运用案例（use-cases）”。斯汀科姆写道，即使是对于投入了大量广告来宣传其区块链和密码货币的瑞波币，在大多数正在进行的货币兑换中，都依然没有使用到这些设备。瑞波币更喜欢采用流动性更强、更简单、波动性更小也更麻烦的美元、日元、人民币和欧元进行结算。

同样，所有其他区块链或哈希链（hashchain）的先知——从商用分布式应用（EOS）的丹·拉里马尔，到埃欧塔（IOTA）的大卫·桑斯塔博，以及哈希图（Hashgraph）的利蒙·贝尔德，或者是 R3 项目的迈克·赫恩——都纷纷部署了可信任的第三方或者挑选出了“证人”，委托股东，有信誉的机构、企业财团、矿池、正直的监管机构，或某些干预性“协调员”以确保系统顺利工作。

斯汀科姆指出，“智能合约”仅仅是将信任的焦点，从用小号字体准确地写出英语句子的律师转移到在吉特仓库（GitHub）上用数十种外语编写难以理解的代码的软件工程师而已。固态编程语言虽然坚固，但是有人能懂吗？铁轨上的红宝石（Ruby-on-Rails）是什么东西呢？超文本预处理器（PHP）是什么？哈斯凯尔（Haskell）是什么？爬虫（Python）是什么？对于密码高手程序员里的精英（这些超级聪明的家伙总是留着马尾辫，满脑子都是阴谋论的迷宫，他们甚至认为世界很可能是外星人的模拟），智能合约是不透明的终极表现形式。但对于除程序员之外的人来说，“开源”只是一种极其秘密的花哨形式。和软件语言相比，法律术语显得那么地明白易懂。

即便如此，为什么我依然觉得斯汀科姆的反对无关紧要呢？甚至我认为他的观点是完全错误的。比如说，在整个密算体系中，使用得最为广泛的货币是瑞波币，它起源于发表在某个晦涩的解密高手公告板上的一篇难懂的白皮书，迄今为止这一创业浪潮只有短短的 10 年时间，它的产品仍然存在缺陷，很多还尚未被开发。但是不要忘了，这种类型的公司很多，而且他们的创造力惊人。斯汀科姆发现了当下解决方案中的大多数缺陷和局限性，但这并不表示他比提供这些解决方案的作者更有洞察力。与 20 世纪 90 年代互联网新公司和新技术的爆发一样，他们的工作充满了创新性和创造性。

当前金融机构依然甚嚣尘上，斯汀科姆处就是其中的一员，正是金融机构的瘫痪，导致了过去十余年全球资本主义的衰退。他们相信外汇交易，相信多德－弗兰克法案，相信中央银行，认为政府担保的大型商业银行“具有系统重要性”；他们还相信沃尔克规则，相信美国证券交易委员会，相信内幕交易法以及零利率和量化宽松的魔力，等等，这些都是他相信的事情，他其实就是问题的一部分。

他认为全球金融结构是静态的，只能进行渐进式的改进。他说，其实一张维萨卡就能解决全球所有的复杂性问题。对于那些对现有官僚体制感到失望的人，他的解决之法不是寻找鲁伯金堡的密码变体，而是简单地用“投票”的方式把它们投出去。好主意。

如果想要有更好的社交网络，就别用“不变的”区块链把它们搞砸，而是要设计更好的规则（更多关于网络的规定）。如果你想为穷人提供更有效果的服务，就不要把他们那些有争议的土地所有权放在一个不变的数据库中。自愿去做标题搜索和社区发展，到救济厨房去做服务，或者成为一名律师，为法律援助提供你的技能（更多社区行动计划和诉讼）。他向我们保证，央行是“由民选官员任命的”。如果作为“人民”的你们真的想要一个不受监管的银行体系的话，那就把现任的政客们都踢出去吧。为什么不呢？正是他们任命了这些帝国的货币管理人，他们这些人大肆宣扬转移支付，并用不可能实现的、永无止境的养老金承诺向选民们行贿（如果你无法投票否决他们，那就意味着将把更多的法定货币和债务注入已经高达280万亿美元的世界末日之池中）。

这些方面就不必再多加赘述了。承认裙带资本主义和旧官僚主义已经失败，才是加密货币运动的前提。这是问题本身，而非问题的解决方案。

斯汀科姆关于加密货币本身的概念就是招致困扰的原因之一。他的观点涉及加密货币运动本身，并认为智能合约与全球货币是一种全新的事物。他暗示，区块链带来的受信第三方的非中介化，是一种激进的背离。但是，从织布机到缝纫机、金属切割机、电话交换机、互联网路由器以及万维网，机械化和工业化的每一次进步，都需要一部分人放弃对各种机械语言的控制。数控焊机将会由智能合约管理，自动取款机或其他自动售货机也必将如此。数据中心机顶盒开关中的网络处理器也是一样。

斯汀科姆这样的人之所以把区块链和其他类似的技术视为新奇和威胁，是因为他们接受了谷歌时代的末世论观点。他们认为自动化、机器学习和人工智能的发展占据了人类支配和控制的有限领域，这个领域终将在一个机器人宇宙，即生命3.0中消耗殆尽。但是查尔斯·桑德斯·皮尔斯、库尔特·哥德尔、阿隆索·丘奇、艾伦·图灵、埃米尔·波斯特和格雷戈里·蔡汀等人，从最基本的数学逻辑层面驳斥了这一假设。

数学不是一个封闭的或有界的系统，它开启了人类想象力宇宙的每一步。正如皮尔斯的三元逻辑所阐明的那样，每一个符号都有属于自己的无限想象解释。一个符号和它的对象如果没有解释器，那么它就是不连贯的（皮尔斯用了“解释者”一词）。蔡汀将这一理论视为在哥德尔和图灵推翻了希尔伯特关于完整而一致的数学宇宙的假设之后，一种新的创造力的数学。

基于数学逻辑的机器只能拓展，却无法穷尽人类的所有领域，这是必然得出的结论。每一种新的机制都能解放人类的思想，让人类有更多创造性的冒险和成就。期待人类祭祀机器，这违背自然和真理。

区块链、哈希链、区块堆、智能合约、令牌、加密货币等，都是解决谷歌时代弊端的新方法。这些弊端包括：漏洞百出的互联网安全、资金闲置、过度监管、网络集权、毫无意义的延迟以及大数据收益递减。所有这些问题都源于被信任第三方的过度膨胀。急需要将其分解为更简单的系统，并能由更接近服务点的单个代理来控制。事实上，某些第三方可能是金融交易员、搜索引擎，也可能是社交网络或全球零售商，而支撑他们的都是密集的“塞壬服务器”。央行、议会和财政部管理的货币体系也是如此。这些货币体系都只是将货币当作魔杖，而不是使用金条进行衡量。所有这些都需要去中心化，并让其回归到那些真正了解商业机制，真正懂得投资机会的私营部门去实现。

帝国的统治者可能会认为，中本聪及其追随者的根基并不稳固，但皇帝和朝臣们应该多考虑一下他们自己所持有的 280 万亿美元的债务，这是一笔摇摇欲坠的巨债，他们的命运也会因此而受到波及。为了准备迎接世界新的金融体系，迎接法定货币的最终崩溃，各国政府和投资者都应该欢迎加密技术的爆炸式发展。

# 第二十二章

## 比特币的瑕疵

迈克·肯德尔身高接近 6 英尺 5 英寸（约 1.95 米），为了符合美国空军飞行员身高不能超过 6 英尺 4 英寸（约 1.93 米）的要求，他不得不微微弓着腰，他身形瘦削，长着一头浅棕色的头发和一双炯炯有神的眼睛。现在他是美国航空公司的机长，驾驶的机型为空客 321。在过去的 20 年里，他的业余爱好一直是在海拔 3.5 万英尺左右的高空研究经济。

他的博客取名为“边缘人”。每天他都要在云层中间待上好几个小时，并时刻关注地图、度量、标准和地面的状态，他能敏锐地意识到地图和领土、测量数据和海市蜃楼之间的相关性与偏差，他绝对不希望当自己在空间和时间上被高高地挂起的时候航标发生任何偏移，更不要说有任何坍塌式的急坠发生。

企业家们也同样“在空间和时间上被高高地挂起”，他们也依靠地图和指标来指导投资和公司运行。空间是指一个企业在世界范围内的横向地理跨度，而时间指的是将经济带入未来的纵向维度。货币是两者的核心衡量标准，汇率调节着跨境交易，利率通过时间引导着商业运行。当时间空间的迹象和信号被政府干预或者任意的“上限”和控制弄得一团糟的时候，贸易就会崩溃，投资的视野在这两个维度上都会变小。

在仔细研究这个问题的过程中，肯德尔首先对艾萨克·牛顿的世界体系产生了兴趣——他的永久金本位制堪称典范——然后又转而关注中本聪的比特币。他认为比特币是对黄金的模仿。要了解比特币以及其他加密货币和令牌的发展前景，则有必要了解黄金的中心地位。

黄金作为一个普遍的价值指数，抑制了汇率的波动，进而解决了货币的横向和纵向之谜。作为不变的标准，黄金使利率成为企业家在黑暗中作出承诺的可靠指南。

金本位制因此提供了地图和指标，使企业家能够在时间和空间上自信地行动。他们确信，在一个不断变化和不安全的世界里，当他们将产品带入市场时，货币衡量标准不会改变。

尽管有些人认为未来黄金终将被开采一空，却鲜有证据能证明这一点。即便有未来学家对开采流星，开采海洋和海底，或者开采矿渣堆和月球进行研究，但是给黄金硬性地设置一个上限似乎依然不切实际。市场对此作出了自己的判断，根本没有显示出关注“黄金峰值”的任何迹象。现有的 18.7 万吨黄金的供应量被平均地分配在经济用途和装饰用途上。任何短缺只会导致这两种用途之间的转变。

尽管几个世纪以来，黄金供应以每年 1.5%—2.5% 的速度增长，但与黄金的流通量相比，黄金的储量依然巨大。库存中的黄金数量远远超过其每年的新产量，这使得黄金特别能抵御供应冲击。

从 16 世纪的南美洲到 19 世纪的南非，大量新发现的黄金对其价格的影响微乎其微。积累起来的黄金可以在作为货币和作为珠宝这两大主要用途之间相互转换，货币是流动珠宝，珠宝是货币的结晶，原始的金条可以转变成各种小玩意，珠宝可以熔化成硬币。这是由按黄金价格登记的经济需求所决定的，而开采产出的速度要比这慢得多。

如果技术突破能大幅扩大黄金产量，那么作为衡量标准的黄金将会贬值，其实际价格将大幅下跌，但经历数千年的科学进步和冶金发现，黄金价格却一直保持相对稳定。采矿技术改进的方向一直想从更深处和更易衰减的矿脉中开采黄金，但这变得越来越难。

正如我在《金钱丑闻》一书中所解释的那样，如果大致忽略技术进步的影响，黄金价格成为开采黄金所需时间的函数。[1] 在这个充满人类激情、贪婪、饥渴和欲望的世界里，时间是无可争议的客观经济因素之一。因此，时间为金钱的流动提供了客观的物质基础。

经济学认为，金钱本质上就是时间不可阻挡的稀缺性。假如生活在一个以物易物的世界，苹果和房屋之间的汇率，就应该由生产增量单位所需的不同时间周期来决定。当物物交换经济发展成为商品经济的时候，这些共同的时间因素就表现在货币上。

现在，我们生活在全球经济中，无数的商品和服务在时间和空间上以深不可测的模式进行着交换。要调和经济选择并权衡优先事项，资金就必须具备稀缺性。当一切都变得丰富的时候，唯一稀缺的就剩下时间了。稳定的货币为经济活动提供了和谐的节奏，没有它，舞者们耳边只有刺耳的声音，只会陷入混乱之中。

正如弥达斯国王发现的那样，黄金（以及真正货币的所有其他备选项）不是财富本身，而是财富的衡量标准。一些黄金拥护者——包括过去几年中的我——坚持认为其缓慢但稳定，年均 2% 的增长保证了货币供应量和经济的同步增长。内森·刘易斯说我们这样的人是“傻瓜”。他指出，即便是在金本位制下，货币供应实际上与黄金供应没什么关系。他的观点是正确的。

我喜欢以美国为例，1775 年，流通中的货币总量（主要是金币和银币）估计为 1200 万美元，到 1900 年，这个数字是 1.954 亿美元，增加了 163 倍。

在此期间，由于采矿和生产，世界黄金总量增加了大约 3.4 倍。

很显然，这两者之间没有任何关系……

又比如说，1880—1900 年，意大利的货币基础实际上缩减了 4.8%，然而，同期美国的货币基础却增长了 81%。这两个国家都采用了金本位制。因此（在金本位制下），“货币供应”不仅与金矿生产没有关系，而且在同一时期对于不同的国家可能会有截然不同的结果。[2]

由于黄金不会变质，故而几个世纪以来开采的 18.7 万吨黄金现在仍可作为货币使用。在时间和空间上保持中立，黄金既不会通货膨胀，也不会通货紧缩。它既不惩罚债权人也不惩罚债务人，而仅仅是衡量世界商品和服务的标尺和计量单位。

尽管受人尊敬的经济学家几乎无一例外地都反对金本位制，但全球各国央行一直在增持黄金。理性行为者在市场中实践着一种事实上的金本位。我对这种矛盾的反应是，要少去咨询大学学者，要多去咨询航空公司飞行员，以及内森·刘易斯和史蒂夫·福布斯这样自学成才的人；成千上万的千禧一代投资者的反应是购买比特币和其他加密资产。问题是，这些工具中是否有哪一种能够填补黄金的历史角色呢？

中本聪先生相信他的挖掘算法就是在模仿黄金。在《金钱丑闻》一书中，我接受了这种说法。仅仅需要通过十几分钟的挖掘和抽签，比特币确实费力地抵消了技术的进步。2017 年，我开始密切关注迈克·肯德尔，他正在深入研究比特币的经济模式，并认为比特币可能会取代金本位。我给他发了一份赛弗迪恩·阿默斯所著的《比特币标准》一书的预印本[3]，书中称比特币是黄金标准令人满意的替代品。阿默斯是经济和金融领域的行家里手，还拥有工程学方面的学位。在过去 7 年，他一直在研究比特币和黄金。

谴责“骗子的美妙歌声和宫廷弄臣经济学家，”阿默斯宣称，“有别于国家货币理论中最严重的错误和核心原则。并不是政府规定了将黄金作为货币，而是只有持有了黄金，政府才能发行任何形式的货币。”[4]

谈到比特币，他断言：“中本聪发明了数字稀缺性……一种稀缺的，不能被无限复制的数码产品……一种数字商品，一旦被转让，转让者就失去了对它的拥有权……”

“一种产品在地球上的流行程度，从来都不是由生产出的该商品数量的极限来决定，而是由生产该产品所付出的努力和时间来决定。比特币的绝对稀缺性，”阿默斯写道，“决定了随着时间的推移，它会变得越来越受欢迎。”

这给肯德尔留下了深刻的印象，但当他深入调查之后却发现了一个根本性的缺陷：人们相信货币供应可以而且应该由比特币或黄金的供应决定，换句话说，黄金（或比特币模拟黄金）不仅应该作为衡量工具或记账单位，而且应该作为所有交易的实际媒介。

奥地利经济理论的代表莫瑞·罗斯巴德也犯了同样的错误。他认为，任何真正的金本位都必须拥有100%的黄金支持，他甚至不相信作为银行固有角色的部分准备金制度。而部分准备金制度是对储户（寻求安全和流动性）与企业家（寻求长期投资而破坏安全和流动性）之间的有效协调。流动性储蓄的价值必然取决于企业长期非流动性的业绩，除非废除资本主义，否则根本没有办法避免储蓄和投资之间的期限错配。

同样，如果没有在储户和投资者之间进行中介的系统，比特币和其他加密货币也不可能成为重要的货币。金钱不能仅仅是一份智能合约，在提供贷款和投资以应对市场和技术变化方面，它需要不断采取明智的谨慎行动。[5]用哈耶克的话说，“金本位制迫使政府以保持货币价值不变的方式控制货币数量。”乔治梅森大学的卡梅伦·哈威克指出了其中最关键的一点。他认为比特币作为一种智能合约的追求无法成功，它必须辅之以创业银行的职能：

> 如果比特币波动的主要原因是需求不稳的话，就可以通过发行比特币可偿还债券来稳定对比特币的需求（进而稳定其价值）。这样可以使比特币的波动情况受债券的供应量影响，而不是物价水平或者交易量。[6]

货币不能自动运行，需要依靠“神谕”将其引导到最有前途的企业和用途上去。肯德尔总结道：“货币古典经济学（金本位）和罗斯巴德经济学的区别在于，古典经济学已经被付诸实施，拥有300 年的金本位制货币成功的历史，而罗斯巴德的货币观却从未付诸实施。他正好有机会用比特币来证明其可行性。供应绝对有限的比特币完全符合罗斯巴德的体系。”

“然而，直到现在为止，世界还没有采用罗斯巴德的货币体系，其中的原因就是由于它运转不灵。依据设计，比特币也不会持续作为一种功能货币而存在。”

随着对比特币的深入挖掘，肯德尔对自己的发现越来越感到震惊。“虽然中本聪先生创造比特币区块链的基础非常出色，但中本聪不理解货币作为记账单位的概念。”在 131 年的时间里，将比特币的供应量限制在 2100 万枚，中本聪将比特币设计为一种通货紧缩型的货币。由于其通货紧缩的本质属性，使得比特币更多地被用作一种不稳定的投资赌注，而不是衡量标准或计算单位。

阿默斯指出：“中本聪选择每个比特币包含 1 亿个单元的原因是当时全球货币供应总量约为 21 万亿美元。他希望每个最小单位的比特币相当于 1 美分，以备整个世界经济都转而使用比特币……（假如这种情况发生在 2009 年），若每个中本聪值 1 美分的话，那么每 1 枚比特币将值大概 100 万美元。”

假以“中本聪”之名的克雷格·奈特认为，过去几乎所有的黄金标准都存在着严重的缺陷。在 2015 年 10 月的比特币投资大会上，奈特还曾断言，要想建立一个有效的金本位制度，就需要有 100%

的黄金支持。他说："20 世纪 30 年代之前的黄金交易标准并不是真正的金本位，因为它不是基于 100% 的黄金。"

正如肯德尔所观察到的那样："出于同样的原因，你也不可能有 100% 的金本位——在庞大的国际经济中，谁也没有足够的黄金，如此便将导致高度的通货紧缩——比特币的固定限额也极具通缩性和不可操作性。"要得出这样的结论，奈特必须忽略或故意装作不理解总计长达 300 年的英国、美国和国际金本位制的成功。

我认为金钱最重要的作用是作为一个记账单位，一种衡量价值的标尺，它能使交易跨越时间和空间。但我也曾认为，比特币在 21 世纪的增长率将满足经济对稳定衡量指标的需求。

比特币本身是交易媒介，而不是衡量法定货币价值的稳定指标。这是在比较比特币和黄金时曾经被我忽略掉的内容。对于黄金而言，交易只是偶然现象，但是对于比特币来说，交易却是关键。比特币与黄金不同，如果这个体系想要成功，它必须在数量或价值上有所增长。

史蒂夫·福布斯认为尽管比特币可以作为交易和价值储存手段，但它不能发挥货币作为记账单位和衡量标尺的核心作用。在与他的辩论中，我强烈反对他的这一观点。我说等着瞧吧，黄金和比特币终将合二为一。当时在我看来，比特币就像黄金一样，在缓慢增长，或许有点通货紧缩，但正如我在《金钱丑闻》一书中所说的那样，它的通货紧缩程度并不会大到只会让储户受益。而且这种偏颇还能有利于增长。

正如阿默斯所说，"只有当货币没有那么容易便生产出来，人们不得不转而去生产有用的东西的时候，欣欣向荣的社会才会出现。"[7]

谁会在意 2140 年里会发生什么呢？到那个时候，中本聪的算法将导致比特币开采的停止。我 78 岁了！我们现在正处于危机之中。单是美国的债务和其他政府债务就已经超过了 100 万亿美元，远远超过了 78 万亿美元的世界生产总值，而全球总债务达到了 257 万亿美元。我认为轻微的通货紧缩倾向是对目前困扰世界经济的大量债务的合理纠正，债务的堆积远远超过世界生产总值的增长率。

福布斯证实了肯德尔的真知灼见。除了鱼子酱外，他还证明了比特币不可能成为一种货币。货币通过衡量价值来创造价值，但比特币的价格随需求而变化。你可以这样反驳：美元的价格也随着需求的变化而变化。正如我在《金钱丑闻》一书中所看到那样，1971 年以来，这种波动是美元作为长期货币的致命弱点。

“没有哪种基本的测量单位，”肯德尔说——不论是秒、米、安培还是公斤——“其价值会随着需求而变化。测量单位是‘基于物理常数’的标准。”如果货币是一根衡量标尺的话，它就不能对需求做出反应。

“如果比特币不能发挥货币所必需的作用，那么它作为货币的长期效用将会是零……比特币将会消失在基于它而建立起来的以太币之中……因为比特币的供应量被限制在一个固定的数量上，而这个数量在很大程度上已经被实现。作为一种功能货币，比特币的保存期很短。”[8] 肯德尔指出，其他加密货币采用各自的挖掘算法，也正在跟随比特币的通货紧缩步伐。

通过比较他们各自的发行速度，肯德尔发现比特币与黄金没什么相似之处。如果比特币能够模仿过去 100 年里每年 1.6% 的黄金产量增长速度，那么，目前比特币的数量——16,651,130 枚——到中本聪所设置的2140年，将增至1.16亿枚。这远远超过他设定的2100万枚比特币的上限。如果比特币与黄金2.5%的历史增长率相匹配，届时将达到347,119,614枚。肯德尔总结道，2100万比特币总量的上限“随着时间的推移极具通货紧缩性，根本行不通”。

如果人们相信这一计划，那么世界上的大部分财富可能会在周期性的购买恐慌中流向比特币。1841年查尔斯·麦凯在《大癫狂：群体性狂热与泡沫经济》一书中描述过的如郁金香狂潮、南海泡沫等，又将再次出现。[9]这一结果可能会让当前的比特币持有者感到满意，但它显然会招致政府的干预、没收、混乱、崩溃，以及其他反应，从而终结这个原本可以救赎人类的项目。

中本聪的计划与货币的时间模型是渐近交叉的关系，它慢慢地流逝，直至2140年为止。对肯德尔来说，这就像他还在空中的时候却有人将着陆跑道移走了。但是，时间永远在以不变的步伐前进。

比特币的这一缺陷为其他加密货币提供了巨大的机遇。但是迄今为止，在尚在萌芽时期的“稳定币”运动中，几乎没有哪一种反映出了货币作为衡量标尺的任何蛛丝马迹。肯德尔指出：“以太币的价值取决于它的供需关系，而供需关系又取决于它的挖掘算法。这些算法是由技术极客们决定的，他们对货币作为记账单位并没有真正的理解。”维塔利克·布特林应该小心了。

克雷格·奈特仍宣称“比特币是解决一切问题的办法”，他仍然是“比特币的最大支持者”。但事实却是，比特币无法发挥作为货币的基本作用。它的历史命运是为狂热的政府和中央银行提供避风港，为伟大的创新——区块链提供避风港。

**第二十三章**

# 大拆解

谷歌时代是一个将世界上所有的数字资产都捆绑在一起的时代，密码学的革命导致了金钱角色的巨大拆分，这让逆转谷歌时代的沉闷成为可能。

捆绑销售体现了科斯法则：公司持续扩张，直到执行公司内部交易的成本超过执行外部交易的成本为止。唐·泰普斯科特和亚历克斯·泰普斯科特指出，这条法则的作用具有双向性：如果公司的内部运营成本超过了外包成本，那么它们就应该削减和缩小业务范围，并将相关业务剥离出去。总而言之一句话，进行分类处理。[1]

克莱顿·克里斯坦森为科斯提供了一个技术论据。他指出，只要一项技术不能满足市场需求，集成是可取的，其本质上就是在一个无缝的系统中将各个组件捆绑在一起。组件之间的所有接口都必须优化到满足市场需求的程度。然后，当次优性能满足市场时，模块化（使用标准化的接口和组件）将降低成本并扩大市场份额。[2]

在比特币区块链中，公司接受烦琐的解决方案，不断地在网络上分发 120G 的分类账，而在公司的层次结构中，大多数功能的执行效率可以提高 1 万倍。那么为什么公司要这么做呢？公司愿意承担链的成本，其目的是要解决困扰当前信息经济的集中化、不安全和僵化的低迷状态。

《纽约时报》总结了我们经济中的大部分弊病，其中包括 GDP 增长缓慢，生产率低下，甚至出生率下降，然后将这一切归咎于资源向加密货币的转移。[3]但是，密码创新解决了商业启动走低，首次公开募股不足和大量资源转移（以每天 5.1 万亿美元的货币交易为代表）的困境。它试图用一种新的架构来解决互联网的安全危机。通过去中介化交易，加密货币还为金融过度膨胀提供了一种补救方法。与 GDP 增长的下降同步，金融膨胀占到了商业利润的近 40%份额。[4]

公司放弃等级制度，转而追求分层结构的原因正如泰普斯科特所说："区块链技术为削减中介结构提供了可靠而有效的手段，也从根本上降低了交易成本，促使了公司的网络化，分配了经济力量，创造了财富，并带来了更加繁荣的未来。"[5]

比特币的目标是打破包裹现代货币的层层束缚，如此每天就能释放出 5.1 万亿美元的货币，同时还要启动一套密码体系。但是计量单位，即货币标准，依然是法定货币和黄金的天下。因此就目前而言，比特币的关键作用只在于为世界提供区块链技术。

在"大拆分"的过程中，基于区块链生成了功能性令牌（注意力币专注于注意力，魔像网络令牌用于超级计算，渲染令牌用于图形处理）。它创造了交易媒介（比特币、以太币、门罗币和零币）、价值存储（比特币、以太币及其他）、安全铆钉（区块堆和 Rivetz）、软件语言（固态编程语言和魔像 Golem），以及财富的衡量标准，还生成了“稳定币”作为记账单位，甚至作为实际货币［DigixDAO 公司的数字黄金 DGX 和 Emergent 公司的格罗币（G-Coin）与黄金挂钩，泰达币 Tether 与美元挂钩］。区块链运动开发了在这各种令牌、形式和资金方面进行协调的方法，比如瑞波币的 XRP、班柯（Bancor）和保险箱（TREZOR）等。

随着货币功能的拆分，经济力量的聚集也会越来越大。金融集团正在加入交易、贷款、众筹和加密资产的行列。内容有望摆脱谷歌、亚马逊及其竞争对手的巨大壁垒，得以重新在网络上发布，并将数字版权管理纳入区块链之中。

最重要的是，以比特币为首的密码运动重新确立了稀缺性原则，揭示了谷歌时代挥霍免费商品和免费货币的谬论。被淘汰的将是所有来自谷歌神童的奢华赠送、陷阱和广告，以及由谷歌大脑幻想出来的智能机器中的超级头脑。

自古以来，科学家们都懂得度量在贸易和工业中的重要作用。这场新运动的根源在于时间之于任何衡量标尺和经济学的重要性与稀缺性。全世界的建设者和创造者们，从无到有地展开各自的冒险，并召集来自世界各地的人们一起参与其中。这需要相互协作——特拉维夫设计芯片组件，中国台湾工厂负责硅晶片生产，帕洛阿尔托负责电路板制造，深圳负责系统制造，最后在库比蒂诺上市销售。为了使这些集成的产品能够协同工作，制造商必须信赖不可变的测量系统，通常要精确到微微米和皮秒。

国际单位制（SI）基于物理常数建立了 7 个关键指标，它们分别是时间单位秒、长度单位米、重量单位千克、热力学单位开尔文、电流单位安培、分子质量单位摩尔和光度单位坎德拉。所有这些计量单位都不会随波逐流。因为它们的坚定性是人类工业的基石，是人类工业世界的纽带，是人类工业的生存与繁荣的保障。

纵观历史，人们始终知道金钱是衡量标准的关键。与克雷格·奈特的狂热观点相反，货币不是商品，而是所衡量对象的一部分，量尺不能成为其所校准对象的内容。而是必须扎根于商业无法触及的测量网格中，自我参照的循环——无论是物理学家用原子测量原子，还是哲学家用头脑测量思想，抑或是经济学家用商品测量商品——都注定将是哥德尔式的徒劳。

国际单位制体系确认，一切不可变的度量标准的基础是时间。所有这 7 个关键单位都依赖于物理常数、频率和波长而存在，而它们又以某种方式受到时间的限制，方向性受到热力学熵的影响。作为宇宙中唯一不可逆转的元素，时间是所有测量值的最终参照系。

正如罗伯托·昂格尔和李·斯莫林在《奇异宇宙与时间现实》一书中所写的那样："时间是真实的。的确，它是这个世界最真实的特征……我们的意思是说，它不来自自然的任何其他方面……时间不是从空间中产生，却可以产生出空间。"

经济生活受制于这一现实。受限于光速和生命周期，所有的商业都必须服从宇宙的节奏以及时钟的周期。

谷歌时代即将结束，因为谷歌试图通过免费提供其商品和服务来规避经济的稀缺和安全的限制。谷歌的免费世界公然挑战了时间在经济中的中心地位，它越过了消费者的钱包，直接攫取他们的时间。

金融和人工智能领域的塞壬服务器还试图通过成倍增加交易和加速算法，超越光速和寿命所设置的不可阻挡的界限，以此来掩盖时间的稀缺性。金融工程师们在金融领域的惊人成功并不代表他们对公司和技术现状有了新的更深层次的理解，这只是其时间尺度超越了世界上的实际交易和估值指标而已。

英国央行前行长默文·金写道："衍生品、交易所交易基金（ETF）和其他似是而非的流动性形式，将银行资产负债表的规模与实际家庭商业活动的规模分开了……向公司提供贷款的额度受到其希望借入金额的限制，但是对衍生金融工具的交易量却没有相应的限制。"就像《星际迷航》故事中"眨眼"（Wink of an Eye）的外星人一样，"闪电侠"的动作超越了真实的年代，超越了宇宙的节奏。[6]

同样，所谓"超级人工智能"也不是仅靠对围棋、国际象棋或雅达利等游戏有了一些更深入的了解就能取得成功。超级人工智能的成功之处在于它极大地加快了游戏的速度，捕获了有界和确定性机制的大部分可能性空间。但是把它带到无界和不确定性的领域，比如自动驾驶汽车或通用机器人领域，如果没有新的传感系统和人类的指导，它终将失败。

通过重建计算、金融和人工智能在时间和空间上的联系，区块链运动的大拆分可以重置经济现实。至关重要的是，将出现大量与开发时间稀缺性相关的指标。中本聪先生模仿黄金是正确的，但由于他没有完全掌握黄金成功的秘密，使得他在比特币的参数设置上犯了错误。

中本聪的错误给其他人提供的机会，但是这也仅限于他们能够抓住金钱和时间的本质。从以太坊到卡尔达诺，从海德拉到区块堆，到底哪套解决方案可以奏效，现在的情况依然不明了。但确信无疑的是，在新密码时代丰富的创造力中，人们正在开发针对货币问题的全面解决方案。让我们期待，解决方案将不会带来一系列新的金融危机，并引发地缘政治的混乱。

几乎每天都有新的竞争对手加入如下这些关键的项目中来。

比特币，创建至今已经 10 年，是第一个最稳健并拥有最高市值的区块链，可以作为重要国际交易的价值储存和容器。由于设置了 2100 万单位的上限，故而注定了它不是一个稳定的账户单位。比特币侧重于安全性，可用“脚本”语言，但不具备图灵完整性，缺乏递归循环，因此适应智能合约的能力有限，不易受到黑客攻击，其所具备的轻松扩展功能为小型交易提供了潜在的可伸缩性，其主要人物是中本聪和尼克·萨博，比特金是比特币的雏形。

以太坊，创建至今已经 7 年，当下仍然是智能合约和初币发行最通用的平台。其所使用的软件语言，固态编程语言具有图灵完备性。在所有的加密货币中，它发行的以太币占据了第二高的市场份额。它的“油气”计量指标规定了在计算中使用能源支付，从而使系统免受垃圾邮件袭扰并能阻挡服务器攻击。但是对于计算机的进步，“油气”难以成为以太坊的稳定的单位。迄今为止，以太坊的掌舵人维塔利克·布特林，可能是密算体系中最令人印象深刻的人物，其他与以太坊早期发展有关的人包括已故的联合创始人查尔斯·霍斯基森。

比特大陆是一家创造奇迹的中国初创企业，2012 年开始为比特币开采设计应用专用集成电路。5 年后的 2017 年，比特大陆以近 40

亿美元的利润超过英伟达，成为全球最赚钱的芯片生产商。比特大陆的应用专用集成电路（ASICS）每秒执行千万亿哈希（peta-hashes），即 $10^{15}$，也就是每秒千兆兆哈希运算（tera-hashes）运算。根据这个标准，比特大陆是世界上最强大的计算设备。近来，比特大陆已经向全球范围转移，并成立了一个部门来制造人工智能和机器学习设备。

区块堆已经在网上运行了 4 年，拥有数十万用户，是一个新型分布式网络安全和标识平台，它提供了一个基于比特币区块链的域名服务，一个价值 2500 万美元的风险投资基金，以及一个可扩展的模型。该模型将区块链用于指向内存地址的指针，而不是用于数据存储本身。因此，它发挥了区块链的优势——安全性、身份和信任。同时将区块链从它不能提供的东西中解放出来——巨大的交易速度和存储空间。它的关键人物是普林斯顿大学的穆尼布・阿里、莱恩・谢伊、裘德・尼尔森和迈克尔・弗里德曼。

小蚁是以太坊在中国的主要竞争对手。其首席执行官达鸿飞（Hong Fei）非常精明。小蚁是一种链上操作系统，是中国的超级分类账项目，旨在让企业遵守监管制度。小蚁是 DNA（中国的“分布式网络架构”）的来源，是适合亚洲政治的智能合约平台的基础，是密码技术运动的核心。

卡尔达诺，以全球为基础，以 16 世纪发明了概率论的吉罗拉莫・卡尔达诺的名字命名，是以太坊和比特股的第一任首席执行官查尔斯・霍斯基森的杰作，采用的是新颖但繁复的哈斯克尔语言（Haskell language），它利用基于数学函数的软件，通过形式化的数学方法进行验证，寻求可扩展性（在扩展时生成新资源）、可测试性和可持续性。霍斯基森专注于把事情做对——同行评审、可验证的代码、严格的算法——但更重要的是做正确的事情，卡尔达诺可能并不知道这二者之间的区别。

商用分布式应用（EOS）是密码高手丹·拉里马尔紧随 Steemit（红迪网风格的区块链）和比特股（由霍斯基森发起的分布式交易所）之后推出的第三个大型项目。据说，Steemit 和 BitShares 仍占区块链所有“交易”中的很大一部分，但由于它们大多是免费的，很难说这意味着什么。商用分布式应用（EOS）承诺推出一种新的智能合约平台，可以免费使用 Java 和 C-world 等传统语言进行编程。它正在进行筹资，在结束前可能会筹集到超过 10 亿美元的资金。作为一个博学的自由主义者，拉里马尔应该把他的公开声明更多地放在介绍其软件的优点上，而不是描述竞争对手的缺陷和个人弱点上。

埃欧塔根本不是区块链，而是关于一系列的链上交易。其中每个交易者都需要验证另外两项事务，以此来为自己的事务获得认可。它源自挪威的一个密码极客社区，埃欧塔旨在为物联网提供强大的可扩展性和适应性。钱似乎正朝着它滚滚而来。

后比特币加密运动的其他代表还包括把自己描述为人的哈希图（Hashgraph），而非其他什么东西的源石币（Raiblock）。以及我自己最喜欢的，创建于库比蒂诺市的约尼蒂克斯（Jonetix），它由英特尔的前员工保罗·吴和尼克·特雷登尼克共同创立。该公司通过芯片底物分子的随机运动来生成密钥，进而为物联网发明了一种牢不可破的密码链。[7]

也许最令人敬畏的新玩家是哈希图（Hashgraph）。这是由一家长期秘密运作的名为“旋涡”（“共享世界”的意思）的得州公司推出[8]。卡内基梅隆大学的数学家利蒙·贝尔德发明了这种备受欢迎的方案，该方案声称与所有的区块链相竞争，却与区块链技术无关。它和它的新公共产物海德拉都来自密算体系，并且它们都有志于取代区块链的位置。

哈希图使用了许多比特币首创的加密工具，并将其区块称为“回合(rounds)”。它们仍然需要编译一系列交易，以便将它们散列到“默克尔树（Merkle Tree）”的根部，然后将它们附加到某个区块链中。正如在海德拉的白皮书中所指出的那样：“每一回合结束的时候，每个节点在处理该回合和之前收到的所有交易之后，将会计算共享状态。然后，它对共享状态的散列进行数字签名，将其放入其中，并将其传送（gossip）到社区里。”[9]

这正是中本聪对比特币的规定。比特币使用“八卦协议”来传播系统的状态，并使用“默克尔树”对各个区块进行散列，哈希图将区块链描述为“公钥地址”，这也是比特币区块链的本质。就像比特币一样，地址可以追溯到“创世（Genesis）”。无论是“创世区块（Genesis Block）”，还是“创世回合（Genesis Round）”，其区别仅在于你到底是吃了那个苹果，还是吞下了那个柠檬。

利蒙·贝尔德发明了一种新的共识机制，旨在取代比特币和以太坊那费力的工作证明（proof-of-work）式开采操作，并消除过程中的附带分叉（incidental forks）。尽管哈希图也声称要以自己“赢家通吃”诱惑来锁定各种类别的“利益证明（proof-of-stake）”，但它也包含了自己的验证利益机制。“每个节点对其持有的海德拉币投一票”。[10]

这一重要的发明被称为“虚拟投票（virtual voting）”，即每个节点的内存中都有一个图，图中显示的是全球传递进程中其他节点向其报告事务的散列。不需要进行实际的投票，因为每个节点上的散列图收集了足够多的信息，以便及时客观地对所有事务进行排序和协调。信息的传递过程也提供了关于系统状态的一致意见，没有任何进一步的交流。如果它成功了——也没有人证明它不成功——这个虚拟的投票系统将会是一场政变，将会成为一个更快更好的捕鼠器，能抓住了很多很多的老鼠（全国信用联盟、医疗系统，还有很多大银行）。

然而，公众海德拉是一个集中系统的一部分——哈希图联合体和议会——一共由 39 个“已知的和有信誉的全球组织”管理。基于签证模式，委员会可以修改软件和规则，这是一个使其具备改变野兽本性的特性。关键问题是，它的管理层是否会选择一种稳定的货币模型（黄金或其他真正基于“时间”的稀缺商品），还是会在自我参照的循环中与美元或间接的法定货币模型（如大宗商品）捆绑在一起，可能这许多“信誉良好的机构”更喜欢采用业已失败了的现有系统模式来运行。

与其他加密货币不同，虽然海德拉缺乏开放源代码的可编程性、不变性和记录的持久性，但它是一项具有原创性和可扩展性的发明。由于它不改变互联网架构，所以对现有秩序的威胁相对较小。它将适用于任何形式的智能合约或其他应用。它不仅可以使用 Java 语言编程，也可以使用以太坊的固态编程语言编程。

最终，“稳定币”将作为量尺在货币领域占据主导地位。其中最吸引人的项目之一便是另一家公司的 DigixDAO。作为第一个在以太网区块链上进行初币发行的公司，它在一天内筹集了 550 万美元，这让世界震惊。德行币 DXC 是一种基于金条的令牌，由人开采，并在区块链上重新注册。在 2018 年年初的开采大战之中，与其他所有加密资产相比，DigixDAO 表现最佳。这或许证明了它的观点：与黄金挂钩可以使“稳定币”成为记账单位。

其他几家公司也在遵循这条基于黄金推出数字货币的道路。最令人敬畏的可能是新兴技术的格罗币，格罗币由连续创业的布伦特·德容运营。他认为格罗币提供了一条通向新金本位的道路。Emergent 公司在全球 70 个国家拥有 250 名工程师和办事处，其所提供的格罗币成为 DigixDAO 的西方版本。格罗币背后的黄金资产从采矿中追踪到经过许可的区块链交易。这为许多行业的供应链提供了一种可能的模式。布伦特·德容是一位经验丰富的企业家和金融家，致力于用区块链来打造“世界上最具流动性的货币”，其基础是“宽阔的、无冲突、用心开采的黄金”。

贝尔定律决定了现有计算的再中心化，并确保了新体系结构的出现。这种新体系近在咫尺。它基于克劳德·香农和艾伦·图灵在第二次世界大战期间共同开发的密码术之上。现在它提供了一种建立在区块链、数学散列和一系列相关发明之上的新计算机架构。

新的建构为每天 5 万亿美元孤注一掷的金钱提供了替代方案，也为当前不安全的互联网提供了替代方案。这是一个漏洞百出的网络，在这个网络中，那 5 家互联网巨头想要的只是更多的密码和用户名，艾可飞公司或雅虎可能会在瞬间丢失数亿项个人数据。

金钱和信息技术的一切紊乱，可能会在新加密货币运动中找到补救措施，并将以密码主义的新技术建立而告终，这场运动始于

2009 年中本聪的比特币。尽管比特币不具备代表一种新金本位制度的潜力，但它的基础技术必将对货币的角色进行拆解。这最终能够帮助人们澄清和区分交换媒介和量尺之间的区别。

拆解将发生在所有的 GAFAM 这五大互联网巨头（谷歌、苹果、脸书、亚马逊、微软）所拥有的集中计算和商业云之中。一种新的硬件模式正在超越数字和硅，转向模拟碳纳米管并带有传感器和 5G 天线的混合芯片，甚至金钱本身也被分解和改造。云正在被分散到你的笔记本电脑和智能手机上的云天计算中，分布在透明和变革性的区块链上。

最后的考验是新机制能否为人类的思想和意识服务，毕竟衡量所有人工智能的标准是人类的思维。人的思维具备低功耗性、全球分布式以及对环境低延迟性和时空有界性的特点，它对其创造者具有创造性。

# 结语

## 世界新体系

佩顿·曼宁，这位曾经的冠军橄榄球队的四分卫，迅速地扫视着身前的场地。在小岩城首都酒店的二楼看台上，他看到了一个熟悉的身影。那是身高 6 英尺 4 英寸（约 193 厘米）的亨特·希伦迈耶。亨特曾经为芝加哥熊队效力 7 年，是球队的防守队员。现在他是总部设在纳什维尔市的奋进虚拟现实公司（STRIVR）的战略家兼发言人。在为虚拟现实寻找有价值的新市场方面，亨特可能是全世界范围的领先者。

这两位魅力无限的前美国职业橄榄球大联盟（NFC）球员都来到小石城参加史蒂芬公司的峰会。史蒂芬公司是银行业和投资领域的圣骑士，其董事长沃伦·斯蒂芬斯是曼宁的朋友，也是希伦迈耶的投资人。

曼宁当然知道，现在眼前这位满头黄褐色头发、未戴头盔的希伦迈耶是不太可能在台上横冲直撞，把自己撞倒在地的。提倡“做中学，越做越好（learning by doing，and always getting better）”的曼宁带着自己的话题朝希伦迈耶走去。

在这次会议上，奋进虚拟现实公司向大家展示了其别出心裁的浸入式训练技术。在这场会议上，希伦迈耶是比曼宁更耀眼的明星。他指出，摩尔定律把虚拟现实设备的价格降到了以前的 1/10，甚至更低。如今，脸书公司的奥克拉斯虚拟现实眼镜（Oculus Rift）头戴设备的价格已经降至 1000 美元以下。虽然与之前的虚拟现实系统相比，价格已经相当实惠。但对于消费市场来说，仍然是个高得让人望而却步的价格。

迄今为止，“做中学”是最有效的培训形式，奋进虚拟现实公司专注于向用户提供完整的虚拟学习体验的细节。关键是它能够直接作用到用户大脑的额叶皮层（frontal cortex）。额叶皮层是大脑中思考、决定和解决问题的关键，也是判别虚拟体验真实与否的部位。虚拟现实绕过了这些决定智力的部位，作用于其后的大脑。在这一部位，因为不相信而导致的短暂停滞让记忆以一种“真实”的体验而被铭记。通过促进大脑的这种相位变化，虚拟现实可以加速大多数工作的学习过程。

希伦迈耶招呼观众们都到台上来体验一下他所介绍的内容。戴上奥克拉斯头罩（Oculus headset），我如坠五里雾中。我的额叶皮层还在摸索，它一定就在这附近的某个地方。我现在是球队的四分卫，陷入达拉斯牛仔队队员的左冲右撞之中，整个人都被吞没了。我担负着达克·普雷斯科特的角色，正准备把球传给外接球员科尔·比斯利。完全沉浸在情节之中，差点没从讲台上掉下来。躲过了各种冲撞，我终于干脆利落地完成了传球。

在斯坦福大学虚拟现实实验室的协助下，经过该校足球队一段时间的试用，希伦迈耶形成了自己的观点：对于普通人而言，虚拟现实中所体验的事物，在现实中几无可能、极其危险而且价格不菲。我在牛仔队完成传球的时候，虚拟现实让我不用被体重 300 磅的防守球员踩到，而且还能向我反映四种不同的传球可能。

20 世纪 70 年代，为便于对飞行模拟器的飞行员进行培训，虚拟现实技术得以突破，并在专用的训练单元中为石油钻井平台的工程师进行培训。这一技术在测试和设计产品方面取得了胜利。正如杰伦·拉尼尔在《虚拟现实：万象的新开端》一书中指出的那样："过去 20 年里，你所使用的每一辆车，无论是滚动式、悬浮式还是飞行式的，都先用虚拟现实技术做出了汽车原型。"[1]

希伦迈耶最近使用虚拟现实的案例非常罕见。他将这种技术使用在感恩节后的"黑色星期五"的预演中。沃尔玛学院（Walmart Academy）是奋进虚拟现实公司的重要客户。由于沃尔玛员工的流动率很高，大约有 40%的经理从未经历过这种每年一次的龙卷风。奋进虚拟现实公司让学员置身于混乱之中，使他们能够在不被顾客踩踏的情况下完成交易。沃尔玛的报告显示，在实际操作中，接受过虚拟现实技术培训的学员表现得更自信、更高效。

在展示一些匪夷所思的项目的时候，希伦迈耶借用了使用奋进虚拟现实公司系统训练美国奥林匹克滑雪队的例子。队伍聚集在犹他州的帕克城，队员们用 VR 技术体验了 2018 年冬奥会举办地韩国的速降项目。米凯拉·希夫林、林赛·沃恩和其他奥运选手都体验了这一过程。他们在经过每一个弯道时都身临其境地转动身体。这让他们不需要经历赛季结束时受伤，甚至遭遇其他状况的风险。

尼克·鲍姆加登在《纽约客》这样描述希夫林的表现："任何人都可能犯致命的错误（失去平衡、压线或者选错道），或者遭遇厄运（设备故障、暴风雪、狂风）。"[2]"最好在帕克城多待一段时间，以便在虚拟现实中试一试韩国赛场的斜坡。"

也许最有价值的是奋进虚拟现实公司的消防员培训软件。消防员群体的肺癌发病率是其他人群的 50 倍。每年，他们都要在烟雾弥漫的环境下训练，难免会吸入有毒气体。使用奋进虚拟现实公司的设备，他们可以体验到烟雾笼罩的效果，却不用真正吸入烟尘。更重要的是，他们学会识别即将发生"闪络事件（flash-over event）"时的视觉和听觉信号。一旦发生闪络事件时，消防员将被火焰瞬时吞没。

奋进虚拟现实公司的表现展示了虚拟现实领域的机遇。每一种培训制度都不同，都需要对特定环境有深入的了解。每个虚拟现实会话都需要花费大量的时间来渲染 3D 环境图像。

"炒作虚拟现实，"首席执行官丹尼·贝尔奇在奋进虚拟现实公司的博客中写道，"不再只是炒作而已……一切都那么真实。事实上，沃尔玛和联合租赁公司（United Rentals）正在使用虚拟现实技术。这将对虚拟现实行业产生深远的影响。"联合租赁公司专注于建筑设备的租赁，面临着引导客户在现场学习安全实践的问题。"他们就是不会做。"不过，通过使用虚拟现实，该公司降低了责任风险，同时提高了安全性和生产效率。

沃尔玛在 200 多家门店布置了虚拟现实设备。这些门店有数千名经理，这是有史以来规模最大的一次实践。从技术的发展历程看，部署到沃尔玛可能是其成功的关键。劳氏（Lowe's）紧随其后，也将广泛采用虚拟现实技术，以便为顾客提供家居改善技术的培训。

进入“正在发生”的阶段，凯鹏华盈公司的玛丽·米克尔所撰写的《互联网趋势报告》备受众人推崇。她在报告中说，消费者正在以缓慢但稳定的速度购买耳机，而游戏公司则在虚拟现实游戏上大赚一笔。米克尔指出，企业家往往是游戏的粉丝，埃隆·马斯克、雷德·霍夫曼和马克·扎克伯格就是最好的例证。全球互动游戏正在成为主流。2017 年全球有 26 亿玩家，十多年来增长了 26 倍。全球游戏收入在 2017 年猛增超过 1000 亿美元。

我告诉奋进虚拟现实公司的希伦迈耶和贝尔奇，欧拓易正在计划一个全球的电脑平台，以便在世界的任何地方都可以廉价地进行虚拟现实渲染。贝尔奇听后兴奋不已，认为这将为奋进虚拟现实公司在世界各地的软件开辟新市场。如果虚拟现实无处不在，那么它就没有理由沦为稀有、几无可能、危险或昂贵的市场。

与试图通过机器提高学习能力的人工智能相反，虚拟现实旨在增强人的能力和人的学习。虚拟现实把思想凌驾于物质之上，它建立在人类思维的奇点之上，而不是机器的虚假奇点之上。

虚拟现实需要不断扩大人机界面和换能器的感觉。它还有望延伸到各个假肢伸展领域，例如护眼眼镜、手套、卷动地板、触觉合成和感觉融合等。这将扩展人类体验的边界，最终将运动、力量、抵抗、热、锐度等融合在一起。正如奋进虚拟现实公司的产品可以训练消防员和滑雪者一样，这些进步也同样可以提高护士、急救服务人员、外科医生甚至物理学家的培训水平。

2017 年年底，我采访了欧拓易的朱尔斯·乌尔巴赫。那天上午，作家兼医生、著名的哈佛大学教授丽莎·兰德尔的问题让他困惑不已。兰德尔在 TED 上的演讲堪称典范，她的作品更是《纽约时报》推荐的畅销书。她认为人不必信仰上帝也能永恒。兰德尔顺道来欧拓易公司讨论朱尔斯的奥克坦虚拟现实渲染工具奥克坦 VR 渲染工具。这套工具可以测量和反映光子的运动、反射、折射和相互作用。她认为这是被实验检验过的光子行为模型，可能为光的多维本质研究提供线索。

兰德尔是探索宇宙“隐藏维度”书籍的作者。她告诉朱尔斯，渲染图像的过程提供了解密宇宙的新方式。一切都从光子开始，从光子回归到大爆炸（Big Bang）。在制作计算机生成的图像时，欧拓易绘制了一幅地球场景中光子辐射和反射的小爆炸（mini–bang）图景。以人的启迪为源，以人的启迪为目，渲染算法是对现实的实证探索。

它也是理解人类意识的一条途径。正如拉尼尔所指出的那样，虚拟现实把有意识的人放在一切的中心，让你以纯粹的形式“感觉你的意识”。“你就在那里，站在系统的固定点上，其他一切都可以改变……在虚拟现实中，你输入的就是你自己。”[3]

世界的谷歌系统侧重于物质环境而不是人类意识，侧重人工智能而不是人类智能，强调机器学习而不是人类的学习，强调搜索的相对性而不必追求真理，强调复制而不是创建，强调在平坦的宇宙中启动人类的层次结构而非在分层的宇宙中为人类赋能。它在机器中，而非人类的大脑中寻找奇点。

世界的新系统必须扭转这些立场，提升创造的奇点：头脑高于物质，人类意识高于机制，真正的智慧高于单纯的算法搜索，有目的的学习胜过盲目的进化，真理胜于偶然。一个新的系统可以开启人类成就的英雄时代。

要想推动这种进步，就需要是把重点从关注计算成果转移到信任和安全的根源上。信息论总是从两个方面阐述现实。一方面，它测量并支持跨越时间和空间的通信、传输、冗余和可靠复制。另一方面，它侧重于解码和解密那些隐藏在噪声中的现实维度。它既是一台复印机，也是一台试图解决世界底层状态的真相机器。

1948 年，当香农在麻省理工学院和贝尔实验室发展他的信息理论的时候，整个世界都全神贯注地通过一个嘈杂的通道进行交流。关于真相和后果的问题被推迟到信号和噪声的问题之后。信息理论始于《保密系统的通信理论》一文。这篇论文证明了一个完美的随机一次性密钥构成了一个不可破解的代码。作为信息理论的支柱，它定义了（纯随机白噪声）噪声（noise）和（可预测，确定且无信息的）完美秩序（perfect order）之间的连接点。

香农的注意力集中在更多富有发展性的领域中。这些领域位于随机（受控或有界概率）中间，构成了对通信、编码、加密和解密的挑战。在此过程中，他解决了在海量原始数据中寻找意义的问题。香农的工作指向大数据、机器学习和人工智能领域。所有这一切为谷歌时代的到来添注了燃料。

其结果便是，互联网架构上充斥着免费的应用程序。这些应用程序可以帮你做任何你想做的事情，并在其基础协议中渗透，以建立身份、产权以及系统基态的其他方面。一个千疮百孔的互联网堆栈允许将金钱和权力吸到顶部。

作为一个全球性的复印器，互联网帮助其创始人建立了起源、事实、真相、时间戳、基态和身份，也使得假新闻和网络欺诈与真实事件和有启发性的交流鱼龙混杂，真假难辨。

现在，是时候跨越互联网的滑坡，为用户提供一个稳定的数据库，并在这个数据库上建立新的信任和真理结构。以此使互联网成为人类创新和成就的高熵时代里的低熵载体。新时代将超越互不相连概率状态下的马尔可夫链，将历史和未来、信任和真理的鸿沟扩展到区块链。

无记忆的马尔可夫链的反面是区块链。马尔可夫链通过极端地超越过去而获得效率和速度，而区块链则通过数学散列在每个区块内精心地延续过去。也许计算速度比马尔可夫链慢 1 万倍，但是每个散列（hash）都包含了不可磨灭的签名，记录了返回原始区块的所有事务。马尔可夫链告诉你统计上可能的未来，而不知道过去；区块链通过不间断地记录过去，展示现实生活中的未来。

因此，区块链可以保存和扩展信息，而马尔可夫链则可能通过随机性假设破坏信息。马尔可夫模型从演算中去掉了特定的意图和计划、历史和身份，代表了对创造和构成财富的真正知识的逃避。下一个时代的世界体系将会看到对记忆和具体性、发明和真实性、时间戳和标题的提升。依然在世的最伟大的信息理论家格雷戈里·蔡汀先生将其称为“创造力的新数学”。他认为这是让人类获得自由的数学，是对哥德尔和图灵的继承，是对不可计算性和不完备性的有力证明。

宇宙有序且多维，当然不能被简化为一个二维序列。信息世界的计算机产业应该以虚拟现实的创造性维度为导向，而不要迷信物质主义的扁平宇宙。一个成功的世界体系应该致力于表现人类生活和思想的全部复杂性。

比特币（Bitcoin）：互联网上的一种基于广泛公开和分散账簿的安全交易方法。相比之下，信用卡系统是建立在保密、集中、使用受保护的网络和防火墙数据中心的基础之上。这些数据中心积累了大量交易者的个人信息。

比特币大约每 10 分钟收集 1 次公开交易账簿信息。收集从当前区块开始，一直追溯到其匿名发明者中本聪所创建的“创世区块”。其验证过程至少需要一半的参与者（“矿工”），从创世区块开始，用以前的所有区块对当前区块进行数学运算。因此，若想更改或撤销交易，需要系统中超过一半的计算机同意重新计算，并对自创世区块以来的所有交易进行重新声明和确认。

比特币不是硬币，而是在区块链中永久注册的交易权值和量尺。

区块链（Blockchain）是一种数据库。类似于不动产产权证，其中内容包括事项、契约、专利、许可或其他永久记录。从该系列的起源和分散的网络节点上分发和公开的每条记录开始，用数学的方法将一切散列在一起。

玻尔兹曼熵（Boltzmann's entropy）：热量（系统中所有分子的总能量）除以温度（分子的平均能量）。路德维希·玻尔兹曼（1844—1906）将不同于缺失的信息与分子排列的不确定性联系起来，从而为克劳德·香农和信息论开辟了道路。熵有两种形式，且都是无序的。玻尔兹曼的熵是模拟的，由自然对数 e（logarithm e）控制，而香农的熵是数字的，由对数 2（log2）控制。

蔡汀定律（Chaitin's Law）：格雷戈里·蔡汀是算法信息理论的发明者。他认为不能用静态的、永恒的、完美的数学模型来模拟动态的创造性生活。决定论者的数学将数学家困在机械的过程中，不能产生创新或惊奇，也不能产生学习或生活。故而需要超越牛顿的物理学数学方法，转而遵循哥德尔（1931）和图灵（1936）开创的后现代数学，即创造力的数学。

经济增长（Economic growth）：通过可证伪性或潜在的银行失灵而检测出的学习。这种对经济增长的理解源于卡尔·波普尔的洞见，即科学命题必须以可证伪或可反驳的方式加以框定。政府担保会阻碍学习，从而阻碍经济增长。

所有成长中的企业和行业都遵循着一条学习曲线（learning

curve），即销售总量每增加 1 倍，成本就会减少 20%—30%。经典学习曲线是微芯片中的摩尔定律（Moore's Law），是网络中的梅特卡夫定律（Metcalfe's Law）。雷蒙德·库兹韦尔把这一概念概括为"加速回报定律"。这是亨利·亚当斯在《亨利·亚当斯的教育》一书中引入的学习曲线图表，并将其应用于分析能源增产现象。

除非处理过的信号经由人的解释，否则作为学习过程的经济增长不会直接从"机器学习"中获益。

扩张性的财政和货币政策（Expansionary fiscal and monetary policy）：中央银行通过出售政府证券以支付政府的赤字，从而达到刺激经济活动的目的。

凯恩斯主义者（主要是左翼人士）认为，各国央行可以通过出售证券和增加政府支出来实施财政刺激。货币主义者（大多是右派）认为中央银行可以通过创造货币以购买政府债券来刺激经济活动。

新的资金流向了先前购买证券的所有者，主要是银行。近年来银行利用此类资金从财政部门购买了越来越多的证券。凯恩斯主义和货币主义在扩大政府开支的权力上意见趋于一致。在信息经济中，这两项措施都试图利用政府权力来推动增长。但经济增长是一种学习（通过反复思考获得知识），而学习不能强迫。

哥德尔的不完全性定理（Gödel's Incompleteness Theorem）：库尔特·哥德尔（1906—1978）在数学的逻辑中发现，任何足以表达算术真理的正式系统都不完整，并且都依赖于公理，以至于不能简化到系统本身——真理无法在系统内部得到证明。在证明的过程中，哥德尔发明了一种数学机器。这种机器利用数字来体现公理，从而预测了计算机科学的发现。通过证明数学既不封闭，也绝非为物理所决定，哥德尔为后现代数学——软件和创造的数学开辟了道路。哥德尔 1931 年证明，数学表述可以是真实的，但无法证明。约翰·冯·诺依曼（1903—1957）是第一个赞赏和宣传哥德尔这个观点重要性的人。

正如冯·诺依曼所见，哥德尔的证明依赖于他所发明的数学“机器”。这种机器用数字来编码和证明算法，也用数字来表示证明结果。冯·诺依曼和艾伦·图灵的发明，推动了计算机科学和信息理论的发展，推动了互联网和区块链的发展。

黄金（Gold）：货币元素，原子序数 179。经过数个世纪的检验，成为独一无二的货币。元素周期表上的 5 种贵金属分别是铑、钯、银、铂和金。铑和钯是直到 18 世纪才被发现的稀有元素。铂的熔点高达 3000 华氏度，如果没有先进的技术，根本无法获取。银的光泽晦暗且易腐蚀，它的反应性使它比黄金更适于大多数的工业用途。只有黄金才能作为一种经久耐用、永不改变的价值标尺。黄金被认为是货币，因为它是一种有用的商品——漂亮、闪亮、可分割、便于携带、稀缺、可兑换成珠宝。黄金别无他用，其本质上就是一种货币元素。金钱没有价值，因为它其实就是珠宝首饰而已。珠宝首饰有价值，因为它是真正的金钱。黄金是一种以提取增量盎司的时间为基础的估值指标。这个指标几个世纪以来都几乎没有变化。而从更深和更分散的矿脉中提取黄金是十分困难的工作。因此，黄金衡量标准不是技术和工业进步的函数，而是衡量价值的纯粹标准。

散列（哈希）（Hash）：将一个长度可变的数字文件转换为一个特定长度的字符串——安全散列算法（SHA-256 用于比特币的区块链加密）输出总是 32 字节（256 位）。散列难以逆向处理。关于散列的知识并不表示关于文件的知识，但是却能很容易地将文件的知识转换为散列。对文件的任何更改都会彻底改变散列结果。因此，散列显示了对散列数据的任何篡改。最常见的散列是每个因特网包结尾处的校验值（checksum）。散列是区块链和哈希图的技术支撑。

哈希图（Hashgraph）：在树状结构中使用链式区块（称为回合"round"），使用一种巧妙的"虚拟投票（virtual voting）"的算法，在没有实际投票或工作证明的情况下达成一致。这是一种复杂而费力的过程，应该尽可能地避免。该系统很可能成为区块链的基础而得以推广。

金融过度增长（Hypertrophy of finance）：金融的增长超过了它所衡量和调节的商业的增长。例如，国际货币交易大约是全球商品和服务贸易总额的 73 倍，是所有股票市场交易的 100 倍。石油期货交易在大约 30 年里增长了 100 倍，从 1984 年占石油产量的 10% 上升到 2015 年的 10 倍。房地产衍生品现在是全球 GDP 的 9 倍。那不是资本主义，那是金融的过度增长。

信息理论（Information Theory）：由库尔特·哥德尔在将逻

辑应用于函数式数学和算法时提出，是在克劳德·香农（1916—2001）和艾伦·图灵（1912—1954）的思想基础上发展而成。信息理论将人类的创造和交流描述为在噪声的力量面前，通过电线或者整个世界，用“新闻”或“惊喜”（定义为熵，即为知识）来衡量的结果。

熵的高低取决于发送者的自由选择，是一个自由意志主义的指数。构成符号的字母表越大——也就是说，可能的信息集合越大——合成信息的人的选择就越大，信息的熵就越高，信息也就越多。信息理论既支持了也描述了我们所生活的这个数字和模拟的世界。

主街（Main Street）：工人按小时或按月结付工资的实体经济的象征，与华尔街快速循环式的赚钱活动相隔绝。主街也许就是你所居住的街道，是当地的商业和工作场所。

梅特卡夫定律（Metcalfe's Law）：网络的价值和力量是随着它所链接的兼容节点数量的平方而增长。该定律得名于工程师罗伯特·梅特卡夫（1946—　），他也是以太网的发明者之一。该定律只是一个粗略的指数，与人的直觉背道而驰（互联网的价值远不及其60亿联网设备的平方），但该定律适用于更小的网络。脸书、苹果、谷歌和亚马逊之类的公司主导了当下股票市场的资本化。梅特卡夫定律解释了这些公司的价值创造载体。梅特卡夫定律很可能还适用于新的数字货币，并最终确保互联网软件堆栈新事务层的成功。

摩尔定律（Moore's Law）：计算机行业的成本效益每两年翻

一番。这一速度与以更快速度生产的晶体管的数量相适应，表现为一条学习曲线。在加州理工学院教授卡弗·米德研究结果的启发下，英特尔创始人戈登·摩尔（1929— ）提出了摩尔定律。该定律起初是描述硅晶片上晶体管密度每两年翻一番的原理。现在它主要依赖于其他的学习载体，如并行处理、多线程、低电压和三维芯片架构。摩尔定律作为一种学习曲线，是信息理论的重要原理。

噪声（干扰）（Noise）：信息中的干扰。噪声是管道对内容的任何影响：通信通道中存在的不为人所期待的干扰。噪声的产生通常是其管道所导致的内容失真。高熵信息（充满惊喜）需要低熵通道（没有惊喜）。信号中的意外是信息，管道中的意外是噪声。

皮尔斯的三位一体理论（Peirce's Triad）：数学家兼哲学家查尔斯·桑德斯·皮尔斯（1839—1914）的理论认为，对于所有符号和符号系统（如软件和数学）而言，没有解释器就都没有意义。三元系统由符号（或意象）、对象和人类解释器组成。剔除解释器，三位一体就仅剩下意识形态和技巧（如"机器学习"和"人工智能"）。

公钥加密（Public Key Cryptography）：大多数密码学都是对称的：用相同的密钥（或数字串）对消息进行加密和解密。当然，如果你能亲自将密钥交给对方，也没什么不可以。但互联网经济依赖于你和从未见过的人进行持续的交易。答案就是不对称的密钥对。它们一起生成，密钥加密消息，公钥无法解密，而私钥则用于解密。区块链依赖公钥作为传输的地址，这些地址可以由它们的私钥完成。

私钥的重要用途之一，是能用以加密由相关公钥解密的文件。此过程允许对消息源进行数字签名以验证身份。你知道消息源于某个唯一的私钥，该私钥与您持有的公钥成对生成。这意味着钱也可以像支票一样签名，以确保身份验证，而不需要透露签名的来源。

这种技术对加密货币两个明显冲突的目标进行了协调：隐私和认证。实现完全可信的交易而不暴露个人数据。同时实现出于法律目的的访问并显示可靠的财产和历史记录。因此，在应对法院或美国国税局的质询时，我们可以拥有类似现金的交易（避免秘密公开），以及稳健、可靠、不变的记录。身份和财产在适当的时候可以隐藏，但是在需要时也可以证明。这与当前的制度完全不同。在当前的制度下，身份和财产信息不断地暴露给不受信任的外人，如果不依赖可能腐败或虚假的第三者或检察官，就无法证明这一点。

现金（real money）：一种量尺，是价值的度量标准，反映了时间的匮乏和不可逆的流逝。现金均匀地分布在熵的基础上，建立在光速和生命跨度的物理极限之上。从这个意义上讲，比特币和黄金都是现金。但被政府垄断的钱却不是。

沙山路（Sand Hill Road）：加州风险投资专家和各种“独角兽”的树栖之所。从斯坦福附近的卡米诺庄园，一直延伸到 280 号公路，再延伸到伍德赛德和硅谷的各种云与财富之中。这个奢侈的市场里充斥着律师和政客。沙山路已经失去了在创业资本市场上的领导地位。而将其拱手让给了世界各地的初币发行（ICOS）和其他筹资网站。

香农熵（Shannon Entropy）：计算香农熵的最简单方法是用二进制数字来编码一条信息。被计算为组成该信息概率的两个对数的和。1 和 0 之间概率的对数总是负数。熵在这个和前面用负号表示为正。这个负号促使一些著名的理论家错误地提出了负熵的概念，这是一个矛盾的概念——超过了 100% 的可能性。与直觉相反的是，令人惊讶的信息是一种混乱。字母表是有序的，晶体是有序的，雪花是有序的。《哈姆雷特》和谷歌是美好而无序的，传达着令人惊讶的信息。

图灵机器（Turing Machine）：其灵感来自哥德尔的证明。图灵设想了一个抽象的通用计算机模型，它由一个控制单元组成，该控制单元管理一组指令，包括读、写和某一时间内在一个管道内部前后移动。这个管道的长度无限，被分割成尽可能多的正方形。他证明了这台假想的机器可以执行任何计算功能。从那以后，硅谷便开始欢呼雀跃。尽管他还进一步证明了大多数数字无法通过计算过程生成。图灵的通用计算机无法计算任何特定程序是否会停止。这是一种通用的计算机，它包含了无限的时间和空间。真正的计算机和大脑不同，必然局限于某些特定的目的。

财富（Wealth）：经过了检验的知识。物理法则规定物质是守恒——物质资源自石器时代以来没有改变。所有持久的经济进步都来自通过学习增加的知识。

# 注释

## ●序言

### 回到未来

1. 约西亚·李·奥斯皮茨：“黄蜂离开瓶子”，《美国学者》，2002年版，第602—619页；查尔斯·桑德斯·皮尔斯，《偶然的爱与逻辑：哲学散文》，纽约：巴恩斯诺贝尔公司，1923年版，莫里斯·科恩和约翰·杜威合编。

2. 尼尔·斯蒂芬森：《雪崩》，纽约：班塔姆斯匹克塔出版社，1992年版，第24页。“这里并没有阿宽（Hiro）这个人。他只是生活在电脑合成的宇宙之中……在那个名为‘虚拟现实’的地方。”

3. 克莱夫·斯特普尔斯·刘易斯：《荣耀之重：暨其他演讲》，纽约：麦克米伦出版公司，1949年版，第16—29页。“转换”是其中的第二篇文章。

4. 乔治·吉尔德：《后电视时代》，诺克斯维尔，田纳西：惠特尔通信，1990年版；修订版，纽约：

诺顿出版公司，1994年版。“我们将看到，电视这种技术既有无与伦比的优势，也有致命性的缺陷。一开始的时候，这是一种促使进步的技术，现在它的缺陷才是主流。电视的文化缺陷是对没有选择权的绥靖，使之在面对即将到来的崭新电脑技术的冲击时，显得无法持久——所幸，美国在这种技术上领先全球。”当时，我将这种新技术命名为“通信计算机（telecomputer）”。我的朋友，发现研究院的创始人布鲁斯·查普曼建议我在未来的修订版中将这个词改作更为优雅的“teleputer”。我接纳了他的观点。

5. 同本章注释4，第20页。

6. 同本章注释4，第20页及各处。虽然我在20世纪90年代的演讲中经常使用“通信计算机（teleputer）”这个词，但早期的版本中却没有频繁使用“通信计算机（teleputer）”一词。

## ●第一章
## 勿窃此书

1. 布莱恩·阿瑟：“科技将把经济带到哪里去？”，《麦肯锡季刊》，2017年10月。

2. 尤瓦尔·诺亚·赫拉利：《未来简史：从智人到智神》，纽约：哈珀柯林斯出版社，2017年版。

3. 杰夫·约翰·罗伯茨和亚当·拉辛斯基：“黑客：公司如何反击”，《财富》，2017年6月22日。“然而说到底，人类和软件一样，都应该受到谴责。阿西姆·钱德纳说，安全的薄弱环节不是技术故障，而是糟糕的流程或社会工程。阿西姆是格雷洛克合伙人的投资者，也是帕洛阿尔托的一位网络总监。他指出，大多数的黑客攻击发生在两种情况之下：某位员工点击一封电子邮件中的链接或者附件，或者别人盗用了某位员工的账号登录公司网站。两种情况都没有涉及什么高深的技术。”

4. 罗纳德·哈里·科斯：《企业、市场与法律》，芝加哥：芝加哥大学出版社，1988 年版，第 7 页。“公司的规模受组织交易成本与市场交易成本的限制。”

## ●第二章

## 谷歌的世界体系

1. 斯蒂芬森借用了牛顿的标题。牛顿把《自然哲学的数学原理》的第三卷命名为“论宇宙的系统”。

2.D.T. 怀特赛德：《艾萨克·牛顿的数学论文》，剑桥：剑桥大学出版社，2008 年版，xxix。

3. 弗兰兹·雷伯：“明日之约”，《银河科幻小说》，1951 年 7 月。

4. 关于我对这一理论的探索，请参见《知识与权力》，2013 年版；《金钱丑闻》，2016 年版。

5. 内森·刘易斯：“世界金本位制经验”，《黄金：货币北极星》，纽约：枫叶出版社，2013 年版。

6. 同本章注释 5。

7. 大卫·希尔伯特，引用自维基百科词条。

8. 蔡汀：《哥德尔和图灵：论复杂性（1970–2007）》，纽约：世界科学出版集团，2007 年版，第 281 页及各处。

9. 威廉·布里格斯:《不确定性：建模的灵魂、概率与统计》，瑞士：施普林格出版集团，2016 年版，第 32 页。

10. 休伯特·约基：《信息理论、进化与生命起源》，纽约：剑桥大学出版社，2005 年版；《信息理论与分子生物学》，1992 年版。

11. 乔治·戴森:《图灵的大教堂：数字宇宙开启智能时代》，纽约：万神殿出版社，2012 年版，第 252 页。他引用了艾伦·图灵在普林斯顿大学的论文："基于序数的逻辑系统"，第 161 页。

12. 维尔纳·海森堡在 1927 年将不确定性原理引入物理学，1930 年在哥德尔介绍不完备性时，他就在场，但没能把它作为自己见解的概括。后来，哥德尔把物理学家约翰·惠勒赶出了他的办公室，这件事轰动一时。惠勒提出，物理学中的不确定性原理可能与计算中看似相似的原理有关。

13. 蔡汀：《证明达尔文：进化和生物创造性的一个数学理论》，纽约：万神殿出版社，2012 年版，第 212 页，就像休伯特·约基一样，蔡汀证明了达尔文的理论无法证实，却在数学上可以理解；也可参看蔡汀：《哥德尔和图灵再思录》，第 333 页，"$\Omega$ 这个数字是计算机程序随机选择的结果。它最终会停止，而不会永远计算下去……令人惊讶的是，精确的数值是不可计算的。事实上，它们具有不可简化的复杂性。这可以被悲观地解释为，人类的知识是有限的；而我更喜欢的乐观解释是，它表示一个人不能机械地做数学，直觉和创造力不可或缺。的确，在某种意义上，$\Omega$ 是数学创造力的结晶和最浓缩的精髓。"

●第三章

## 谷歌的起源和信仰

1. 我通过 http：//citeseer.ist.psu.edu/stats/articles 网站计算了斯坦福大学和谷歌的论文数目。

2. 约翰·麦考密克：《改变未来的九大算法》，普林斯顿：普林斯顿大学出版社，2012 年版，第 10—37 页，对网页排名和搜索技术做了清晰的解释。

3. 拉里·佩奇。所有引用他的话，都可以在谷歌上找到。

4. 大卫·格勒恩特：《镜像世界》，纽约：牛津大学出版社，1992 年版。

5. 同本章注释 3。

6. 如果你喜欢阅读文字版以了解谷歌搜索资源发明家和创业者的传奇，请参看史蒂文·利维所著的《在谷歌总部：谷歌如何思考、工作和塑造我们的生活》一书（纽约：西蒙与舒斯特出版社，2011 年版）；或搜索肯·奥莱塔撰写的《被谷歌》（纽约：企鹅图书公司，2010 年版）。埃里克·施密特和乔纳森·罗森伯格：《重新定义公司：谷歌是如何运营的》，纽约：哈歇特出版社，2014 年版，拉里·佩奇在前言中展示了高屋建瓴的观点。

7. 弗雷德·特纳："谷歌：新媒体生产的文化基础设施"，《世哲杂志》，2009 年版。

8. 爱好揭露丑闻、爱好打官司、能言善辩的斯科特·克莱兰和精通技术的艾拉·布罗斯基出版了以反谷歌为目标的书《搜索与毁灭：为什么你不能信任谷歌公司》，圣路易斯：望远镜图书公司，2011 年版。我不认可他们的敌意和他们对谷歌反垄断法律救济的观点。即便如此，书中充满了对谷歌战略和业务的犀利观察。

9. 同本章注释 8，第 82 页。

## ●第四章

## 免费世界的终结

1. “比特币会杀死唐·德雷柏吗？一个时代的终结”，福布斯网站，2015 年 5 月 31 日。

2. 道格拉斯·爱德华兹：《永无止境：Google 传》，波士顿：霍顿·米夫林·哈考特出版公司，2011 年版，第 11 页。

3. 杰里米·里夫金：《零边际成本社会：物联网、共同共享和资本主义的日食》，纽约：圣马丁出版社，2016 年版。可以在谷歌上搜索该演讲，网址：https：//www.youtube.com/watch？ v=5-iDUcETjvo。

4. 同本章注释 2，导言，xi。

5. 乔纳森·塔普林：《快速行动　打破常规：脸书、谷歌和亚马逊如何扭曲文化和破坏民主》，纽约：小布朗出版公司，2017 年版，第 126 页及各处。

6. 丹尼尔·科林·詹姆斯：《谷歌就是这样崩溃的》，《黑客正午：黑客开始他们的狂欢》，2017 年 4 月 27 日。详情请参看以下网址：https：//hackernoon.com/howgoogle-collapsed-b6ffa82198ee。

7. 同本章注释 6。这些数据大多来自丹尼尔·科林·詹姆斯的博客。

## ●第五章

## 密算体系十律

1. “安全至上”是以太网发明者罗伯特·梅特卡夫所秉持的原则。

2. 金融家、哲学家威廉·沃尔顿首次提出了并购“独角兽”和首次公开募股“瞪羚”的概念。

## ●第六章

## 谷歌的数据中心革命

1. 乔治·吉尔德：“信息工厂”，《连线》，2006 年 10 月 1 日。当时我是《连线》杂志的特约编辑，本章中的大部分内容，包括开头的段落，最初都发表在《连线》杂志上。需要强调的是，所有的数据和论点都在 12 年后得到了更新并有了新的解释。

2. 达尔斯只是谷歌全球数据中心帝国的组成部分。从新加坡到智利的基利库拉，谷歌拥有大约 200 万台服务器。

3. 杰伦·拉尼尔：《互联网冲击：互联网思维与我们的未来》，纽约：西蒙与舒斯特出版社，2013 年版，第 53 页及各处。

4. 戈登·贝尔：“贝尔定律与计算机课程的诞生和消亡”，《美国计算机学会通信》，51（1），2008 年 1 月，第 86—94 页。

5. 特雷西·基德尔在他的杰作《新机器的灵魂》（波士顿：小布朗出版公司，1981 年版）中作了详细的描述。没有人能如此生动地描述关于新电脑和软件设计的故事。

6.2017 年 4 月 11 日，乌尔斯・霍尔泽勒在洛杉矶光纤会议上的讲话。这篇和其他许多霍尔泽勒的演讲都可以在 YouTube 上找到。他与路易斯・巴罗佐和吉米・克里达拉斯进行了更广泛的分析，并在《作为计算机的数据中心》（圣拉斐尔，加拿大：摩根与克莱普尔出版社，2013 年版）一书中进行了阐述。

7. 同本章注释 1。

8. 安迪・贝彻尔谢姆，亚力士的升级版在林利集团的“云硬件会议”上推出，2017 年 2 月 8 日。

## ●第七章
## 达利的平行范式

1. 我和比尔・达利的这趟驶往未来的驾乘体验发生在 2017 年 8 月 25 日。下车之后，他在山景城的英伟达公司接受了我长时间的采访，这是我在加州理工学院和麻省理工学院对他进行采访之后的又一次访谈。我和他一起认真探讨了他和同事布瑞恩・托尔斯共同撰写《互联网络的原则与实践》（旧金山：摩根・考夫曼出版社，2004 年版），以及他和同事们撰写的其他文章，例如他和英伟达的约翰・尼科尔斯合力撰写的“图形处理器计算时代”（《国际电气和电子工程师学会微处理器与微型计算机杂志》，2010 年 3–4 月）。他和 11 位同事共同撰写的“越过权力墙：通往百万兆级的道路”（《国际电气和电子工程师学会微处理器与微型计算机杂志》，2011 年 9–10 月）等文章。

英伟达已经完成了在早期出版物中预测的大部分内容。一直以来，达利给我很深的影响，但是他不对我本书中阐述的任何观点负责。

2. 尼克·特雷登尼克和布里恩·岛本："嵌入式系统和微处理器"，《微处理器报告》（*Cahners*），2000 年 4 月 24 日。他还曾开玩笑说，令人垂涎的"零销售"分段芯片是为航空航天等市场生产的，每一个都是百里挑一。

3. 第三届 Hot Chips 大会（HC03）于 1991 年 8 月 26—27 日，在斯坦福纪念礼堂举行了"高性能芯片：由国际电气和电子工程师学会微处理器和微计算机技术委员会与 ACM-SIGARTH 合作主办的高性能芯片研讨会"。详情请查阅 https：//www.hotchips.org/archives/1990s/hc03/。这次会议参与者云集，会议主席是约翰·轩尼诗和福勒斯特·巴斯克特（硅谷图形），麻省理工学院的达利和汤姆·奈特，从得州仪器来的诸位专家，以及从英特尔公司以色列分部远道而来兜售命运多舛的 i860 的大卫·波尔马特和迈克尔·卡根。据说这一款芯片有"超长指令字（VLIW）"，最后被开发成同样不幸的安腾芯片。

4. 阿布–穆斯塔法等：《从数据中学习：短期课程》（AMLbook.com）。在 2013 年 2 月加州理工学院举办的一场盛大的晚宴上，阿布–穆斯塔法向我展示了他对机器学习的精通。

5. 约翰·马尔可夫："要识别一只猫需要多少台电脑？1.6 万台"，《纽约时报》，2012 年 6 月 25 日。

6. 克劳德·埃尔伍德·香农："通信的数学理论"，《贝尔系统技术杂志》1948 年 10 月；N.A. 斯隆、亚伦·怀纳："含糊其词和信道容量"，《香农论文集》，新泽西：国际电气和电子工程师学会出版社，1993 年版，第 33 页。

7. 彼得·蒂尔在他的《从 0 到 1：开启商业与未来的秘密》一书

中坚持对此进行了批评。

8.“街谈巷议”，《纽约客》，1958年12月6日。https：//www.newyorker.com/magazine/1958/12/06/rival-2。

## ●第八章

## 马尔可夫和弥达斯

1. 劳伦斯·拉伯纳：“隐马尔可夫模型”，《国际电气和电子工程师学会学报》，1989年2月。这篇论文已经在所有计算机科学语料库中引用次数最多论文中排名第六。

2. 菲利普·冯·希尔格斯和艾米·朗维尔：“马尔可夫链的五大应用”，《马尔可夫周年会议论文集》，加利福尼亚州，阿尔塔迪纳：博森出版社，2006年版，第156—157页。

3. 克劳德·埃尔伍德·香农：“通信的数学理论”，《贝尔系统技术期刊》，1948年10月；“马尔可夫过程的图形表示”，《美国科学院学报》，皮斯卡塔韦，纽约：国际电气和电子工程师学会出版社，1993年版，第15页。“上述类型的随机过程（‘离散无噪声信道’）在数学上被称为离散马尔可夫过程……一个离散的（信息）源可以被认为是一个马尔可夫过程。一般情况下可以做如下的描述：存在一个有限数量系统可能的‘状态’……此外，还有一组跃迁概率……”

4. 雷蒙德·库兹韦尔：《人类智能的未来：揭示人类思维的奥秘》，纽约：企鹅图书公司，2012年版，第143页。库兹韦尔解释说，层次化的隐马尔可夫模型和它们的亲缘关系，和几乎所有的机器学习一样，是建立在线性序列的层次上的，这些序列具有权重，并且基于沉浸在数据中的自适应学习进行链接。

5. 艾米·朗维尔和卡尔·迈尔：《谷歌的页面排名及其他：搜索引擎排名的科学》，普林斯顿：普林斯顿大学出版社，2006 年版，2011 年版。

6. 同本章注释 4，第 153 页。

7. 乔治·吉尔德：《微观世界：经济和科技中的量子革命》，纽约：西蒙与舒斯特出版社，1989 年版，第 262—289 页。

8. 杰伦·拉尼尔：《互联网冲击：互联网思维与我们的未来》，纽约：西蒙与舒斯特出版社，2013 年版，xxv。

9. 同本章注释 8。

10. 同本章注释 8，xxiii。

11. “吉姆·西蒙斯的秘密世界”，《机构投资者》，2000 年 11 月，https: //www.institutionalinvestor.com/article/b151340bp779jn/thesecret-world-of-jim-simons。

12. 罗伯特·克里斯：“牛顿用棱镜分解光”，《棱镜与钟摆：科学中最美丽的十个实验》，纽约：兰登书屋，2004 年版，第 59—76 页。

13. 同本章注释 8，xxvi。

14. 同本章注释 8，第 153 页。

## ●第九章

## 生命 3.0

1. 马克斯·泰格马克:《生命3.0: 人工智能时代人类的进化与重生》,纽约:阿尔弗雷德诺普夫出版社,2017 年版。他在"未来生命学院团队的故事"一文的结语中,描述了组织和资助这次会议的传奇故事。

2. 同本章注释 1,第 4 页。

3. 同本章注释 1,第 4 页。

4. 马斯克谈人工智能,https://www.cnbc.com/2018/03/13/elon-musk-at-sxsw-a-i-ismore-dangerous-than-nuclear-weapons.html。

5. 霍金谈人工智能,人工智能让他能发出声音,他却就此发出对人工智能的反对之声。https://qz.com/1231092/ai-gave-stephen-hawking-a-voice-and-he-used-it-to-warn-usagainst-ai/。

6. 雷蒙德·库兹韦尔在演讲中讲述了中国皇帝和象棋发明者的故事,皇帝非常感激这个发明,并愿意满足发明者提出的任何要求。发明者说:"在棋盘的第一个方格上放一粒米……然后在每个方格上放的米是前一个方格上的两倍就可以了。"皇帝不是数学家,他欣然同意了发明者的请求。2 的 64 次方减一($2^{64}-1$),皇帝必须给发明者大约 1800 万万亿粒谷物。库兹韦尔指出,当算到棋盘一半的位置时,皇帝就会意识到麻烦之所在。库兹韦尔对可能的结局进行推测:一种可能是发明者变得富可敌国;另一种可能是发明者被斩首,发明家们得到的教训是在皇帝面前要小心谨慎。

7. 同本章注释 1,第 158 页。

8. 同本章注释 1,第 147 页。

9. 同本章注释 1,第 245 页。

10. 在雷蒙德·库兹韦尔负责编辑的 Kurzweil.ai.net 网站上，AI 是增加人工智能的意思。

11. 吉尔伯特·基思·切斯特顿：《巨大的琐事》，贝克斯菲尔德，英国：达文·芬雷森出版社，1968 年版，第 55 页。

12. 杰伦·拉尼尔：《你不是个玩意儿：这些被互联网奴役的人们》，纽约：古董出版社，2010 年版，第 17 页。

13. 查尔斯·桑德斯·皮尔斯：《偶然的爱与逻辑：哲学散文》，纽约：巴恩斯诺贝尔出版社，1923 年版，莫里斯·科恩和约翰·杜威合编；约西亚·李·奥斯皮茨："黄蜂离开瓶子"，《美国学者》，2001 年，第 602—619 页。在"皮尔斯式的符号：一种新的工程范例进行自动和自适应智能系统设计"（玛丽埃塔，格鲁吉亚：洛克希德·马丁公司航空）一文中，E.T.Nozawa 将皮尔斯的理论运用到信息系统和软件领域。这表明，皮尔斯式的符号（符号和符号科学），在人工智能、认知科学和其他信息科学的高级发展中具有革命性的作用。

14. 迈克尔·丹顿："阿西洛玛尔之梦"，《自然的命运：生物学规律如何揭示宇宙的目的》，纽约：自由出版社，1998 年版，第 14 章第 324—327 节。

15. 雷·楚恩："探秘以太坊：联合创始人乔·鲁宾的解释"，《国际商业时报》，2017 年 8 月 24 日。http：//www.ibtimes.com/whatreally-ethereum-co-founder-joe-lubin-explains-2578228。

16. 克林特·芬利："公开：少年黑客把互联网变成一个巨大的比特币网络"，《连线》，2014 年 1 月 27 日。https：//www.wired.com/2014/01/ethereum/。

## ●第十章

## 1517

1. 关于蒂尔奖学金详情，请参看该奖学金的主页，http：//thielfellowship.org/about/。

2. 布特林：“2012年我进入滑铁卢大学，2013年，我意识到加密项目占用了我每周30小时的时间，于是我退学了，去往世界各地，探索了解各种加密项目，我意识到，大家对此的关注都过于宽泛，不够具体。于是就有了以太坊的诞生。从此，它便占据了我的生活……”https：//about.me/vitalik_buterin。

3.1517基金主页，http：//www.1517fund.com/thesis/。

4. 小马足迹“武器库”；布鲁斯·纽曼：“记忆中的坦克：军事力量的历史收藏拍得1000多万美元”，2014年7月13日。https：//www.mercurynews.com/2014/07/13/tanks-for-thememories-historic-collection-of-military-might-auctioned-for-more-than-10-million/。

## ●第十一章

## 劫掠者

1.2009年1月16日，哈尔·芬尼在如今被称为“比特币论坛”的平台上发布了这一回复。

2. 同本章注释1。

3. 约翰·莫尔丁和乔纳森·泰伯：《货币围城》，霍博肯，纽约：约翰·威利父子出版社，2014年版。

4. 安·兰德：《阿特拉斯耸耸肩》，纽约：西格纳特出版社，1957年版。

5. 纳尔明·哈达贝格维奇："语言学研究人员认为尼克·萨博是比特币白皮书的作者"，比特币新闻资源网，2014年4月16日。他是指在英国伯明翰的阿斯顿大学由杰克·格里夫教授领导的法庭语言专家小组。这篇文章还引用了语言学研究者斯凯·格雷在2013年12月得出的同样结论。然而，博思艾伦咨询公司的迈克尔·宗在2017年12月26日发表了一篇论文，通过一系列分类算法得出萨博是白皮书的作者，但指出克雷格·奈特的同事伊恩·格里格是中本聪的邮件作者。格里格、奈特和克雷曼是中本聪团队的核心成员。无论萨博的具体角色是什么，他都是这群人中最具独创性和最有趣的思想家，而他关于比特金的论文极具预言性。

6. 乔治·吉尔德：《遥观宇宙：带宽充裕之后的世界》，纽约：西蒙与舒斯特出版社，2000年版，第116—117页。对马克·安德里森的精彩描述首次出现在"即将到来的软件转向"一文中，发表在1996年的《福布斯》（科技版）上，其作者是里奇·卡尔加德。该文章后来收录在《遥观宇宙：带宽充裕之后的世界》中的"福布斯美国资产"栏目之下。该文集收录了我在《福布斯》（科技版）上撰写的所有文章。

7. 艾拉·斯托尔：《硅谷蛇油：信息高速公路再思》，纽约：双日出版社，1995年版。

8. 马克·安德里森："比特币为什么很重要"，《纽约时报》，2014年1月21日。

## ●第十二章

## 寻找中本聪

1. 把这看作一个关于中本聪的历史剧本。这些帖子完整地记录了中本聪的历史沉浮。著名的中本聪白皮书题目是《比特币：对等电子现金系统》，2008 年版。最权威的细节是安德烈·安东诺普洛斯所著的《区块链：通往资产数字化之路》，塞瓦斯托波尔，加利福尼亚州：欧雷利联合公司，2015 年版。

2. 对等选择基础知识，https：//p2pfoundation.net。

3. 克雷格·奈特："新世纪福音"，《N 链：比特币的未来》，阿纳姆，荷兰，2007 年 7 月，https：//www.youtube.com/watch？v=JdJexAYjrDw&t=49s。

## ●第十三章

## 区块链之战

1. 安德鲁·奥哈根："中本聪逸事"，《伦敦书评》，第 38 卷，第 13 期，2016 年 6 月 30 日。也可参看《秘密生活：数字时代的三个真实故事》，纽约：法勒施特劳斯吉鲁出版社，2017 年版。

2. 克雷格·奈特："比特币的未来"演讲，阿纳姆，荷兰。https：//www.youtube.com/watch？ v=JdJexAYjrDw。

3.http：//gavinandresen.ninja/satoshi，2016 年 5 月 2 日。

4. 旋涡是基于哈希图的协商一致算法的分布式应用平台。https：//www.swirlds.com/。IOTA 是不使用区块链的开源分布式分类账。它的量子证明协议被称为“纠缠”。https：//blog.iota.org/the-tangle-an-illustratedintroduction-4d5eae6fe8d4。

5. 赛弗迪恩·阿默斯：《比特币标准》，纽约：约翰·威利父子出版社，2018 年版。

6. 克里斯·伯尼斯克，杰克·塔塔尔：《密码资产：比特币创新投资者指南及其他》，纽约：麦克格劳-希尔图书公司，2018 年版，第 178—179 页。

## ●第十四章

## 区块堆

1. 尼尔·斯蒂芬森：《雪崩》，纽约：班塔姆斯匹克塔出版社，1992 年版。

2. 同本章注释 1，第 27 页。“单轨电车（monorail）是一款免费的公用软件，它能使用户快速、顺畅地在街道上行驶……”

3. 穆尼布·阿里：《基于信任的新型互联网络设计》（博士论文，普林斯顿大学，2017 年 6 月）。https：//muneebali.com/thesis。

4.Tedx 演讲,纽约。https：//www.youtube.com/watch？ v=qtOIh93Hvuw&t=28s。

5. 穆尼布·阿里：“尚未被工程师们引进到美国的东西”，《媒体》，2015 年 4 月 26 日。https：//medium.com/@muneeb/living-on-one-

mcfsh-a-day-for-theamerican-dream-592ed97c1bab。

6. 安迪·奥拉姆编著：《对等》，塞瓦斯托波尔，加利福尼亚州：欧雷利联合公司，2001 年版。这本书是 20 世纪 90 年代研究分布式系统和密码学的宝库，在我们时代的加密货币的井喷中开花结果。迈克尔·弗里德曼等人建议建立的第一个加密令牌和电子货币是“魔咒”，成为加密货币先驱。弗里德曼在麻省理工学院和普林斯顿大学主要致力于小额支付研究、“零知识证明”、数字现金、数学哈希以及其他相关内容。在对等的情况下，他对该书中“自由避风港”概念（一个匿名存储系统，其中的文件发布者有权决定文档的生存期）有重要的贡献（第 159—187 页）。他负责的章节“可计算性”（第 271—340 页）解决了小额支付、“哈希现金”、声誉系统、双重开支、工作证明和其与区块链相关的问题。与弗里德曼合作撰写本章节的罗杰·丁德林是罗恩·莱维斯特的学生。罗恩·莱维斯特是 RSA 算法安全的发明者和支持者，他与阿迪·沙米尔合作研究数字现金问题，另一位合作者是大卫·莫尔纳，是加密领域的高手，与伯克利大学、哈佛大学和微软颇有渊源。这些人都有可能是中本聪。

7. 穆尼布·阿里：《基于信任的新型互联网络设计》，第 60 页。

8. 伯纳斯－李：在“查理·罗斯谈话节目”中有所涉及。https://charlierose.com/videos/29038。

## ●第十五章

## 赢回网络

1. 穆尼布·阿里：《基于信任的新型互联网络设计》，第 31 页。

2. 裘德·尼尔森等："扩大现有区块链和虚拟链"，分布式加密货币和协商一致分类账讲习班，芝加哥，伊利诺伊，2016 年 7 月。

## ●第十六章

## 布兰登·艾克的勇敢回归

1. 凯文·凯利：《必然》，纽约：企鹅图书公司，2017 年版，第 229 页。

2. 同本章注释 1，第 229 页。

## ●第十七章

## 缘分

1. 彼得·蒂尔，布莱克·马斯特斯：《从 0 到 1：开启商业与未来的秘密》，纽约：皇冠商业出版社，2014 年版，第 75 页。

2. 亚历山大·莫尔登维切夫，克里斯托弗·奥拉，麦克·蒂卡："感知主义（Inceptionism）：进入神经网络"，谷歌研究博客，2015 年 6 月 17 日。https：//research.googleblog.com/2015/06/inceptionism-going-deeper-intoneural.html。

3. 史蒂文·利维："内心深处的梦想：谷歌逼疯计算机之道"，《连线》，2015 年 12 月 11 日。https：//www.wired.com/2015/12/insidedeep-dreams-how-google-made-its-computers-go-crazy/。

4. 火人 ×××："如何制作自己的梦想镜（Dreamscope）人工智能图像"，2015 年 7 月 16 日。https：//burners.me/tag/dreamscope/。

## ●第十八章

## 云天计算的兴起

1. 乌尔斯·霍尔泽勒：光纤大会主旨发言，洛杉矶，2017 年 4 月 11 日。https：//www.youtube.com/watch？ v=n9zEiGyvJ-A。

2. 同本章注释 1。

3. 西南新闻服务："美国人每天查看手机 80 次"，《纽约邮报》，2017 年 11 月 8 日。https：//nypost.com/2017/11/08/americans-check-theirphones-80-times-a-day-study。

4. 穆尼布·阿里："运算的下一次潮流"，2017 年 8 月。https：//medium.com/@muneeb/latest。

5. 伊凡·利尔奎斯维特："伊凡谈技术"。https：//www.

youtube.com/watch？ v=fEDKGyeF6fw。

6. 欧拓易：渲染令牌白皮书，2017 年 8 月 17 日。https：//rendertoken.com/pdf/1.7RenderTokenWhitepaper.pdf。

7. 同本章注释 6。

8. 布兰登·艾克："渲染令牌"，2017 年 9 月 25 日。https：//brendaneich.com/。

## ●第十九章

## 波及全球的躁动

1. 弗朗西斯科·佩雷斯·德·安东，《弗朗西斯科·马罗奎恩赞歌》，危地马拉：弗朗西斯科·马罗奎恩出版社，1999 年版。

2. 马努埃尔·阿约在 1972 年弗朗西斯科·马罗奎恩大学的"哲学陈述与就职演说"。

3. 玛拉·迪克森："左翼思想脱离教学大纲"，《洛杉矶时报》，2008 年 6 月 6 日。http：//www.latimes.com/world/mexico-americas/la-f-guatemala6-2008jun06-story.html。

4. 卡洛斯·萨比诺，维恩·莱顿："危地马拉电信私有化：一个值得讲述的故事"，《案例研究》（Antigua 论坛，2013 年版）。https：//www.cfr.org/backgrounder/central-americas-violent-northerntriangle。

5. 学习经典经济学的 50 个最佳选择。https：//thebestschools.org/features/top-places-to-study-classical-economics/。

6. 约翰·埃尼迪斯：《为什么大多数已发表的研究和发现都是假的》，美国科学公共图书馆，2005 年 8 月 30 日。https：//doi.org/10.1371/journal.pmed.0020124。

## ●第二十章

## 趋于中性的网络

1. “美国电信政策的 10 个神话”，http：//www.danielberninger.com/
10myths.html。

2. 吴修铭：《总开关：信息帝国的兴衰变迁》（修订版平装版），纽约：古董出版社，2011 年版；也请参看《注意力经济：如何把大众的注意力变成生意》，纽约：诺普夫出版社，2016 年版。在这本书的脚注中，吴认为偏离网络中立的商业战略导致了美国在线（AOL）的陨落：“对于带有围墙的花园来说，最终的结果它无法和互联网上提供的产品相媲美。”正如他总结的那样，在一个由消费者控制的非广播媒体上，追求电视广告财富的做法永远都不会奏效。吴引用了美国在线的首席执行官史蒂夫·凯斯的一句妙语：“真正让我感到困扰的是，广告总是在用户们能够看到的地方出现。”

3. 参看《遥观宇宙：带宽充裕之后的世界》（纽约：西蒙与舒斯特出版社，2000 年版）一书我对相关内容的论述。“展示在智能收音机面前的不是沙滩，而是无边无际的大海……总体而言，美国联邦通信委员会不应该从事授权频谱业务。而应该为所有的无线电电磁发射器颁发执照。任何高性能系统的服务提供商都应该承担起沉重的举证责任。供应商们认为，没有独家许可，根本无法运营，他们希望矗立在海滩上，让其他人无浪可冲。”

4. 波丽安娜·博林：“保护区块链免受疯帽匠的伤害”，《国会山报》，2017 年 11 月 21 日。

## ●第二十一章

## 帝国重现

1. 凯·斯汀科姆:“十年过去了,没人知晓区块链的用途”,《媒体》, 2017 年 12 月 22 日。https：//hackernoon.com/ten-years-in-nobody-hascome-up-with-a-use-case-for-blockchain-ee98c180100。

## ●第二十二章

## 比特币的瑕疵

1. 乔治·吉尔德：“比特币教给了我们什么？”，《金钱丑闻》，华盛顿：莱格尼里出版社，2016 年版，第 69—76 页。

2. 内森·刘易斯：“金本位和货币增长的神话”，福布斯网站，2012 年 2 月 16 日。同样的数据大多出自《黄金：最终的标准》，纽约：

枫叶出版社，2017 年版，第 3 页。

3. 赛弗迪恩·阿默斯：《比特币标准》，纽约：约翰·威利父子出版社，2018 年版。

4. 同本章注释 3，第 40 页。

5. 弗里弗里·哈耶克："迈向自由市场货币体系"，《自由主义研究杂志》第 3 号，第 1 期，第 1—8 页。

6. 卡梅伦·哈威克："加密货币与中介问题"，《独立评论》，2016 年春季，第 581 页。

7. 同本章注释 3，第 16 页。

8. 关于对阿默斯著作中观点的反驳，请参看 https：//www.gcoin.com/blog/2018/2/7/whybitcoin-never-was-is-not-and-will-never-be-the-new-gold-standard。

9. 查尔斯·麦凯：《大癫狂：群体性狂热与泡沫经济》，纽约：和谐图书公司，1980 年版，安德鲁·托拜厄斯序。

## ●第二十三章

## 大拆解

1. 唐·泰普斯科特，亚历克斯·泰普斯科特：《比特币革命：比特币背后的技术如何改变货币、商业和世界》，纽约：兰登书屋，2016 年版，第 92—93 页，第 142 页。

2. 克莱顿·克里斯坦森，迈克尔·雷诺：《创新者的解答》，剑桥：哈佛商学院出版社，2003 年版，第 126—143 页。

3. 本亚明・阿佩尔鲍姆："比特币是在浪费电，抑或是更糟？"，《纽约时报》，2018 年 2 月 28 日。

4. 经济学家马克・斯库森提出的"总产出"（GO）或"国内支出总额"的新概念，纠正了 GDP 核算经济中最具创造力的部分变成无形的错误。2013 年 12 月，美国联邦经济分析局采用了"总产出"的方法，将资本产品和大宗商品的中间支出包括在内，而不仅仅是 GDP 中登记的最终销售额。因为在加密经济中，总产出包括储蓄和资本形式的创业创新。斯库森指数与随后的增长比 GDP 增长要好很多，后者与政府债务和转移支付异常上升有关。尽管经济学家对汽车和汽车零部件的销售进行了双重统计，但国内生产总值（GDP）却将食品、医药和其他对人力资源的支持增加了一倍。经济是一种不断变化的商品和服务的交叉。任何对它的测量都会产生重复计算的问题。

5. 同本章注释 1，第 95 页。

6. 马克斯・泰格马克：《生命 3.0：人工智能时代人类的进化与重生》，纽约：阿尔弗雷德诺普夫出版社，2017 年版，第 153 页。泰格马克指出，人工智能以每纳秒一次的速度工作（即以当前计算机的千兆赫时钟频率工作），对比人类来说就像是每 4 个月活动一次。

7. 保罗・吴，尼克・特雷登尼克：《交易安全、密码链和芯片层标识》，库比蒂诺：约尼蒂克斯出版社，2018 年版。参见保罗・吴和尼克・特雷登尼克，"交易安全从芯片级身份开始"，国际互联网计算和国际联网会议，2017 年。

8. 利蒙・贝尔德："旋涡哈希图共识算法：公平、快速、复杂的容错"，2016 年 5 月 31 日，2018 年 2 月 16 日修改。

9. 利蒙・贝尔德，曼斯・哈蒙，保罗・曼德森："海德拉：一个管理委员会和公共话题网络：互联网的信任层"，白皮书 1.0 版，2018 年 3 月 13 日，第 22 页。

10. 同本章注释 9，第 19 页。

## ●结语

## 世界新体系

1. 杰伦·拉尼尔：《虚拟现实：万象的新开端》，纽约：亨利·霍尔特出版社，2017 年版，导言。

2. 尼克·鲍姆加登：“米凯拉·希夫林，世界上最好的回转滑雪运动员”，《纽约客》，2017 年 11 月 27 日。

3. 同本章注释 1，关于虚拟现实的第 11 个和第 12 个定义。